张先清 ◎ 主编

山海文明：跨学科的视角
第一届山海文明高峰论坛论文集

復旦大學出版社

编 委 会

主　任：李绍美　叶梅生
副主任：丁一芸　曾庆游　张开潮
成　员：赖百曲　杨雪晶　高燕君　白荣敏
　　　　狄　民　郑　坚
主　编：张先清

前 言

——从山海文明出发

张先清

  山岳与海洋是人类文明演进过程中至关重要的两种环境因素,在推进人类文明发展中扮演重要角色。作为人类社会共同的文化形态,山海文明是人类文明的重要组成部分,可以说,世界上绝大多数国家、族群的历史都和山、海紧密相连。因此,要了解人类社会,无疑有必要从文明史角度来考察山岳、海洋与人类文化的关系。

  有鉴于此,为集结专家学者的智慧力量,共同探讨山海文明对人类社会生活发展所产生的深刻影响,福鼎市政协联合厦门大学等单位,在素有"山海大观"美誉的福建省福鼎市召开了"自然、人文、和谐:山海文明的对话——第一届山海文明高峰论坛"。位于福建省福鼎市的太姥山,是典型的山海文明交会之地。太姥山从汉代起就与武夷山并称"闽山双绝",名列天下名山。而早在五千年前,太姥先民依海而生,在这里发展出了灿烂的海洋文明。如今,太姥山不仅是养育闽东人民的一方水土,也成为世界级的旅游胜地,向全世界绽放"山海大观"的魅力。毫无疑问,这是一个结合了山、海特点的文明体系缩影,太姥文化就是一种典型的山海文明体系。在太姥山地区召开山海文明高峰论坛,显然具有代表性意义,福鼎市有关部门也希望能联合厦门大学等高校,将山海文明高峰论坛打造成一个文明对话的高层次平台,从而进一步提升太姥文化品牌影响力。

山海文明：跨学科的视角

来自国内外众多知名大学的专家学者、来宾及新闻媒体记者100余人出席了本次文化盛会。复旦大学教授、全国政协常委葛剑雄，法国西巴黎南戴尔拉德芳斯大学原副校长、考古人类学教授、联合国教科文组织咨询顾问Augustin F. C. Holl，浙江大学特聘教授、人类学研究所所长庄孔韶，厦门大学特聘教授、国学研究院院长陈支平，北京大学人类学教授王铭铭，福建师范大学教授、社会历史学院原院长林金水，福建师范大学教授、闽台区域研究中心主任谢必震，中山大学历史系教授、系主任吴义雄，中国人民大学教授、人类学研究所长赵旭东，厦门大学人文学院教授、副院长王日根，中南民族大学民族学与社会学学院院长、教授田敏，浙江大学教授、人类学研究所副所长阮云星，厦门大学人文学院教授、人类学与民族学系主任张先清，商务印书馆上海分公司总编辑王卫东博士，宁德师范学院教授林校生等众多专家学者围绕太姥文化与山海文明发表了精彩演讲。本次论坛分为五个专题。第一个专题议题为"山海之间的文明发展"，葛剑雄先生在发言中指出，福建的山势与欧洲希腊相似，但自然条件下形成的文化是一种客观存在，没有自觉性，经由人类社会的主观认识和利用，就形成了文化自觉性。不同的自觉性会产生不同的文化，所以太姥文化和希腊文化有很大的差异。在研究文化的过程中，我们既要研究它的优势，也要研究它的不足，在文化的传承上，我们要去其糟粕取其精华。这次论坛既是为了做文化研究，也是为了更好地认识和利用太姥文化。陈支平教授认为，中国的文化对外传播，可以追溯到汉唐时期。明代中后期以至明末清初是中国文化对外传播的黄金时期。但在文化传播过程中，除了以儒家经典为核心的意识形态文化对外传播，由沿海商民迁移海外带来的一般民众生活方式及基层文化的文化传播，实际上成了18世纪以后中华文化向海外传播的主流。Augustin F. C. Holl先生则通过对世界遗产地的对比，认为福鼎与太姥山具有美丽的溪流、海洋和远山，这里的风光秀美。其家乡和福鼎很像，都是山海兼备的城市。希望福鼎未来建设过程中,不应盲目学习大城市,加快生活节奏,而应结合自身特色,建设花园城市,享受慢生活带来的愉悦。

论坛的第二个专题议题是"山海大观与太姥文化",张先清教授在发言中指出太姥山素有"山海大观"美誉,是典型的山海文明交会之地。太姥文化是一种山海双重文化结构,这也是选择在福鼎召开山海文明高峰论坛的用意,山和海在这里是和谐统一的,这在人类文明发展过程当中是很普遍、很重要的。赵旭东教授则从传统山水角度探讨自然与文化的关系,指出文化自觉是经由个体自觉的山水自觉,当下是个体自觉的时代,人人都希望工作之外能有一个地方可以放松身心,而中国人又喜欢寄情于山水,喜欢往山里跑,太姥山就是人们向往的一个地方。王卫东先生则评述了《太姥文化:文明进程与乡土记忆》一书的出版意义与价值,以及与一般地方文化图书的不同。该书从人文地理环境角度解读太姥文化的生成空间,从民族融合的角度探讨太姥文化的历史轨迹,从儒学文化的角度彰显太姥文化的价值理念,从风俗习惯的角度来体现太姥文化的特色传统,是一部非常有意义的著作。

论坛的第三个专题议题是"山水意境与文化交流",庄孔韶教授在发言中指出,直觉的发生在世界各族群文化中都存在。不过直觉思维及其伴随的行为方式之洞察与觉解,一直是汉人社会民众生活方式的重要成分但缺少研究。直觉是相对性的文化觉解,也就是说一下子看到底,消除了过程,这就是直觉。直觉不是不能教、不能学的,就像对人情世故的感知和理解。所以说一方水土养一方人,生活在太姥文化中的人们所拥有的直觉就是他们所特有的地方知识。王铭铭教授则认为山和海是交流的通道,我们可以从福建福鼎开始强调山和海的精神,开始重视人文和自然之间的联系。在推动太姥文化发展的过程中,我们可以参考国内对于太姥山和福鼎这一带的相关文献记载,把这些文化资源进行梳理,和高等院校合作有利于做深地方文化研究。林金水先生则围绕近代福建对外交流与山海文明的关系加以阐述,认为明清之际,西方人在福建东南沿海地区的文化活动呈现出积极发展的态势,西方天主教再度入闽传教,西方科学文化和社会文化等各类知识也随之传至福建社会。同时,福建文化乃至中国文化的诸多方面内涵也借助"海上丝路"的通道流播至西方世界,构筑了一段平等对话和积极往来的双向交流局面。

论坛的第四个专题议题为"山海景观与族群遗产",阮云星教授在发言中指出,社会文化的内源性发展不可能不受到外部世界的影响,后发社会不只是模仿先进社会,而是立足于自身社会的传统,改造外来模式,谋求与自身社会条件相适应的发展路线。田敏教授则就文化遗产与旅游展开探讨,他指出民众作为文化主体,对文化发展变迁的影响同样重要。特别是知识精英,他们在解释传统文化方面有绝对权威,他们甚至主导文化再生产的定位、方向,文化的旅游开发离不开他们的设计。旅游开发对传统文化带来的影响有目共睹,旅游对文化的影响是双刃剑。必须明了文化变迁、文化发展的现象与实质,才能促进文化的健康发展,特别对传统文化的保护才能是积极和可持续的。林校生教授则探讨了闽东北的族群文化历史,认为闽东北的族群聚落衍化,从长时段、大区域的视角观察,它与闽东浙南海岸地带乃至整个中国东南沿海地区,具有很大的相似性,时代愈早,这种相似性愈大。考查闽东北人口来源和族群性质,应当把它放置在一个阔大的科学视野之下考察。

论坛的第五个专题议题为"东南海洋与文明的互动",谢必震教授指出,历史上的使者与舟师的对话,是他们的智慧凝练了主权属于中国的历史证据,正是他们的航海实践,为我们今天创建新的海上丝绸之路铺平了道路。人海互动,产生了海洋文化。海洋文化是人的力量在海洋活动的过程中,逐步形成人们关于海的生活、生产、价值观念、性格、习俗的文化表象。吴义雄教授则探讨了海洋与早期中英交往的关系,在1837年曾经短暂地出现过中英和平交往的局面,这一局面是在义律和邓廷桢的共同运作下实现的,背景是双方都希望中西贸易能够正常进行。但这种局部的妥协因英国政府认为其违背了更高的原则而告终。鸦片战争后,中国人在各方面都只能直面"海国"。王日根教授则探讨了海洋与明末著名郑氏海商集团的关系,郑芝龙、郑成功海上集团是明中叶崛起的海上割据势力,他们顺应世界贸易市场形成的形势,吞并或收编海商、海盗乃至官军力量,形成自己强大的军事实力与经济实力,从而与明、清两代王朝形成对垒,争夺对汀漳泉海域社会的控制权,充分彰显了海洋社会经济力量之强劲以及明、清王朝在治理海洋区域方面的努力与效果①。

经过一天紧张高效的高峰论坛研讨后,学者们在接下来的时间里继续关注太姥山与山海文明议题,并围绕各自发言的主题专门撰写了相关稿件,本书就是此次山海文明高峰论坛及后续研究的学术成果。根据上述学者的发言及最后提交的论文,我们将书稿分为三个部分,第一部分"多元视角中的太姥山海文化",主要围绕太姥山的山海文化展开深度论述。其中张先清、李天静《传说、仪式与族群互动:"九使公"海神信仰的文化建构》一文以沙埕港的田野案例,探讨了闽东及太姥山海洋地带一种独特的"九使"海神信仰,作为一个以多元移民群体组成的海洋社区,历史上移居闽东沙埕港的各个族群,因为共同的水上作业特点,都选择了原先依江海为生的一部分闽越族的集体神明——"九使公"作为本族群的信仰对象,并通过创造本族群与"九使公"的传说故事及共同参与节日庆典仪式展演等活动,逐渐将"九使公"塑造成为一个社区神。这一海洋社区民间信仰体系的形成过程,充分展示了海洋地带宗教发展的差异化特征,体现了宗教型社会组织在推动海洋社区建构与维系社区认同方面的重要作用。林校生《古代闽东北非汉族群述略》一文试图从整体上反思闽东北地区的族群发展历史。他认

---

① 以上会议情况,请参见地方媒体"专家学者论道福鼎"相关新闻报道,http://www.fdxww.com/xinwenpindao/fudingxinwen/2016-07-13/44455.html。

为闽东北这一多元族群生养孳息之地定居农耕开发迟，土著族群的历史延续性强，从长时段、大区域的视角观察，其族群、聚落的历史衍化的总体特性，与闽东浙南海岸地带乃至整个中国东南沿海地区，具有很大的相似性。白荣敏《沙埕港与南明史上的"反清复明"运动》一文则探讨了沙埕港与南明史的关系，沙埕港位置得天独厚，形势险要。明朝中央政权覆灭后，以明朝宗室为核心的残余势力，以复兴明朝为旗帜，与清廷对抗。其间沙埕港先有鲁监国驻跸，再有抗清名将张煌言率兵驻扎，同时，郑成功军事集团曾于此驻兵，并发展对外贸易。作为我国东南沿海军事重镇和经贸要口的沙埕港，为郑氏集团及与此同时的朱以海、张煌言、刘中藻等"反清复明"运动提供了大量的军事、经济方面的补给，发挥了巨大的作用。刘长仪《从"白水郎"到"水生人"：疍民的生计变迁与认同建构》一文，通过田野调查探讨了沙埕水上人群的社会发展。清朝中后期，原先生活在闽江流域的一支水上人——疍民北上迁徙至闽东沙埕港，并在当地港域构建了一个相对稳定的聚居区，由此成为沙埕港这一海洋社区的重要组成部分。历史上闽东地区存在的歧视疍民的文化传统，导致疍民在当地社区中被"污名化"。1949年以后，在一系列政策支持下，疍民得以上岸定居，并凭借精湛的捕鱼生计技术取得社会地位上的逆转。与此同时，围绕着一系列渔业荣誉，疍民群体重构了新的集体记忆与身份认同。

第二部分"山海文明与传统中国"，主要围绕传统时代中国的山海文化展开考察，林金水《"闽在山海中"：福建山海文明与中西方文化交流》一文指出，福建文化是山与海的结晶体，概括而言即"闽在山海中"。"山"是孕育福建文化的土壤，"海"是福建文化对外连接的桥梁。福建文化正是在山与海的互动中不断形成与完善发展的。海洋让福建走向世界，更将"山""海"文化向外辐射和传播。福建文化以"海上丝绸之路"为路径，演绎了中西方文化交流史上绚丽而灿烂的诗篇。陈支平《中国民间信仰对外传播的历史反思》一文认为闽台民间信仰，因其面临海洋,随着东南沿海居民的海洋活动及其不断向东南亚地区移民的发展,逐渐向东南亚及其他海外地区传播移植。明清以来这种由民间传播至海外的一般民众生活方式及其文化,逐渐在海外形成了富有中国特色的文化象征。中国海上丝绸之路发展历程中,不能忽视民间文化的传播与输出,从而有助于推进不同国家与地区之间文化上的相互理解。谢必震《明清航海与福建文化的海外传播》一文指出福建文化在海外的传播是一个持续不断的历史过程,历史上福建文化随着航海交通、人口迁徙、对外关系的发展,逐渐地传播到东南亚各地。在这种文化传播过程中,海上交通和交往是基本的途径,宋元以来兴起的航海活动,为福建文化的海外传播创造了重要的条件。王日根《郑氏与明、清对汀漳泉海域社会控制权的争夺》一文则分析了明中叶崛起的海上割据势力郑芝龙、郑成功的历史发展,指出他们顺应世界贸易市场形成的形势,吞并或收编海商、海盗乃至官军力量,形成了自己强大的军事实力与经济实力,从而与明、清两代王朝形成对垒,争夺对汀漳泉海域社会的控制权,充分彰显了海洋社会经济力量之强劲以及明、清王朝在治理海洋区域方面的努力与效果。吴义雄《海外文献与清代中叶的中西关系史研究:英国东印度公司广州商馆中文档案之价值》一文指出,近年来关于晚近历史的中外文献以各种形式大量公布于世。学者通过研读新史料,可以更为全面深入地探讨相关历史问题。通过整理英国东印度公司广州商馆遗存的中文档案(简称"英商馆中文档案"),就发现其对于认识鸦片战争前中西关系史大有裨益。王利兵《流动的神明:南海渔民的海神兄弟公信仰》一文考察了南海一带的海洋信仰问题,指出海神兄弟公是一种与海南东部沿海渔民远海作业的生计方式以及跨海流动的历史传统密切相关,并且广泛分布于海南东部沿海、南海诸岛以及东南亚琼籍华人社区的独特海神信仰类型。在海南渔民的文化实践中,作为守护神的海神兄弟公具有超越妈祖的地位和影响力,是渔民团结与勇敢的精神象征。在海南人向外发展的历史过程中,海神兄弟公又进一步演变成海外琼籍华人的重要"祖神",成为维系东南亚琼籍华侨与祖籍地关系的象征符号以及琼籍华侨认同的重要标识。

第三部分"山海空间与文化遗产",主要探讨文化旅游与山海遗产议题。赵旭东《中国山水画中的意义线索与民族志书写》一文指出,中国的山水画传统有其独特性的品格,由此而展开了一种寄情于山水之间的线索追溯以及民族志的书写。这种书写显然有别于人类学科学民族志所主张的那种所谓真实、客观与忠实记录,它是一种意义的深层次的阐发并通过"对景造意"而表达出来。这种从中国山水画家所形成的对于人和自然关系的独特认识可以有助于我们重新认识人类学意义的写文化,它为这种写文化的再创造提供了一种可以获得灵感的方法论的新资源,也为理解中国传统政治语境中权威体系对于自然山水的象征化命名的权力机制提供了一种真正意义上的本土理解。阮云星《文化遗产的再生产:杭州西湖文化景观世界遗产保护的市民参与》一文则通过杭州西湖的田野案例,聚焦当代城市文化遗产保护的市民参与问题。认为可持续的文化遗产保护是一种遗产再生产的过程,文化遗产持有者参与其中的遗产再生产是可持续遗产保护的基础性的重要内容。市民的文化自觉与城市文化遗产保护及成功申报关系密切。田敏、邓小艳《困惑与选择:文化空间的旅游化生存实践探析》一文则探讨了文化空间与旅游发展的关系问题,指出文化空间是特定文化的集中展现,是非物质文化遗产的两种基本类型之一,国内关于文化空间的理论研究和保护实践都取得了初步成果。文化空间与旅游开发存在相辅相成的关系,但在旅游化生存实践中需要消除对文化空间内涵及其原真性认识方面的困惑,以文化遗产保护为核心,注重特色旅游产品的打造和整体旅游氛围的营造,并在多方力量的推动下,创造一个可持续地体现文化精髓的旅游体验空间。

可以说,作为人类文明、历史的承载者,山与海不仅是人类生存所依赖的重要自然环境,更是人类认识世界、创造文明的来源之一。长期以来,山岳与海洋在文化交流方面扮演了重要的角色,是人类文明对话的主要内容。而这种山海文明的对话,也充分体现了自然与人文的和谐统一,反映出生态环境保护与文化建设必须紧密互动的关系。在福鼎太姥山召开的这次山海文明高峰论坛,就是对山海文明研究及太姥山自然与文化遗产保护的一种有效推进。与会学者一致认为,山海文明是人类多样文明的表现形式,确保对山海文明的开发与保护,是人类的福祉及子孙后代的持续资产。山海文化,是一个国家与族群的宝贵文化资源,是值得守护的文化乡愁。继续挖掘、弘扬以"太姥文化"为代表的山海文化,加强山海文化的品牌建设、创意创作,使得所有文化都有表达与传播的机会,是发展的源泉之一,也是有效促进经济增长、文明进步与乡村复兴,同时提升地方文化情感与道德精神生活的认同感的重要文化内容。而举办山海文明高峰论坛,在推动文明对话,推进太姥文化发展与品牌建设方面,具有重要作用。需要说明的是,本书是关于山海文明跨学科探讨的首次尝试,我们希望能在接下来的时间里继续围绕太姥文化与山海文明展开更多的对话,持续推出新的成果,也诚恳地盼望能继续得到社会各界的广泛支持。

目　录

前言——从山海文明出发 ················· 张先清　1

一、多元视角中的太姥山海文化 ················· 1

传说、仪式与族群互动："九使公"海神信仰的文化建构

················· 张先清　李天静　3

古代闽东北非汉族群述略 ················· 林校生　16

沙埕港与南明史上的"反清复明"运动 ················· 白荣敏　33

从"白水郎"到"水生人"：疍民的生计变迁与认同建构

················· 刘长仪　50

二、山海文明与传统中国 ················· 63

"闽在山海中"：福建山海文明与中西方文化交流

················· 林金水　65

中国民间信仰对外传播的历史反思 ················· 陈支平　84

明清航海与福建文化的海外传播 ················· 谢必震　100

郑氏与明、清对汀漳泉海域社会控制权的争夺 ······ 王日根　118

海外文献与清代中叶的中西关系史研究：英国东印度

　公司广州商馆中文档案之价值 ················· 吴义雄　136

流动的神明：南海渔民的海神兄弟公信仰 ················· 王利兵　159

· 1 ·

三、山海空间与文化遗产 …………………………………… 183

中国山水画中的意义线索与民族志书写 ………… 赵旭东 185

文化遗产的再生产：杭州西湖文化景观世界遗产

　　保护的市民参与 ……………………………… 阮云星 203

困惑与选择：文化空间的旅游化生存实践探析

　　………………………………………… 田　敏　邓小艳 224

后记 …………………………………………………………… 234

参考文献 ……………………………………………………… 236

一

多元视角中的太姥山海文化

传说、仪式与族群互动:"九使公"海神信仰的文化建构

古代闽东北非汉族群述略

沙埕港与南明史上的"反清复明"运动

从"白水郎"到"水生人":疍民的生计变迁与认同建构

传说、仪式与族群互动

"九使公"海神信仰的文化建构

张先清　李天静

摘　要：作为一个以多元移民群体组成的海洋社区，历史上移居闽东沙埕港的各个族群，因为共同的水上作业特点，都选择了原先依江海为生的一部分闽越族的集体神明——"九使公"作为本族群的信仰对象，并通过创造本族群与"九使公"的传说故事及共同参与节日庆典仪式展演等活动，逐渐将"九使公"塑造成为一个社区神。这一海洋社区民间信仰体系的形成过程，充分展示了海洋地带宗教发展的差异化特征，体现了宗教型社会组织在推动海洋社区建构与维系社区认同方面的重要作用。

关键词：海神信仰；九使；海洋人类学

中国东南海洋族群的宗教信仰体系，因其所处的海洋环境而呈现出不同于内陆地区的差异化特征。在福建省闽江流域及其以北的海洋地带，广泛流传一种"九使公"①民间信仰习俗，这一地域性的宗教活动，生动地展现了历史上当地汉人与水上族群——疍民之间是如何通过长期的互动而完成社区文化的过程。本文通过闽东沙埕港"九使

---

①　"九使公"在当地因为不同语境也被称为"九使侯王""广利侯王""九使爷"等，文中出现上述称呼皆指九使信仰。

公"信仰的田野调查,力图围绕当地九使信仰的民间传说与仪式展演等内容,探讨"九使公"信仰与地方族群之间的复杂关系,进而分析海洋社区的认同建构问题。

一、沙埕港与九使宫

沙埕港位于福建省福鼎市东南部海滨,北与浙南海域相邻,东南与东海相接,是一个历史悠久的天然良港。长期以来,当地凭借海港优势大力发展渔业与海上运输业。在沙埕居住的人口中,80%以上以渔业为主要生计方式。目前沙埕港也是东南地区古老的水上族群——疍民的主要停靠点和聚居地,他们一般被称为"水上人",以与岸上的"山上人"相区别。直到20世纪50年代,"水上人"才得以上岸定居,并组成了水生村,与和平村、内岙、外岙、沙埕居委会共同构成了以"沙埕集镇"为一个共同体的海洋社区。

在民间信仰体系里,沙埕集镇在历史上曾被划分为八个境,即安连境(九使)、安泰境(十使)、全福境(十一使)、兴德境(杨府上圣)、新乐境(丹霖大帝)、安平境(华光大帝)、复兴境(五显大帝)、妈祖境(天上圣母)。除此之外,还有诸如文昌阁、白马明王宫、水母娘娘宫等地方信仰空间。在如此复杂多元的民间信仰体系中,沙埕港九使宫发展成为最为突出的公共性神庙,并对其他宫庙发挥着统筹和联结的作用。按照当地人的说法,海神"九使公"是整个沙埕集镇的"地头神"。所谓"地头神",就是指一个区域内普遍被人们视为地位最崇、职位最高、最灵验的主祀神。这种称呼类似一些学者所说的"主神""主祭神""主祀神""境主神""村神"的概念,但由于沙埕集镇行政地理区划的特殊性①与九使宫所处位置的公共性,以及九使信众分布的广泛性,以往的

---

① 沙埕集镇行政地理区划的特殊性主要表现为沙埕集镇所包括的三个居委会和两个自然村几乎是融合在一起的,五个行政单位的居民穿插居住。

"村神""境主神"等概念似乎都无法概括沙埕集镇的九使公特点,因此民间广泛使用的"地头神"一词反而最能体现九使在地方信仰体系上的绝对权威位置。

现在的沙埕九使宫坐落于风景秀丽的狮头峰之上,占地1 800平方米。据了解,最初沙埕九使宫是一座建于海边金岗石(也有说在龙头笔架山)之上的木结构宫庙。宫址在时代更迭中几经变迁,宫庙亦多次重建,宫庙初建时间及其具体演变已无从考证。根据地方史料和访谈资料,我们得知九使宫最初建于沙埕港"龙脉"的"风水宝地"之上。抗日战争时期,日军烧掠沙埕,位于海边的九使宫首当其冲地成为战争的牺牲品,庙内供奉的所有神像均被大火吞灭,毁于一旦①。抗战结束之后,当地九使信众在原址上复建了九使宫。1949年以后,九使宫庙也是命途多舛,先是1958年遭受到台风的侵袭,庙内神像全部被打毁。刚复苏不久,"文化大革命"期间宫庙和神像又遭到破坏。幸亏有信徒不畏风险,把神像抱回自己家中供奉,后来神像又被偷偷转移到浙江苍南一个小村庄的"虎头鼻宫"供养。"文化大革命"结束后,九使信仰得以复兴。1982年,当地15位信徒自发组成"兴建九使宫筹备小组",并充分发动广大信众,经过将近两年的努力,终于在一个叫作"沙埕城仔内"的地方重新建起了九使宫,并重新起塑神像,添置宫庙用品。据报道人说,庙宇正式建成时还隆重举办了七天开光和大醮仪式,并为此请了七天大戏。沙埕信众们自带桌椅,摆了120桌宴席,一起庆祝宫殿落成大典。1993年春,因"九使公扶圣亲自选址",新宫庙定在现今沙埕狮峰岭之上的"风水宝地",由十几位信士组成"重建九使宫筹备小组",在广大信众踊跃捐资及一部分台湾同胞的鼎力相助之下,共集资200余万元,用时三年

---

① 《日寇骚扰沙埕调查报告》,载中国人民政治协商会议福建省福鼎县委员会文史编纂委员会编:《福鼎文史资料》第9辑,内部资料,1990年,第25页。

建成了目前这座九使宫。宫庙前大殿供奉九使，后殿则敬奉妈祖，另设有祥和亭、办公楼、厨房和仓库，并于2016年新建一鼎烧金炉和一座高8.3米的宫殿牌坊。

九使宫主殿供奉九使、十使、十一使三位"广利侯王"[①]；左殿供奉五显大帝、华光大帝、金主侯王；右殿供奉杜一文书、杜二代理、白马明王和观海招财童子。每尊神像高达2.6米。此外还有千里眼、顺风耳、黑猴、白兔和一百零八将等众多部将。据报道人介绍，"地头神"九使公的主要功能是保佑一方平安，出海顺利，渔业丰收；五显大帝是后期由浙南沿浦镇三十亩分灵而来，华光大帝则是由福鼎市水头尾分灵至沙埕。当地人认为五显大帝和华光大帝是九使公的舅舅。金主侯王，又称宫主侯王，原先是一条修炼金蛇，相传是九使公来到沙埕之前的地主公，后来被九使公打败而让位给九使。杜一文书则负责记账，当有弟子请愿、还愿时，杜一文书用黑笔记账、红笔勾销；杜二代理神则多管家庭纷争。白马明王被认为是近邻，所以被请到九使宫中。至于观海招财童子，据说是"文革"期间广利侯王迁到"虎头鼻宫"时"收下"的一位部下，专门管理海上作业求财之事。殿中还有一艘造于1986年的九使神船，神船上插有一面写着"蕉"字的大旗帜（当地人认为九使公出生于芭蕉树之下，故姓蕉）。船上有三支桅杆，船前后舱排放四枚大炮，船内艄公、水手、茶盐油米一应俱全。船舱内挂着"广利侯王"的牌匾，两侧写有一副对联"红日青云上碧天，吟风唱浪游沧海"。长期以来，沙埕渔区流行一种民俗活动，即在鱼汛到来之前，要到九使宫请出神船，举行隆重的神船下海仪式。在当地渔民看来，九使神船能保佑渔民海上作业平安无事。当地广泛流传不少关于海上捕鱼的渔民和船工在海面上看到九使神船在海上巡视、护佑渔人的故事，也为沙埕的九使信仰增添了几分神秘性。

[①] "广利侯王"是九使及其兄弟的封号。

二、沙埕九使的民间传说与族群互动

九使公虽然是沙埕现在的"地头神",但却并非是当地原生的信仰,从当地流传的民间传说可知,其来源与沙埕港社区的移民与族群结构有着密切的关联。根据现有的文献记载,九使信仰与东南地区闽越族的崇蛇习俗相关。九使、十使、十一使三位神明的渊源可追溯到唐僖宗年间。据《榕阴新检》记载,唐僖宗时,"福清黄檗山有巨蟒为祟,邑人刘孙礼妹三娘,姿色妖艳,蟒摄入洞中为妻。孙礼不胜忿恚,誓必死之。遂弃家远游,得遇异人,授以驱雷秘法,归与蟒斗。是时,其妹已生十一子。孙礼杀其八,妹奔出,再拜,为蟒请命,孙礼乃止。其后三子为神,曰九使、十使、十一使。闽中往往立庙祀之"①。可见,九使最初是福清黄檗山中的蟒蛇后裔,后成为闽中地区早期先民供奉的神灵。类似的传说在福州地区流传甚广。在清代里人何求所著的《闽都别记》中,也有关于该传说的生动表述:"有一道士,名刘遵礼,其妹被蟒蛇拽去,遵礼法术颇高,即刻破其洞穴,蟒蛇王已先拽其妹走去,寻访无踪。后至龙虎山学法回来,先作法封山,就杀入洞,斩王之八子。其妹抱三子出来,跪求饶恕无杀。遵礼问:所抱何人?刘氏答:是被蛇精拽为夫妇,甚是恩爱,共生十一子,已被杀去八个,今只遗此九使、十使、十一使。看妹份上,同妹夫一并恕之,令其弃邪归正。遵礼见其妹哀求,遂恕之,请于天师,奏达玉帝,准其归正,以遵礼为殿前辅弼,妹刘氏为人间种痘夫人。"②很显然,这则故事延续了九使是蛇神的说法,但体现了道教对于闽江流域的影响,最初故事中的"邑人刘孙礼",被改成向张天师学法的"道士刘遵礼",而掳人为妻的蟒蛇王改邪归正后被封为"蟒天洞主"。九使、十使、十一使三兄弟后来则先后被封为"巡海元

---

① (明)徐𤊸:《榕阴新检》卷九"妖怪",明万历三十四年刻本,第33页。
② (清)里人何求:《闽都别记》,福建人民出版社,1987年,第429页。

帅""广利侯王"。而作为与闽越族有着密切关系的水上族群——疍民,也存在久奉九使信仰的习俗。如清人戴成芬辑《榕城岁时记》引《南浦秋波录》云:"九月九日,诸娘家祭神曰九使。"[1]这些传说故事生动地展现了早期闽越族崇拜的蟒蛇及其后裔被塑造为人格化神灵的过程,也引发了学术界对于闽越族崇蛇习俗及围绕九使信仰所产生的汉—疍族群关系的讨论[2]。

与这些历史文本所记录的传说不同,在沙埕本地所流传的各种有关沙埕九使公来源的传说故事中,我们看到的是地方社会对于九使来源的另一类神话建构及社区复杂的族群互动过程。

在沙埕田野调查过程中,我们记录到不少有关当地九使起源的传说,其中较有代表性的主要有如下两种。其一是:沙埕九使宫广利侯王的来历,有个美妙的传说。浙江省苍南县东南方有三个乡镇:矾山镇、赤溪镇和马站镇,在三镇中间有一座海拔约1 300米的鹤顶山。因该山山峰峻峭、奇石耸立,故被当地老百姓称为"天柱"。传说此山顶经常有各路神仙聚会,山主号称"白鹤仙师"。山上有几股山泉直流山下,又汇合于"十八孔"(小地名)成潭,再由潭中流出,分成两条小溪,左边小溪流向"云遮",右边一条流向"岱岭",都是属马站镇管辖的两个小乡村。传说,有一天天降大雨,溪水又大又急,从十八孔潭中流出一个黑溜溜的东西,不知何物,恰巧同时被两位过路人发现,一位是云遮村人,一位是岱岭村人。于是两人就争先恐后抢这件东西。就在此时,突然出现一位白发长须的老者,仙风道骨,手执拂尘,向二位村人解说:此乃是天降灵物,归属各有其主,不能勉强,应顺其自然。他说这条溪接下来有两条分流,水势大小均衡,恰好左一条流向云遮,右一条流向岱岭,随其天意,看此灵物流向哪个村,就归哪个村所有。两人觉

---

[1] (清)戴成芬辑:《榕城岁时记》,载张智主编:《中国风土志丛刊》第56册,广陵书社,2003年,第212页。

[2] 郭志超:《闽台民族史辨》,黄山书社,2006年,第321—392页。

得此老者说得有理,欣然同意。结果,此灵物流向左边云遮村。云遮村人兴高采烈地上前捡起此物,发现原来是一个元宝形石炉,上书"广利侯王"四个大字,回头再看老者,已化作一阵清风而去,村人急忙下跪叩首……于是云遮村人建起了一座九使庙,虔诚供奉九使公。后来,沙埕人听说云遮九使爷很灵验,每逢初一、十五,不辞辛劳组织人员前往进香朝拜。特别是农历九月初九侯王诞辰,沙埕信众都要准备好全猪贡酒前去恭贺圣诞。年久月深,从不间断。后来,九使神感于沙埕人的诚心,大约在明朝万历年间,九使爷在沙埕看上了两块风水宝地,一是龙头笔架山,二是狮头峰。传说当时笔架山中有一个天然石洞,洞中有条金蛇已修行有千年。九使侯王在来沙埕之前,便私下先与此条金蛇商定,要共同管理保护沙埕这块宝地,并以比试道法来决出胜负,胜者为此地圣人,次者为弟。因九使爷胜出,故为主,收金蛇为弟兄,并拜为"宫主侯王",与九使爷一起受到当地人崇拜[①]。

  另一个比较有代表性的传说则是:九使爷最早来沙埕的时候是海上漂浮的一块木头。在明朝万历年间,沙埕港居住有连家船疍民。有一天,一块木头随涨潮而漂到一艘连家船船边。晚上退潮后,木头竟然没有随水退去。晚上疍民睡觉的时候,这块木头就不停地跟该户疍民的船碰撞发出敲打声。船上的渔民睡不着,便起来把木头捞上来。第二天等天亮了,一看木头才知原来是一尊木制菩萨雕像。于是他就在海边金岗之上建了一个木制小宫庙。之后这位菩萨找了一个人,让那人自己跳起来说他是九使爷。从此以后沙埕便有了九使宫,供奉着九使侯王[②]。

  在以上两种传说中,我们可以看到沙埕九使信仰的起源传说与沙埕社区建构过程的密切关系。在第一则故事中虽然没有直接说明九使

---

① 报道人,沙埕 LZC(男,79岁),访谈时间,2018年3月11日。
② 报道人,沙埕 ZDY(男,80岁),访谈时间,2017年10月29日。

是蟒蛇后裔,但提到九使与金蛇斗法,以及目前九使宫中供奉的"宫主侯王"蛇神来源,表明沙埕九使起源传说中"蛇"崇拜仍然是一个重要的母题,这也反映出闽江流域的九使起源故事对沙埕当地九使来源的传说建构具有一定的影响。但值得注意的是沙埕九使起源故事中强调了当地九使信仰是在明朝万历年间从浙南云遮村分灵而来的历史。这一叙事背后隐藏的是沙埕港与邻近的浙江苍南地区的社区互动历程。作为靠近浙江苍南的一个闽东北海港,历史上沙埕与浙南之间存在着密切的社会经济联系,不少沙埕居民就是来自浙江苍南地区,九使分香自苍南云遮村的故事,深刻展现了苍南移民迁入沙埕的这一流动过程。至于第二则传说体现的一个核心是沙埕九使公的来源与水上族群——疍民之间的密切关系。前已述及,在最早有关九使起源的各个版本中,长期以来被视为是闽越族遗存的疍民都是一个关键的元素,而且无论是过去还是现在,闽东北地区的疍民普遍都保留着信奉九使的习俗。沙埕目前是闽东疍民的一个重要聚居地,以疍民为主体组成的水生村是沙埕港社区的重要组成部分。由此表明,沙埕九使信仰的疍民起源故事,讲述的正是闽江流域疍民这一水上族群移居沙埕的历史,其背后隐藏着疍民借助九使信仰,在岸上建造宫庙,从而入籍沙埕港社区的这一历史事实。除了上述两种较有代表性的传说之外,在沙埕当地还流传另一种说法,认为沙埕九使信仰是清朝乾隆年间随沙埕刘氏始祖从泉州永春迁入沙埕的,一个证据就是原来九使行宫围墙和后墙的三棵高约六七丈、干围丈余的古樟树相传就是清代初期刘氏祖先迁居沙埕时栽培的,距今已有二百多年历史。

　　从以上传说可见,沙埕作为一个海洋社区,是由多元族群构成的。无论是从闽南迁来的汉人宗族,还是从闽江流域迁来的疍民,抑或从浙江苍南迁来的移民,在这些群体入迁沙埕及社区发展过程中,九使信仰都起到了重要的作用,由此使得这些族群都共同选择九使公作为社区的主体性神灵,并创造出与本族群有关的各种九使信仰传说,从而推动这种多元社区的认同。这一特点也清楚地展示在沙埕社区周期性举行的九使信仰祭祀仪式中。

三、沙埕九使信仰的祭祀仪式与社区认同

作为当地最具影响力的地头神,九使庆典及其仪式无疑是沙埕社区中最重要的宗教活动。沙埕九使庆典主要集中在元宵游神和九使圣诞,当地每年正月十三至十五这三天晚上都要举办游神仪式,八境神明在九使侯王的带领下绕境巡游,以保佑社区平安。每年农历九月初九侯王圣诞日则举行隆重的祭祀仪式。在这两次重大的庆典活动中,仪式展演成为推动沙埕这个多族群海洋社区凝聚的重要力量。

以农历九月初九沙埕九使诞辰祭祀仪式为例,这一仪式过程分为凌晨作福、献戏酬神、午时吃福宴这三大环节。在这些环节中,社区各个族群都共同参与,展现出强烈的地方认同感。根据田野调查的民族志资料可知,凌晨作福仪式一般是在农历九月初八晚上十一点至初九凌晨三点,参加作福仪式的主要有沙埕九使宫的20多个理事,他们是来自历史上沙埕及周边社区各个重要族群的代表。在仪式开始之前,先生①要先写好祭岁名单,即把信众的名字(多为沙埕集镇人)写到文疏上,以祈求九使公保佑名单上的人。理事们则有序地将供品摆放整齐。仪式所用供品在初八下午便准备齐全。该仪式供品中必须要有一头全猪来作献祭,用于献祭的全猪往往在最后一刻才送到。因为这头全猪代表最高等级的牲礼,必须是当日临近时刻现杀的全猪。只有在九使圣诞和年底还愿仪式中才会使用全猪献祭。在等待供品全猪到来期间,每一位理事都会仪式性地烧符净身,方法是点燃一张已经开过光的过身符在全身绕圈扫过,以祛除晦气,接着还要点蜡烛、香和烧金纸、跪拜。就如特纳所说的过渡仪式一样,只有烧符净过身的人才算是进

---

① "先生"是当地用于指称仪式主持者的一种称呼。

入到"阈限阶段",才能够获得参与该仪式的权利,才能够融入这个仪式团体中,而不被当作"外人"或"污秽之人"。随后不久,一声"猪来了",在场所有的人便激动起来,起身出门迎接全猪,将这头全猪摆放在宫庙门口的正前方不远的凳子上。然后理事们要在猪背或胸上插上三炷香和一把刀,在其嘴里和四肢脚趾里塞上天金金纸。全猪旁边还放有其五脏六腑,上面也要插上三炷香。至此,一切准备就绪。

九月初八晚上十一点半左右,理事开始点燃鞭炮,以模拟雷声。鞭炮声停止的那一刹那,先生的铃铛便摇晃起来,紧接着一声拍案,全场肃静,先生便开始作法。整个仪式过程持续约三个小时,大致可分为以下几个阶段:清法场;请神、引神、再请神;念文疏、掷筊杯;跳神、盖章印、问事;送神。其仪式如下:先生先右手持三清铃,左手持净水杯中的柳枝在供桌上点几圈,而后蘸净水并到宫外洒几下,以清理法场。接着回到宫中请神。先生先念沙埕本地八境神明的名字,再念附近宫庙的神明名字,涵盖范围包括马站、福鼎城关、秦屿、前岐、敏灶、霞光等地,其用意是恭请各路神明前来参加九使圣诞,享用供品。念完神明名字之后,先生点燃金纸走至宫门口引神,回到宫中敬拜。接着先生念头人、作福人的名字,为信众弟子祈求神明庇佑。由于九使圣诞仪式上邀请的神明众多,为了避免遗漏或者神明没有听到自己名字而导致神明缺席,先生会第二次请神。等全部神明到齐,吉时一到,九使便会立马"上身"乩童。乩童在此之前便浑身颤抖,嘴里不停地吐气,伴随着"噗噗"的声音。九使上身之后,乩童起乩。头人们便问是哪位神,乩童回答说是"九使爷"。紧接着,理事们急忙请他"下马",并帮他更换衣服:脱掉原来的上衣,披上黄色风衣,系上白色围裙。此时,外面的锣鼓响起助威。然后乩童左手持令旗,右手拎刺球,一边跳一边抡着刺球,不断地在身上敲打,威吓野鬼邪灵。旁边的理事们不断地喊着"好!好!好!"乩童跳出宫庙,来到大庭院里以参拜天地。这时,锣鼓越敲越快,越敲越响,以给神明(乩童)打气助威。接着乩童慢慢跳进宫中,回到凳子上坐下来,准备开封印、盖章、问事。在这里乩童扮演的是人与神沟通交流的中介。跳神的主要目的便是为了问事。一般会问神明"今年平安不平安,需要做些什么?哪里做得不好?过年要不要热闹一点?"或者向九使询问海况,比如"今年开船打鱼时鱼会不会多?开多远会有鱼?"等问题。所有的理事都围在乩童周围,非常紧张地倾听着其口中吐出的神圣性话语。跳神长达半个多小时。而后先生再次念各路神明的名字送神,仪式到此结束。仪式结束后,宫庙的几位理事要留下来烧金纸、在旗帜和平安符上盖章,一直忙到天亮。这些旗帜大中小不等,用于分发给那些出钱不等的船老大们,他们将这些旗帜挂到船上,以保佑出海平安。在沙埕,渔民出海时,一定要在船上挂一面九使公(广利侯王)的旗帜。平安符上面则写有:"奉敕广利三位侯王符到此保重。"这些平安符一般是分配给参与作福和吃福的弟子信众。他们将其带回家中或放在船上,可以保佑全家平安、出海顺利。

在沙埕九使神诞期间,一般都会有演"神诞戏"的内容。从八月底至九月初旬,宫庙头人便会去问是否有人要献戏酬神,也有一些信众直接联系宫庙头人主动献戏。献戏的弟子一般是海上作业的船老大和开店商人。船老大通常以船号为单位献戏,比如一条船捐资1 000元,如果有5位合伙人入股,那么每人只需出200元即可;开小舢板的渔民一般捐资一两百元;开大船的渔民一般捐资四五百元;此外,政府也会每年给予宫庙一定的节庆资助。演戏的剧种一般为京剧、越剧、黄梅戏。戏班从初八晚上开始连唱五天。从前沙埕聚落内还存在一种"斗戏"的习俗。每逢九使神诞日,水生村与和平村村民各请一班戏,双方竞争看谁请的戏能吸引更多的观众。因此,如果一方先请好了戏,另一方便会去打听对方请了什么戏:是京剧、越剧,还是黄梅戏,是不是很有名气?如果这部戏很有名气,那么另一方定会想方设法请到比他们更好的戏。正是由于这种"斗戏"的风俗,据说沙埕曾经还发生过请到梅兰芳先生献戏的辉煌历史。实际上,"斗戏"是一种渔业大丰收之后的竞争活动。这种竞争行为,反映的是海洋族群追求社会认可和社会地位的一种要求。在渔民看来,渔业丰收来自大自然的馈赠,他们自然要以另一种方式回馈大自然。海洋社区资源不仅丰富且呈流动态势,再加上多数资源不宜储存,使得海洋地带的人们能够产生集中且极端的、以压倒竞争对手为目的的财富消费心理,这类"夸富宴"式的仪式,正符合莫斯所说的"竞技式总体呈献",反映的也正是沿海社会的特点,因为享有更多的自然馈赠,人们需要协作和共享,沙埕社区流行的献戏酬神就是在献祭之外的另一种回馈与交换方式,就如葛兰言所指出的,节庆的教导意义是"切忌专利"①。这种献戏酬神的共享意义是多方面的,它与神共享收获成果,是一种回馈自然的方式;与人共享经济财富,是一种以经济换取威望和地位的交换方式,也因此不会因在财富上"专利"而遭人嫉妒。更重要的是,这种酬神过程中所产生的"斗戏"竞争形式,在某种程度上达到了增强整个社区的凝聚与团结的社会化功能。斗戏双方为酬谢作为整个集镇地头神——"九使公"这一共同神明而展开竞争,这种一年一度的竞争与对抗的氛围,促使人们内心产生高度的紧张感和昔日里少有的强烈兴奋感,并形成一种纽带和规范,使得对立双方处于一种超越村落行政划分的宗教共同体的意识得以加强。

在九使神诞期间的聚餐被称为"吃福宴"。九月初九当日,几乎所有出海捕鱼的沙埕渔民都会回来过节,前往宫庙烧香叩拜九使侯王。大约在中午十一时,人们齐聚宫中共享福宴,人数多时,有百余桌。参与吃福的人要在吃福过程中上交100元福金。饭后,每桌要抽签选出一名桌长,成为桌长的人最后可以领取福旗,以集聚更多福气。而宫庙也为每位吃福的人准备了一个"福头包"。"福头包"里有一张平安符,

---

① 葛兰言:《古代中国的节庆与歌谣》,赵丙祥等译,广西师范大学出版社,2005年,第160页。

还有一些甜食或罐头,寓意平安如意。这种大型"吃福宴"的聚餐形式其实是一种"共餐制",即共同信仰九使侯王的人们聚集在一起分享献祭给九使或庆祝九使圣诞的食物。这种一年一度的聚餐,在宫庙管理人员的组织和邀请下,聚集了沙埕海洋社区内经济上或政治上占有一定地位的个体化的人,他们是各个群体中的代表,在某种程度上是沙埕集镇发展的核心力量。当这些前来吃福宴的人们聚集在九使宫这个社区宗教圣地时,他们的集体记忆和集体意识得以刷新,对九使公的认同感和信赖感也在这种共享集会中得以增强。由此可见,每年定期举行的九使圣诞庆典及其仪式展演,使得沙埕这一海洋社区的认同感周而复始地得到巩固和强化。

四、结论

与东南山地和平原地区不同。类似沙埕港这样的海洋社区,由于缺乏充足的土地与农作条件,往往难以发展出庞大的宗族组织,宗教型社会组织就成为这类海洋社区建构与维系的重要力量。历史上移居沙埕的各个族群,因为共同的水上作业特点,都选择了原先依江海为生的一部分闽越族的崇拜神明"九使"作为本族群的信仰对象,并通过创造本族群与"九使公"的传说故事及共同参与节日庆典仪式展演等活动,逐渐将"九使公"塑造成为社区的"地头神"。本文所研究的闽东沙埕地区流行的"九使公"信仰就充分体现了这一海洋社区形成的特点。作为一个以多元移民群体组成的海洋社区,其社区的成长过程离不开各族群之间的互动关系,也正是在这种复杂的族群互动过程中,沙埕九使公的传说、信仰及仪式才被当地人建构起来,并成为维系社区的文化力量。沙埕九使信仰所反映出来的海洋社区"地头神"宗教信仰的产生过程及对当地社区生活的影响,在理解中国东南地区的宗教型社会发展及海洋地带人群的社会结构与制度方面显然具有一定程度的文化类型意义。

古代闽东北非汉族群述略

林校生

摘　要：闽东北地区是多元族群生养孳息之地,地偏路险,定居农耕开发迟,土著族群的历史延续性强,从长时段、大区域的视角观察,其族群、聚落的历史衍化的总体特性,与闽东浙南海岸地带乃至整个中国东南沿海地区,具有很大的相似性。本文力图从整体上反思闽东北地区的族群发展历史。

关键词：闽东;环境;族群历史

闽东北的山貌地势、水系洪患、族群生态的"南方特性"十分鲜明,从长时段、大区域的视角观察,其族群、聚落的历史衍化的总体特性,与闽东浙南海岸地带乃至整个中国东南沿海地区,具有很大的相似性。而闽东北畲族的渊源流变,又当与闽东北非汉族群的整体变迁紧密勾连。本文主旨在于粗略勾勒历史上的闽东北非汉族群演化的简要轮廓,也希望有助于从整体反观局部,对当地畲族的历史血脉可以有一些新的思考和理解。

一、闽东北传统族群形态受制于其丘陵滨海地带的区位与地貌

福建全省划分为3个一级地貌区(闽西区、闽中区和闽东沿海区),12个二级地貌区,闽东北属于闽中区的鹫峰山—太姥山中山、山间盆谷区,和闽东沿海区的闽东北滨海高丘、岛屿区。前者包括柘荣、

寿宁、周宁、屏南的全部,福安、蕉城(区)、古田、政和的大部以及福鼎、霞浦、建瓯、南平、闽清、闽侯、福州(市区)、连江、罗源的一部分,地貌类型以山地为主,水系呈格子状结构,山间盆谷散布全区,镶嵌在不同海拔高程上。后者包括福鼎、霞浦、福安、宁德、罗源、连江和福州市区的一部分,地貌类型以高丘为主,其次是低丘和平原,山地呈零星分布。水系发育,河流短小,多单独入海,成为平列水系,多峡谷急流,阶地不发育,河口常呈溺谷型,平原狭小,分布不连续①。

这两个二级地貌小区,山丘多而陡,河流小而密,谷地狭窄而连续性差,洪灾频发,林木深邃,道路崎岖,在相当长的历史时期里,人们的居住形态相对分散。

闽东北地区同整个中国东南滨海丘陵地区有很大的相似性,也有自己的一些鲜明的特性。其中尤以"滨海山区格子状水系"对闽东北族群结构的整体面貌影响较大,具体表现在山区、海岸带、水系等几个方面。

闽东北的山势,有两点值得注意。一是山体西北面高陡,东南面"形如台阶层层降低",这种结构对中原文化产生阻隔机制,对海洋却像一把"拥抱的圈椅"②。二是地貌类型以中、低山地为主(63.6%),高低丘陵地次之(27.6%),不仅山地的峰崖兀立,切割强烈,地表破碎,连"起伏舒缓"的低丘陵也显得比较"破碎零乱",这就造成区内交通的阻滞。直到清乾隆朝,当过福宁知府的四川人李拔、著名的学者漳州人蓝鼎元都还说这里的道路比蜀道更难走③。

---

① 详见《福建省志·地理志》第一章第三节,特别是该书第41—42、47—49页,方志出版社,2001年。
② 见单之蔷:《一个中国海盗的心愿》,《中国国家地理》2009年第4期,卷首语。
③ 李拔《(福宁)道里图记》曰:"予蜀人也,栈道剑阁之雄,实亲见之。先青莲公谓蜀道之难难于上青天,然其崎岖险隘,未有如宁郡之甚者。"载李拔主纂:《福宁府志》卷三上"地理志·疆域",福建省宁德地区地方志编委会,1991年整理本(内部印行),第33页。蓝鼎元《福建全省总图说》曰:"自浙东海岸温州入闽,由福宁州、宁德、罗源,连江至省城,皆羊肠鸟道,盘纡陡峻,日行高岭云雾中,登天入渊,上下循环,古称蜀道无以过也。"载蒋炳钊、王钿点校:《鹿洲全集·鹿洲初集》卷二,厦门大学出版社,1995年,第238页。

闽东北的地质地貌,控制了它的海岸平面形态。中国的大陆海岸线,以杭州湾为界,以北多为下降的平原海岸,兼有上升的山地丘陵海岸,岸线相对较平直;以南为整体抬升的山地丘陵海岸,只镶嵌入一些小块河口平原,岸线曲折率较大。其中福建的陆上海岸线曲折率为1∶5.6,居全国第一。福建大陆岸线又以闽东北岸段(福鼎虎头鼻—连江黄岐)最曲折,曲折率达到 1∶11.3(闽中段 1∶6.3,闽南段 1∶3.9)。这里湾里有湾,港中有港,套套叠叠,属溺谷型的丘陵岩岸。宁德市海边有大小海湾、港湾 178 个,海湾深入内地可达 30~35 千米,形成山丘逼近海岸,海湾倚凭山丘的山海交错格局。

闽东北的地质地貌也决定了它的水系类型。中国最普遍的水域形态,是树枝状类型。而在东南沿海浙、闽二省和紧邻的粤东地区,溪河多独流入海,河道不长,水量充沛,具有"短而壮"的特点,受褶皱—断块山地构造的切割,形成格子状水系。其中,浙江尚有苕溪(入太湖)、信江(入鄱阳湖)属长江水系;广东最大的河流珠江属树枝状水系;格子状水系以福建最为典型。宁德市境内这样的河流数量更多,"规模"更小,除古田溪可与闽江相通,这里的河流都自成格局,流域面积 100 平方千米以上的河流就有 36 条,流域总面积占全区土地面积 99% 左右。河道纵横交错,加上山岭切割,把大地划成许多格子状的小单位,地形尤其"细碎",与"闽东"、闽南有四大滨海平原颇不相类。闽东北山水的特定结合形态,发育出许多串珠状的小谷地(溪谷、山谷、盆谷),一谷(也称坪、坑等)一村乃至数村,居民比较分散,相互之间可以联络,但不便捷。

大体言之,这里是学界所说的百越—南岛先民和其混合苗裔长期生活的地区,传统居民生产生活方式与海洋联系密切,但海洋利用方式主要还是近海捕捞、运输和滩涂"讨"拾、养殖和制盐等。也有一点山区种植业,适宜种稻,不宜种麦,尤其不宜种粟,稻的单位产量远高于北方的粟麦。闽东北又夹在福州、温州之间,有"闽头浙尾"之称,早期颇有一些亦闽亦瓯的味道。又有瘴气疠疫之害。这样的环境,原本不适合北方汉族人的定居农耕生活,他们大量迁入是比较晚的事。

二、闽东北族群结构变迁的几个时间节点

1. 新石器晚期闽东北的百越—南岛先民

闽东北各县都有古文化遗址发现,沿海地区分布相对更多、更密一些。其中马栏山石器制作场遗址比较引人瞩目。该遗址位于福鼎市店下镇巽城村洋中自然村的下底湾西山坡。其范围南北长约500米,东西宽250米,面积约12.5万平方米,包括有加工区、生活区、埋葬区;在东坡的山坳处断面还有0.7~1.2米厚文化层。文化层含有段石锛、石镞、石斧等和灰色硬陶,以及夹砂黑陶、黄色软质陶陶片,初步判断为新石器时代晚期至商周时代的石器制作场。1987年4月,全省文物普查时发现,地表散布大量石器半成品和石片废料,仅有个别双肩石器有使用痕迹。石器绝大部分为玄武岩,部分为细砂岩,个别为花岗岩。所见石器绝大部分属简单打制,双肩石器系为方便人手把握而设计,整体做工较精,柄部修理较精细,片疤细小。双肩石器至今约4 000~6 000年,主要分布在华南地区,曾在台湾、东南亚和南太平洋岛屿发现。

黄瓜山遗址则是闽东北最重要的史前文化遗存,位于霞浦县沙江镇小马村的一座依山、傍水、面海的四五十米高的小山丘,面积1万多平方米,暴露贝壳层厚约1.2米。1989年至1990年,省考古队经过正式发掘,开探方38个,揭露面积966平方米,发现大量的贝壳类堆积层和两组长方形的"干栏式"建筑基础,出土石器516件,骨器44件,陶器376件。2002年5—6月间,中美联合考古队又在原发掘区东部边沿进行第二次而较小面积的发掘。两次发掘,出土的石器以梯形弓背小石锛(有段石锛)最具特色。陶器器形丰富,有甗、釜、罐、尊、盘、壶、盆、豆、钵、瓮、簋、碗、杯等;纹饰较繁杂,往往拍印斜线条纹、篮纹、栅篱纹、方格纹、蕉叶纹,之上再施赭色或深赭色陶衣;还有一定数量的彩

陶,其突出特点是泥质橙黄陶大量出现。根据遗址出土海贝、木炭标本采样碳14测年,黄瓜山文化基本年代为距今4 300~3 500年,一般认为是闽东北浙南地区最晚的新石器文化。

  黄瓜山文化时期,渔猎与农耕并重。据2002年黄瓜山遗址发掘统计,黄瓜山居民至少采集15种海贝,其中以泥蚶和牡蛎为主,其他经鉴定的还有马蹄螺、蝶螺、蜓螺、玉螺、骨螺等。黄瓜山遗址早晚地层中都发现有碳化的水稻谷粒,根据对出土样本进行植硅石研究,其形态与现代籼稻相似。还发现碳化的大麦和小麦种子的遗存,属目前东南沿海地区发现最早,对于研究大、小麦传入中国的路线是个重要的提示。饮食器皿中出现了一种叫作甗的新器形,上部为甑下部为釜,中间有箅层相隔,自是用于炊蒸,食品加工方法已经有所进步①。

  后来的文物普查还在霞浦县的沙江、柏洋、崇儒、牙城、水门、州洋等7个乡镇陆续发现了31处类似的贝丘遗址,占地面积约84 600平方米,均属新石器晚期至青铜器时代的古遗址。

  大体言之,闽浙滨海地区史前文化的突出特征,是有段石锛和几何印纹陶,但不独闽浙,在更大地域范围,它是中国东南(包括台湾)考古文化区别于华北的重要表现②。

  2. 周秦汉时期百越为闽东北基本居民

  商周春秋时期,闽东北没有直接文字记载留存,其居民族群,只能从中原王朝对南方地区的整体印象中窥得少许信息。例如,《逸周书》第五十九篇《王会解》所录《商书·伊尹朝献》中要求东方、南方贡纳之物;再如,《周礼·职方氏》称:"职方氏掌天下之图,以掌天下之地,辨

---

  ① 关于黄瓜山遗址在闽东北经济、文化开发历史上的重要意义,参见福建省博物馆:《福建霞浦黄瓜山遗址发掘报告》,《福建文博》1994年第1期;《福建霞浦黄瓜山遗址第二次发掘》,《福建文博》2004年第3期。
  ② 林惠祥:《中国东南地区新石器文化特征之一:有段石锛》,《考古学报》1958年第3期;吕荣芳:《中国东南区新石器文化特征之一:印文陶》,《厦门大学学报(哲学社会科学版)》1959年第2期。

其邦国、都鄙、四夷、八蛮、七闽、九貉、五戎、六狄之人民";又如,《山海经·海内南经》称:"海内东南陬以西者,瓯居海中。闽在海中,其西北有山。一曰闽中山在海中。"

由此大略可知,蛮、越、瓯(沤)、闽在商周时代就是东南地区的土著,闽东北自不例外。古人很早就不能将这些非汉族群区分得清楚,故而有"自交阯至会稽七八千里,百越杂处,各有种姓"之谓①,既笼统称之,又强调他们各不相属,在相当长时期中并不朝着"国家化"的方向发展。

学界或有福建土著原为闽族、越族还是由二者融合而成的闽越族的争议,但这对于处在"闽头浙尾"的闽东北来说,似乎不太成问题。战国以来闽越和瓯越是百越中距离最近、关系最密的两个支系,西汉时闽越王国的核心地区在闽江流域,东瓯王国的核心地区在瓯江流域,闽东北正是两者的接合部。这个地方秦为闽中郡,初设县(罗江县),在孙吴、东晋时期则曾先后属于临海郡和从临海郡分出的永嘉郡②。

另外,关于瓯越之得名,有学者引王应麟注《王会解》曰:"沤深即瓯也,沤亦瓯也";郭璞注《海内南经》曰:"今临海永宁县,即东瓯,在岐海中,音呕";罗泌《路史·国名纪》"越沤"条曰:"或云瓯人,沤、欧、瓯、区,通";孙诒让《温州建置沿革表引》曰:"夏为瓯、殷为沤、周为欧,实一字也",指出解开此谜的关键在语音而不在字形。起源于东南沿海的民族大多以鸟为图腾,濒临东海的瓯人即以最常见的鸟类鸥鸟为图腾。此鸟名鸥也是以其鸣声得名。《山海经》中提到许多鸟名,"其

---

① 《汉书》卷二八《地理志下·附论》"粤地"条称苍梧诸郡皆粤分也,"其君禹后,帝少康之庶子云,封于会稽",颜师古注引臣瓒曰:"自交阯至会稽七八千里,百越杂处,各有种姓,不得尽云少康之后也。按世本,越为芈姓,与楚同祖,故国语曰'芈姓夔、越',然则越非禹后明矣。又芈姓之越,亦句践之后,不谓南越也。"

② 详见林校生:《闽东北历史上建置沿革的基本态势》,《福建文史》2016年第4期。

鸣自叫""其鸣自号""其鸣自呼"等不乏其例。鸥鸟的叫声"au",如温州方言读"瓯"。这种说法很有几分道理①。闽东北多数县方音,也读"瓯""呕"为"ao(au)",今读"瓯"平声,"呕"仄声。这可能是瓯越文化影响闽东北而留下的痕迹。

一些学者根据《史记·东越传》关于西汉元封元年(前110)平定闽越国东越王余善之乱,"于是天子曰:东越狭多阻,闽越悍,数反覆,诏军吏皆将其民徙处江淮间,东越地遂虚"(《汉书·闽粤传》同)的记载,相信汉武帝已将当地百姓全部迁至江淮之间,使那里成为一片"无人区"。其实,结合当时国家动员能力和福建地理条件两方面来考虑,这是根本做不到的。例如,东汉末,中原士族许靖避乱会稽,自称"世路戎夷,祸乱遂合,驽怯偷生,自窜蛮貊,成阔十年,吉凶礼废";孙策渡江,他从会稽逃难,又说自己是"浮涉沧海,南至交州。经历东瓯、闽、越之国,行经万里,不见汉地"②。

3. 六朝乃至隋唐闽东北仍当以百越系居民为主

整个东南滨海丘陵地带,直到东汉后期,仍只在椒江口、瓯江口和闽江口设了三个县,即章安(今台州)、永宁(今温州)和东候官(今福州)③。孙吴时期,随着军事活动和经济开发的推进,孙权时闽江流域增加到五个县("东冶五县"),孙吴后期景帝孙休时福建首次设郡(建安郡),增加到八个县,加上临海郡的罗江县,为九县。有学者认为,孙吴60余年中5次用兵于闽,采取一些措施确立对闽中的统治,"福建的民族结构已以汉族为主了"④。这一类说法是不能成立的。我们看《魏书》卷九六《僭晋司马睿传》,"巴、蜀、蛮、獠、溪、俚、楚、越,鸟声禽呼,

---

① 详见蔡克骄:《瓯越文化探源》,《温州师范学院学报(哲学社会科学版)》1997年第2期;收入作者《瓯越文化史》上篇第一章第一节"释瓯、瓯越",作家出版社,2002年,第2—6页。
② 《三国志》卷三八《蜀书·许靖传》。
③ 《宋书》卷三六《州郡志二》;参见《三国志》卷六〇《吴书·贺齐传》。
④ 见黄公勉:《福建历史经济地理通论》第二章"历史人口",福建科学技术出版社,2005年,第49页。黄先生并且认为"这是福建历史上民族结构变化的一个重大问题"。

言语不同,猴蛇鱼鳖,嗜欲皆异。江山辽阔将数千里,睿羁縻而已,未能制服其民",虽然说得有些偏激,但当时的东南沿海确实存在大片大片的蛮夷之地。

晋宋之交,卢循所部基本上都属东南沿海的少数族群,史家记录了其中两支族群的信息。《资治通鉴》卷一一五晋义熙六年(410)载何无忌参军殷阐语:"(卢)循所将之众皆三吴旧贼,百战余勇,始兴溪子,拳捷善斗,未易轻也。"始兴郡治在今广东韶关,溪子是对溪族的鄙称,溪作为族称也写作"豯""傒""奚"。溪族大多以渔猎为业,陈寅恪认为实际上就是《后汉书·南蛮传》中的盘瓠种蛮。现在学界多将盘瓠蛮指为畲族先民的一支。溪族之外,还有蛮蜑。《三山志》卷六载,福鼎桐山、沙埕港有白水江,并引《太平寰宇记》卷一〇二记载:"白水郎,夷户也,亦曰游艇子,或曰卢循余种。"福州疍民来源纷杂,其中也有卢循残部下江海而入蛋(疍)家者①。今长乐县航城镇筹东村的卢姓疍民便归宗于卢循。

南朝后期,江左社会激烈动荡,大量原来不得居于社会上层更无缘预闻国家大政的岩穴村屯之豪乘势竞起。据查考,他们大抵都是土著大姓②。一度雄霸晋、建二郡的陈宝应也不例外,那些参与镇压陈宝应、留异、周迪的陈朝主将侯安都、余孝顷、程灵洗等人也分别起自粤北、赣北、浙北的酋豪。福建除了少数几个开发较早的中心地,唐代的实际族群状况,川本芳昭较早便在《论汉唐时期以中国为中心的"交流与变迁"》③一文中引用《元和郡县志》卷二九"江南道福建观察使·福州尤溪县、古田县、永泰县"条记载,认为福州辖下尤溪县、古田县、永泰县到开元年间还有非汉族群聚居的"洞"存在,这些县皆"开山洞

---

① 见杨济亮:《福州疍民的信仰及习俗》,《福建史志》2007年第3期。
② 见上揭陈寅恪:《〈魏书·司马睿传〉江东民族条释证及推论》,载《金明馆丛稿初编》,三联书店,2001年,第113—119页;吕春盛:《陈朝的政治结构与族群问题》第四章第一节,稻乡出版社,2001年,第121—130页。
③ 文载复旦史学集刊第一辑《古代中国:传统与变革》,复旦大学出版社,2005年,第39—40页。

置";又引《舆地纪胜》卷一三一"福建路漳州·官吏·陈元光"条和《元和郡县图志》卷二九"江南道福建观察使·汀州"等材料,认为漳汀一带直至唐代仍保留浓重的蛮地特色。与川本同时或稍后,谢重光、佐竹靖彦等人有更具体的讨论,此不具述。他们的研究,有力地揭示了六朝时期广大东南地区,尤其是闽中一带基本上只能是蛮夷之土①。

闽东北当然也有外来移民。入迁闽地的移民,以近捷言,以重要性言,主要是周近的吴人、浙人和赣人。所谓中原人口南迁入闽,一则初时只是零星偶发,具有一定数量的人口迁移时代较晚;二则罕有直接入迁,通常是已在苏浙赣定居若干代,再辗转至闽,其驱动力,或由于人口分蘖,或由于逃灾避难,或由于北方规模移民的骨牌效应;三则当土著人口尚占多数时,入迁汉人在土著包围下的"在地化"过程中,"化人"的同时也在"被化",所以《魏书·僭晋司马睿传》载"中原冠带呼江东之人皆为貉子"。

闽东北的汉族人口,到东吴后期设立临海郡罗江县的时候,在滨海地方已开始有一定数量,而居民主体还是非汉族群。唐代中期"开"非汉族群聚居的"山洞"而置古田县,山区汉族人口也有了一定数量,"栖居山区"的主体则仍是"非汉土著居民"②。故而一般北人犹以闽中为荒远蛮夷之地③。五代中期宁德和其近邻罗源同年分别以场、镇升为

---

① 参见林校生:《六朝时期东南地区族群关系综说》,载《百越研究》第四辑,厦门大学出版社,2015年,第69—80页,特别是第75—78页。

② 参见祁刚:《八至十八世纪闽东北开发之研究》第二章"唐宋时期闽东北的开发"第一节"古昔田亩:论开置山洞",复旦大学历史地理所博士学位论文,2010年。按,美国学者毕汉思在《唐末以前福建的开发》中认为:"只有当中原移民在某地已经聚居了相当数量的人口,而且土地已经垦殖以后,当局才会以建立一个新县的方式认可这一地区的开发,并选择某一村庄作为县治。"祁文指出,"古田县的移民与建县都与毕汉思的'移民形式'相去甚远","这一时期开置山洞设立的州县,大多是凭借军事力量实施武装殖民的结果,其主要征服对象是栖居山区的非汉土著居民,即所谓'左衽居椎髻之半'"。古田县非汉族群问题值得另文详议。

③ 例如刘禹锡《唐故福建等州都团练观察处置使福州刺史兼御史中丞赠左散骑常侍薛公神道碑》云:"闽有负海之饶,其民悍而俗鬼,居洞砦、家浮筏者,与华言不通。"

县,滨海汉族人口比例当大有提高(原罗江、温麻地,沿海已分为长溪、宁德、罗源、连江四县),偌大山区仅古田置县,汉族人口比例当远不及滨海地区。这里应当说明,唐末五代王审知建政总体上对福建影响很大,但于闽东北恐怕影响有限,本地族谱好称"自光州固始随王审知入闽",多有不实。陈支平指出北方汉民迁到闽东北定居开发"比福州平原和闽南沿海迟缓许多",其主要原因,一是"交通不便",二是"山高林密成为闽越土著残余的最主要聚居地"①。就闽东北来说,这种情势到南宋才显著改观,汉文化成为全社会的统制性力量。一方面是靖康之乱后中国北方人口的第三次大南迁,另一方面是唐宋以来科举在政治、文化、社会生活中的影响日渐扩大,儒家宗族文化逐渐下延,民间追认中原门第,以前代名人贤者为祖的风气也逐渐发展。这样,汉族人口中既有北来的移民,也有汉化的土著,有学者称之为"南方汉族"。学界相关研究已经揭明,南方各地族谱中关于其祖先来自中原的传说或记载,绝大部分是一种"文化建构",这种"历史记忆"乃是将自己转化为帝国秩序中具有"合法"身份成员的一种手段②。

4. 宋代人口超常增长背景下的闽东北族群结构变化

就两宋福州(包括闽东北)的户数变动趋势来看,有学者根据《元丰九域志》卷九和《淳熙三山志》卷十的相关数据计算,太平兴国五年(980)至景德四年(1007)福州的户年平均增长率为7.3‰,景德四年至治平二年(1065)为9.4‰,治平二年至元丰元年(1078)为5.4‰,元丰元年至南宋建炎二年(1128,建炎原无具体年度,取其中值)为4.9‰,

---

① 参见陈支平:《福建六大民系》第二章"福建汉人的民系分布",福建人民出版社,2000年,特别见该书第77—80页。
② 参见刘志伟:《族谱与文化认同——广东族谱中的口述传统》,载王鹤鸣主编:《中华谱牒研究:迈入新世纪中国族谱国际学术研讨会论文集》,上海科学技术文献出版社,2001年,第1—6页;陈支平:《中国南方民族史研究的逆向思考》,《厦门大学学报(哲学社会科学版)》2012年第4期。

建炎二年至淳熙九年(1182)为3.2‰①,两百多年间福州户数持续以比较高的速率增长。表面看起来,南宋前期(南宋后期户数缺)福州的户年平均增长率稍低,其实与南宋全境相比并不低。据学者计算,南宋境内的著籍户数的年平均增长率,北宋末崇宁元年(1102)至南宋绍兴末年(1162)为0.2‰,绍兴末年至乾道八年(1172)为1.8‰,乾道八年至嘉定十六年(1223)为1.4‰②,无论哪一阶段都远低于福州地区的3.2‰。

上述两宋时期福建包括闽东北的人口持续快速增长,绝非人口自然增长所能致。一方面应当看到,其中必然包含五代末和北宋末的大量移民,这些移民有相当部分来自河南一带,也有不少来自江南和淮南③。这是比较明显、比较容易理解的。另一方面,还应当看到,在北来移民强势、官府管控深入的背景下,众多土著认同汉族和汉文化,编户入籍,缴纳赋税;部分未认同汉文化的非汉族群也可能被官府编入"夷户"之类的另册,都使当地登记户口产生较大数量的增长。

宋代闽东北的非汉族群尚有一定数量。《太平寰宇记》卷一〇〇《江南东道十二·福州·风俗》记载:

《开元录》云:"闽州,越地,即古东瓯,今建州亦其地,皆蛇种,有五姓,谓林、黄是其裔。"《十道志》云:"嗜欲服衣,别是一方。"

这是唐代的资料,到北宋,非汉族群主导社会风气的情况当然会有很大转变,但也应当有很多旧传统还在延续,特别是州城以外的广大地

---

① 见葛剑雄主编、吴松弟著:《中国人口史》第三卷,复旦大学出版社,2005年,第497、498页。
② 见吴松弟:《宋代福建人口研究》,《中国史研究》1995年第2期。
③ 葛剑雄主编、吴松弟著:《中国移民史》第三卷第九章第四节列表"唐后期五代南迁的北方移民实例(福建部分)",从数十种史志、文集中搜到127例移民,绝大部分都说是来自河南,真正明确迁出地在江南的仅江苏、湖北各二例。但吴氏依然警觉地指出:"这是因统治者来自北方故列表移民特多,实际移民数量未必能超过江南和淮南。"

区。此即晚唐长乐诗人周朴"瓯闽在郊外"所指陈的民俗地理图谱①。只要走出福州城,就不难在郊野村庄见识到瓯越、闽越的族裔、遗俗。再看《太平寰宇记》卷一〇二《江南东道十四·泉州·风俗》的记载:

> 泉郎,即此州之夷户,亦曰游艇子,即卢循之余。晋末,卢循寇暴,为刘裕所灭,遗种逃叛,散居山海,至今种类尚繁。唐武德八年,都督王义童遣使招抚,得其首领周造麦、细陵等,并受骑都尉,令相统摄,不为寇盗。贞观十年,始输半课。其居止常在船上,兼结庐海畔,随时移徙,不常厥所。船头尾尖高,当中平阔,冲波逆浪,都无畏惧,名曰了乌船。②

这是说的泉州水上居民,福州地区也有水上居民,闽东北和浙南一带或称之为"白水郎"。《三山志》卷六"海道"引录《太平寰宇记》的一些文字,并记载今福鼎桐山、沙埕港有白水江,周遭有白水郎居止生活:

> 十五潮 至钱夼头,谚云:"钱夼头,无风自球流。"言荡漾也。白露门,或曰:即白水江也。白水郎停船之处。泊莆门寨前。西南:沙埕港。源出温州界,至桐山东入海。船至桐山。白水江。《旧记》:县东北百七十里。《寰宇记》:"白水郎,夷户也,亦曰游艇子。或曰卢循余种散居海上。唐武德中,王义童招其首领周造、麦细陵等,授骑都尉。以船为居,寓庐海旁。船首尾尖高,中平阔,冲波逆浪,略无惧怛,名了乌。"乾符间,有陈蓬者,驾舟从海来,家于后崎,号白水仙。有诗云:"水篱疏见浦,茅屋漏通星。"又云:

---

① 周朴《福州东禅寺》:"瓯闽在郊外,师院号东禅。物得居来正,人经论后贤。飑槽柳塞马,盖地月支蜓。鹳鹊尚巢顶,谁堪举世传。"见《全唐诗》卷六七三。
② 据鲁西奇《中古时代滨海地域的"水上人群"》考述,"泉郎"当为"白水郎"之误,"了乌船"当为"于乌船"之误,载《历史研究》2015年第3期。

"石头荦确高低踏,竹户彭亨左右闻。"尝留谶曰:"东去无边海,西来万顷田。松山沙径合,朱紫出其间。"蔡学士《杂记》:"福唐水居船,举家聚止一舟,寒暑、食饮、疾病、昏(婚)娅,未始去。所谓白水郎者,其斯人之徒欤?"

上文中的"松山",地名,原为一岛,今位于霞浦县松港街道松山村澳尾的泂澜岸口。当地的方言,"松"与"船"音同,"松山"当即"船山"。嘉靖《福宁州志》卷二《山川·川泽》"本州·白水江"条也说:

白水江,在十九都。白水郎停舟之处。昔闽人徙居水中岛者,有七种。或云白水郎乃卢循余种,散居海上,以船为家。唐武德中招其守(首?)领而降之。

有论者以为,明代福宁本州十九都当在今福鼎桐城山门底附近,那么,白水江便在"八尺门"以内周围海域,为沙埕港的内港分汊之一[①]。实际上,闽东北沿海诸县都有疍民分布[②]。直到今天,福鼎沙埕港、霞浦三沙港和蕉城三都港一带的群众中,还流传着"白水郎"的故事,福安甘棠镇乌山尾妈祖庙尚保存有道光六年(1826)"以船为屋""水居"的翁、刘、郑、连等姓人家申诉获批的"严禁勒索溪租短价强买"碑[③]。

综合这些信息:"游艇子",正史中见于《北史·杨素传》,称其"居水为亡命",为未入官府版籍的"水上居民"。"白水郎",亦见于唐时的

---

① 参见白荣敏:《福鼎史话·沙关旧影·天然良港屯兵要地》,商务印书馆国际有限公司,2014年,第158页。

② 闽东北学人一般以"白水郎"为历史上的疍民的别称。自20世纪初以来学术界相关讨论颇多,参见黄向春:《从疍民研究看中国民族史与族群研究的百年探索》,《广西民族研究》2008年第4期。

③ 碑刻全文见李健民:《品读福安》,云南大学出版社,2011年,第27—28页。

作品,如日本真人元开(722—785)《唐大和上东征传》、唐传奇《灵应传》等。他们在唐初之前不入籍,到贞观十年(636)才编户"输半课",这是朝廷对边远非汉族群的赋税减免优恤政策。"白水郎"("游艇子")在岸上或有居处,但主要生活空间在小船上;虽入了籍,但毕竟属于"夷户",且浮海"球流","冲波逆浪",生性不拘,依然是很边缘化的人群。《三山志》所记陈蓬,"驾舟从海来,家于后崎,号白水仙",应是比较有文化素养的"白水郎";"后崎"亦作"后岐",为霞浦县的一个小渔村;"乾符"为唐僖宗用的第一个年号(874—879),似传闻致讹,从家居楹联的工整成熟,尤其是从"朱紫出其间"诗句希冀通过科考改变社会地位,更可能与宋代科举改革不论门第、贫富,向下层平民子弟开放有关。当然,"白水郎"成为朱衣紫绶的高级官员是极渺茫的幻想,这里主要表达的是处在边缘地位的非汉族群对汉族科举文化的认同①。

大体言之,历史学、人类学、语言学等的相关研究,可以给我们提示一个新的学术理解:历代源自中原地区的移民,使南方增加了许多新的人口成分,但南方土著人口自身也在不断增长,两者互相融合则有之,但若因此以为现今南方地区大部分人口都来自中原或北方的移民及其后裔,则恐怕有悖事实。考查闽东北人口来源和族群性质,应当把它放置在一个阔大的科学视野之中,而不能仅就一部部晚修族谱方志的说法作简单的叠加和统计。闽东北,地偏路险开发迟,土著族群的历史延续性强。那么,这块热土和这里的汉族,应当比一般的南方更久地保留了"蛮地"特色和更多一些地融合了少数族群成分。直到宋元时期,汉文化真正成为闽东北全社会的统制性力量。但这里的蛮、畲、瑶、疍等少数族群,还有不小的声势。闽东北畲民、疍民自明清以迄于今一直维持一定的人口规模。

---

① 林校生:《宋元时期闽东北的人口变动》,《闽商文化研究》2017年第2期。

三、相关几点说明

1. 以上所述古代的族群分别是相对的,我们判断一个或一群人属于非汉族土著,并不意味着他或他们身上就完全没有受汉族影响的历史血脉和文化印记;同样的,这里的汉族其实也是在迁入地广受周遭异族群的渗入和影响而不断变化的巨大族群体,实际上已成为一种"新汉族"。这个认识应当贯穿我们对整个历史时期南方包括闽中族群状况的判别。

2. 闽东北在宋代之前,尤其是唐末五代之前的历史,受到多重遮蔽。就全国范围而言,中国传统史料结构的一个突出特点,是详于中央(京师)而略于地方。就地方的历史而言,距离传统帝国政治中心较远的南方地区与北方中原地区又不可同日而语。以往南方已经很少的一点历史资讯,也主要是出自华夏士人之手的片段文献。在华夏农耕帝国的视角下,生产生活方式与海洋联系密切的非汉族群的历史被忽略、被误判自是不可避免。人类学家林惠祥说过,福建"可谓最缺乏历史之省份"①,确实如此。而具体到闽东北更是"后发展"中的"后发展"地区,一个边缘中的边缘,好几部福建史,都不提或很少提到它。今天我们欲追溯闽东北历史文化面相,不仅需要搜集资料,而且需要新的解读,许多时候是有了新的眼光才能找到新的资料。

3. 在传统史书汉族中心主义叙事模式中,广大东南地区是等待垦辟和开发的荒莽世界,众多非汉族群是等待教化和引领的悍野的土人,汉族的南下则是一曲英雄主义的战歌。这种英雄主义不仅表现为征服者带来文明的扩张,也包括他们对南方生产技术的继承、发展和对瘴疠湿热环境的适应和改造。上述的叙事模式反映了历史真实的一个面

---

① 见林惠祥:《福建民族之由来》,《福建生活》1947 年第 1 期。

相,然而真实的历史当不尽如此。在非汉族群的生产、生活天地里,人口总量相对比较小,人口增长速率相对比较低,环境资源丰富广阔,生业形态多种多样,居民不专靠粮食丰收解决肚子问题,故而人地关系长期以来比较缓和。唐末以来汉族移民或汉化程度较高的周边土著陆续入迁,人口总量持续上升,入迁者的生计来源相对比较倚重耕稼,人地关系渐趋紧张。入宋,围筑海堤以御潮造田、毁除森林以垦辟梯田、大规模改变地表形态以兴修水利等做法,日益普遍,有力促进了经济,却也严重扰乱了生态。入宋以来尤其是明清两代森林面积大减,"虎患(虎害、虎伥)"记录涌现,便是一证①。历史行程复杂万状,治史之途固非一端可尽,尤其是在当今的世代,环境史的视角可以成为经济史视角的有力补充。

4. 关于闽东北畲族群的来源问题,若从其晚近之状态而逆向考寻它此前行迹,就闽东北现存蓝、雷、钟三姓族谱来观察,他们的规模化迁入已经迟至明清两代②,主要集中在明代大倭患后,特别是清初迁界、复界后③。若采取"从源辨流"的观察方法,建立汉唐甚至更早的南中国族群分蘖图谱,从中厘定畲族逐渐成形的历史过程,自然可以有与之不一样的思路。这个方面,许多老一辈的学者做了大量工作,取得丰硕成果,恕不一一列举。在他们的基础上,后起一代在许多重要问题上都有很大推进。例如,谢重光用畲、客互动的眼光观察问题,用畲族多元一体的格局阐释问题,在细密辨析文献的基础上提出,畲族族源主要包含百越后裔、南迁武陵蛮和入畲而被畲化了的汉人三大部分;南宋中叶在赣闽粤边已经形成一个有共同的地域、经

---

① 参见林校生:《明清时期闽东北的"虎害"和生态》,《福建文史》2014 年第 3 期。
② 缪品枚:《畲族迁入闽东的两次历史契机》,载氏著:《长溪钩沉》,中国文联出版社,1999 年。
③ 详见林校生:《"滨海畲族":中国东南族群分布格局的一大变动》,《福州大学学报(哲学社会科学版)》2010 年第 5 期;《闽东北畲倭关系初识》,《福州大学学报(哲学社会科学版)》2012 年第 6 期。

济、语言和文化心理的新族群[①]。这个意见很值得关注。但我们不宜从上文所述就简单化地导出一个推论,以为明清入迁闽东北的畲族群纯然是当地新来的陌生者。如前已述,闽东北原本就是非汉族群生养孳息之地,地偏路险,定居农耕开发迟,土著族群的历史延续性强,这块热土和这里的汉族,比一般的"南方"更久地保留了"蛮地"特色和更多一些地融合了少数族群成分,从这个角度说,"明清畲族"既是入迁的新客,又带有几分当地历史血脉的前缘。

---

① 谢重光:《畲族与客家、福佬关系史略》第五章第一节,福建人民出版社,2002年,第167—172页。

沙埕港与南明史上的"反清复明"运动

白荣敏

摘　要：位于福建省东北端的沙埕港,古称"沙关",地理位置得天独厚,形势险要。明朝中央政权覆灭后,以明朝宗室为核心的残余势力,以复兴明朝为旗帜,与清廷对抗。其间,闽浙之交的沙埕港,先有鲁监国驻跸,再有抗清名将张煌言率兵驻扎,同时,郑成功军事集团曾于此驻兵,并发展对外贸易。作为我国东南沿海军事重镇和经贸要口的沙埕港,为郑氏集团及与此同时的朱以海、张煌言、刘中藻等"反清复明"运动提供了大量的军事、经济方面的补给,发挥了巨大的作用。

关键词：沙埕港;反清复明;南明史

一

沙埕港古称"沙关",位于福建省东北端,福鼎市境内,为我国东南天然良港,福建省重要渔港,因地理位置得天独厚,形势险要,亦为福建沿海军事重镇。港湾入口地处闽浙交界,在福建的南镇鼻与浙江的虎头鼻之间,湾口之外有北关、南关两岛屿为天然屏障。沙埕港湾狭长弯曲。两岸山丘对峙,峰峦绵延。港中水深波平,海轮巨舰停泊其间,安若堂奥。湾口北岸为沙埕集镇,距离福鼎市区45千米,嘉庆《福鼎县志》曰:"沙埕在县治东南,三面俱海,商民辐辏,与南镇对峙,上接关山,下联烽火,为县治海道咽喉。"①过了"咽喉",进入流江、罗唇海域,清光绪《浙江沿海图说》这样描述:"水道深广,可泊大轮数十号,两岸尚可择地开筑船坞,口门两山拱峙,关隘天然,若再守以坚舰利炮,可为海军屯聚之所。"②

    清代历史地理学家顾祖禹之历史地理、兵要地志专著《读史方舆纪要》载:"沙埕堡,在州东北。《海防略》:'沙埕征榷要冲,商民辐辏,三面俱海,贼所垂涎……旧设土堡于相近之高岩,以防海口。'"③《读史方舆纪要》分析了福建的军事地理形势,认为福建僻处海隅,褊浅迫隘,用于争雄天下,则甲兵糗粮不足供;用于固守一隅,则山川间阻不足恃。难守易攻,称不上是一个险固之地。以福建之幅员情况,而可以攻取的薄弱地带,到处都是,备前则后至,备左则右至,虽然山海环绕,但并不牢固,只是作为敌人出没的凭借罢了。就闽东北而论,"温州以南由泰顺而逾分水,自平阳而越流江,福宁、候官之交皆战场也"④。此处提到的"分水"和"流江",均在地处闽东北一隅的福鼎市境内。"分水"即今之与温州市苍南县(旧属平阳县)交界的分水关,往西还有一个与温州市泰顺县交界的叠石关,均为闽浙陆域交界的关口;而"流江"则是闽浙水域交界,关曰"沙关",即今福鼎市沙埕集镇所在地。

    沙埕镇今有一个村名叫"流江",与沙埕集镇同处沙埕港北岸,二者相距约 10 千米,如果不说"村"而仅说"江",则"流江"就是沙埕集镇到流江村甚至再往西北到佳阳畲族乡罗唇村这一段十多公里岸线所对应的沙埕港入海口以内海域。《读史方舆纪要》在说到福建的"海"时认为,"守海坛则桐山、流江之备益固,可以增浙江之形势"⑤。流江

---

① (清)谭抡:嘉庆《福鼎县志》"海防",载《福鼎旧志汇编》,厦门大学出版社,2012 年,第 159 页。
② (清)朱正元:《浙江沿海图说》"南北关""形势",清光绪二十五年刊。
③ (清)顾祖禹:《读史方舆纪要》卷九六,中华书局,2005 年,第 4426 页。
④ (清)顾祖禹:《读史方舆纪要》卷九五,第 4362 页。
⑤ (清)顾祖禹:《读史方舆纪要》卷九五,第 4377 页。

为沙埕港入海口附近,而桐山为沙埕港末端,《读史方舆纪要》这句话的意思可以解读为,这整条沙埕港,实为闽浙之间的天设之险。因此,明洪武十九年(1386),倭寇侵犯东南,朝廷命江夏侯周德兴经理闽海,置烽火寨于福宁(明时闽东置福宁州)海面,后朝廷又在流江置寨,与烽火寨成互为掎角之势。《读史方舆纪要》曰:

> 流江寨,在(福宁)州北百里,与平阳县接界,即横阳江南岸也。《海防考》:"烽火门之要有官井、流江、九澳诸处,为贼船必泊之所,备御最切,而流江与烽火门尤为掎角之势。"①

关于流江的军事地理地位之重要,《明世宗肃皇帝实录》亦有论及:"巡抚福建佥都御史王询言:'……闽中之势,福宁北路之要害也,寇自台、温来者必犯之……诚得专将分守,兼辖水陆,贼虽狡悍,岂能越境!请以福、兴为一路,领以参将黎鹏举驻福宁。水防自流江、烽火门、俞(崳)山、小埕,以至南日山。'"②这里,把流江与烽火门、崳山、小埕和南日山等福建沿海最为重要的几处军事要地相提并论,可见这一段海域战略地位之突出。那么,对"流江"这一块海域而言,沙埕集镇则又是其中的"重镇",我们后面还会说到。

沙埕港海域用于军事最早可上溯到1700多年前的三国时期。孙吴立国东南,占据福建之后,发挥福建背山面海、造船航海的地理和资源优势,欲把福建建成吴国重要的水师基地,"闽中因此有典船校尉和温麻船屯的设立"③。据章巽先生《我国古代的海上交通》一书所考,三国时代吴国的造船业最为发达,沿海的主要造船基地有永宁县(今温州市),其附近有横屿船屯(今浙江省平阳县北),又于建安(今福州市

---

① (清)顾祖禹:《读史方舆纪要》卷九六,第4425—4426页。
② 《明世宗肃皇帝实录》卷四六二。
③ 朱维幹:《福建史稿》第四章"闽中郡县的建置",福建教育出版社,2008年,第47页。

附近)设置典船校尉,其附近有温麻船屯。近年的考古发现,当年的温麻船屯,其中心位于霞浦葛洪山脚下的古县村一带,而范围覆盖闽东绝大部分海域。可以想见,沙埕港因其特殊的区位和地理条件,必然成为温麻船屯的重要据地之一。

东晋末年,朝政腐败,赋役繁苛,民不聊生。隆安三年(399),孙恩在浙东发动起义,江南八郡纷纷响应,后被官兵击败,退守海岛。元兴元年(402),孙恩战败,投海而死。此后其妹夫卢循率残部转战福建,在福建制造船舰,训练军队,广结义士,扩编义军,与刘裕相峙一年多,迫使晋军不敢南进。沙埕港海域之流江、罗唇等地就是当年卢家军队屯兵之所①。不过起义军最后在东晋军队的残酷镇压下归于失败,失败后,其余部散居闽粤沿海,繁衍子孙。沙埕港亦是其子孙散居地之一。明嘉靖《福宁州志》明确记载:"白水江,在十九都。白水郎停舟之处。昔闽人徙居水中岛者,有七种。或云白水郎乃卢循余种,散居海上,以船为家。唐武德中招其首领而降之。"②明时福宁州十九都为福鼎桐城山门底附近,可见白水江为现在八尺门以内周围海域,为沙埕港的内港分叉之一。

有明一代,东南沿海迭遭倭患,沙埕港海域成为重要抗倭据地。清嘉庆《福鼎县志》云:"海之有防,始于有明,海防之严,始于明之嘉靖,嗣后沿海一带筹备益密。"③据有关史料记载,明朝政府在沿海一带加强海防建设,置卫所巡检司于沿海,又于外洋岛屿设立水寨,都把沙埕港纳入重要的海防范围,沙埕港在驻军、练兵、补给、备战等方面发挥了重要作用。另外,从洪武二年(1369)至嘉靖四十一年(1562),沙埕人民自发奋起建筑抗倭城堡十处。小战事自当时有发生,值得一提的是,

---

① 今地名"罗唇"实为"卢屯"谐音演化,即"卢循屯兵之所"之意。
② (明)陈应宾:嘉靖《福宁州志》卷之二"山川",上海书店(影印本),1990年,第120页。
③ (清)谭抡:嘉庆《福鼎县志》"海防",载《福鼎旧志汇编》,第159页。

1562年5月,倭寇骚扰沙埕、流江,烽火营把总朱玑率"舟师",在当地群众的配合下大破倭寇,歼敌甚众,俘虏50余人。第二年春,倭寇侵犯台山岛,戚继光所部陈聪等出海迎击,歼敌260余名。

二

时光的脚步到了明朝末年。明崇祯十七年(1644)三月十九日,李自成率领的农民起义军攻入了北京城,崇祯帝自缢身亡,宣告明朝中央政权的覆灭。但是,以明朝宗室为核心的残余势力仍然盘踞很大的地方,他们自居正统,在复兴明朝的旗帜下,在南方相继建立了弘光、隆武、鲁监国、永历等小朝廷和政权。随着清兵进入山海关继而问鼎中原,不断扩大其势力范围,并实施对汉人的暴虐统治,华夏大地以南明政权、李自成大顺军、张献忠大西军和郑成功军团等为主要力量的抗清运动连绵不绝,波涛迭起,一直到1664年(康熙三年)夔东抗清基地覆灭,凡20年时间,史上称为南明。

南明20年间,闽浙之交的沙埕港成为重要的抗清据地。

1644年,南明第一个政权在南京建立。五月初三,福王朱由崧在宦党马士英、阮大铖等人的拥戴下就任监国。五月十五日正式即皇帝位,次年改元"弘光"。第二天,马士英入阁主持政务兼任兵部尚书,排挤主张拥立潞王朱常淓的史可法和东林党人,掌握了实权。可是这个弘光帝只知道花天酒地,被反对拥立福王的东林党人钱谦益指为有"七不可":贪、淫、酗酒、不孝、虐下、不读书、干涉有司,是个集恶德于一身的人物。福王即位之后,在清军追击李自成军队并随时可能南下的情况下,却立即着手"选淑女"。马士英拥立福王的本意也是攫取权力,而同伙阮大铖后来则成了没有气节、无耻之徒的代名词。进入北京的清朝摄政多尔衮本来犹豫不定,但得知南京的弘光政权如此腐败无能时,坚定了远征江南统治全中国的决心,于是发动南征,由豫亲王多铎任定国大将军,挥师南下,于1645年(顺治二年,弘光元年)五月十五日占领南京。而在南京沦陷的前五日即五月初十,弘光帝即已闻风而逃出南京,在安徽芜湖被降清将领田雄等活捉献给清方,弘光政权土崩瓦解。六月初八日,潞王朱常淓在杭州就任监国,这个扶不起的阿斗在监国次日就按照马士英的意见,以割让江南四郡为条件与清军讲和。七月,在清军占领杭州时,潞王降清。

虽然潞王降清,而浙江一带的抗清运动依然风起云涌,为了更加有效地开展反清运动,需要树立一个标志,浙江的反清集团张国维、钱肃乐等于七月十八日在绍兴拥立明太祖十代孙鲁王朱以海(1618—1662)为监国,改明年为监国元年。鲁王世居山东兖州,兖州被清军包围后朱以海逃到浙江台州,被拥立之前,由举人张煌言到台州把他迎接到绍兴出任监国。有国际声誉的当代明清史专家、原北京师范大学历史系顾诚教授在《南明史》一书中这样评价朱以海:"亲身经历了国破家亡,颠沛流离的患难生活,培育了他对清廷的仇恨,在清兵侵入浙江时坚持了民族气节,并且毫不犹豫地在强敌压境之时毅然肩负起抗清的旗帜,甚至亲临前线犒师,这是难能可贵的。但是,他毕竟是深养王宫之中的龙子龙孙,过惯了腐朽荒淫的贵族生活,既缺乏治国之才,又不肯放弃小朝廷的荣华富贵。"①

而在鲁王就任监国稍前,即 1645 年闰六月二十七日,唐王朱聿键在福州被福建集团拥立为帝,定元号为隆武。隆武政权依靠海商富豪郑氏家族的武装力量得以维持。当得知在绍兴的鲁王朱以海建立了政权,隆武帝派人前往浙江,想把鲁王的势力收入麾下,但遭到拒绝。隆武政权和鲁王政权之间的矛盾产生,以至同室操戈,内讧不断。1646年(顺治三年,鲁监国元年)六月,清军在绍兴大破鲁王集团,朱以海仓皇乘船逃往舟山群岛。但是,此时的舟山守将黄斌卿由于获得隆武帝

---

① 顾诚:《南明史》第八章"隆武政权同鲁监国的争立",光明日报出版社,2011年,第191页。

赐予的官爵,不承认鲁监国的合法性,拒绝朱以海上岸进城。鲁王只好在海上漂泊。十一月间,被迎到了厦门。顾诚先生《南明史》中说,从1647年(顺治四年,永历元年,鲁监国二年)开始,尽管东南沿海抗清武装中还有郑鸿逵、郑成功、黄斌卿等人以尊奉业已不存在的隆武朝廷(隆武政权于1646年下半年覆亡)为名,拒不接受鲁监国的领导,但大多数文官武将和浙江、福建绅民都以鲁监国作为抗清复明的旗帜。当时,清军满洲主力已撤回北京,东南兵力薄弱;抗清运动在鲁监国领导下风起云涌,取得了一系列胜利。七月,鲁监国亲征,号召各地绅民起义,一时远近响应,义军飚发。八月,明军攻克连江;十月,收复长乐、永福、闽清、罗源、宁德等县。隆武朝大学士刘中藻也在福安县起兵,攻克县城。到1648年,明朝义师已经收复了闽东北三府一州(福州府、建宁府、兴化府和福宁州)二十七县。刘中藻(1605—1649),字荐叔,福安人。崇祯十三年(1640)进士。唐王在福州建立隆武政权,中藻出山协助隆武帝抗清,隆武政权覆亡后,组织义军万余人,转战闽浙两省之间,攻下泰顺、福安、古田等七县。后鲁王至闽,中藻迎奉,被授为武英殿大学士兼兵部尚书。"中藻善抚循,激劝富人出财佐饷,士卒乐为用。"①

根据徐鼒《小腆纪年附考》的记载,1647年十月,鲁监国即已封隆武政权时的尚宝寺卿李向中为兵部侍郎,巡抚福宁。李向中(1611—1651),字豸韦,号立斋,湖北钟祥人,崇祯十三年(1640)进士,被鲁监国授兵部侍郎、巡抚福宁之后,来到沙埕,为驻守在沙埕的刘中藻部队的监军。《小腆纪年附考》记曰:

……闽亡(指隆武政权覆亡),奉父母居海滨;刘中藻招之同朝监国,授是职(即兵部侍郎),监中藻军扼沙埕。时兵战屡胜,而多不戢,海上居民谣曰:"长髯总兵,黔面御史,锐头中军,有如封

---

① (清)徐鼒:《小腆纪年附考》卷一四,中华书局,1957年,第526页。

山海文明：跨学科的视角

豕。我父我儿，交臂且死！"向中曰："是非所以成大事也！"中藻曰："是为监军之任，公何嫌焉！"向中乃持节召其中军将，欲斩之；中军将诉于中藻，中藻曰："汝今乃遇段太尉也！"自是军士始戢。向中在行间，衣短后衣、缚绔褶，遍历诸舶，加慰劳鲛人疍户，勉以故国之谊，使量力输助，而无所掠。福宁一带，依之如父云。①

文中所写民谣是包括沙埕在内的福宁沿海居民对刘中藻军队扰民行为的不满与讽刺，驻守沙埕的李向中察访民情时闻知此民谣，遂转告刘中藻，得到刘"是为监军之任"的交代后，乃持节召刘中藻的中军将，想斩了他。自此之后，刘中藻部队军士的扰民行为才有所收敛。鲛人疍户指散居水上、以船为家，不许陆居、不列户籍，从事捕鱼、采珠等劳动，在当时是受歧视和迫害的一类"贱民"，而在沙埕期间，李向中能够主动亲近他们，加以慰劳，与他们打成一片，可见他的作风亲民，所以能够获得他们的支持和帮助。这一点在南明史上很值得肯定，当时战事频仍，军费开支庞大，部队所过之处，百姓负担极重，甚至出现掠夺式筹粮征饷，包括我们下文还要提到的郑成功部队，都存在对当地百姓任意杀掠的行为，而李向中等驻沙埕，能做到"使量力输助，而无所掠"，的确难能可贵。

1949年（顺治六年，鲁监国四年）十月，鲁监国晋兵部侍郎李向中为尚书。《小腆纪年附考》记曰：

向中与勋武伯章义守沙埕，王师攻福安，向中兵少不能援。城破，振威伯涂觉以所部突围走沙埕。向中乃合二将之师，护监国入浙，次于三盘；从张名振取健跳所，晋尚书兼都察院事。时风帆浪

---

① （清）徐鼒：《小腆纪年附考》卷一四，第562页。

楫,从亡诸臣多憔悴无颜色,而向中丰采如故。①

看来这位湖北人完全适应了海上生活,一点都不晕船。李向中后追随鲁监国到舟山,舟山兵败时,为清兵所执,不屈,大骂清帅,壮烈牺牲。

事实表明,闽浙各地百姓迫于清朝暴虐统治,如火如荼地掀起反抗斗争,鲁监国朱以海不失时宜地组织抗清,颇有一番作为。然而,复明各派势力之间的钩心斗角,互相倾轧,终致错失良机,使清廷得以凭借有限的兵力各个击破。到了1648年,抗清形势恶化,鲁监国漂泊海上,居无定所,其间"移次沙埕",至"十一月,王舟退壶江"②。1649年正月,鲁监国再一次移驻闽、浙交界的沙埕。一直到当年夏天,定西侯张名振攻克浙江临海的健跳所,鲁监国才移居该地。《小腆纪年附考》记载,鲁监国于1649年七月初五日次健跳所,随扈者大学士沈宸荃、刘沂春,礼部尚书吴钟峦,兵部尚书李向中,右佥都御史张煌言等,"每日朝于水殿"。

> 水殿者,御舟之稍大者,名河艒;即其顶为朝房。落日狂涛,冠裳相对;臣主艰难,于斯为极。③

依据沙埕的地形,估计鲁监国及其一班随扈者也是以"水殿"作为临时司令部,其条件的艰苦,生活的艰难,可以想见。好在鲁监国驻扎沙埕在正月至七月间,还不是台风季节,如果过了七月,台风季节来临,在海上生活,可能更为艰难。但他们也可能利用沙埕有限的陆地作为

---

① (清)徐鼒:《小腆纪年附考》卷一六,第624页。
② (清)邵廷寀:《东南纪事》卷二"鲁王以海",上海书店,1982年,第178—179页。
③ (清)徐鼒:《小腆纪年附考》卷一六,第617页。

战时指挥所和营兵驻地,现沙埕集镇的一些小地名如"御史窟""兵部岭""马道头""旗杆冈"等,就是当时留下的历史印记。

鲁监国为了利用有生力量激发抗清热情,存在滥发敕印大范围授予官爵的情况,而当时清廷也因为全国南北大规模反清复明运动的拖累,兵力不足,疲惫不堪,也不得不采取高悬爵禄的方式,鲁监国授予的官爵只要来降就保留其原官原爵。1649年,鲁监国在沙埕期间,封了不少爵禄,后有些人降清,清廷大封其爵,演绎一场"招抚闹剧"。话虽如此,从中我们也可以看出沙埕在当时地理区位和军事战略上的重要性。顾诚《南明史》记曰:

> 1649年(顺治六年,鲁监国三年)正月,江南江西河南总督马国柱报告:"舟山伪佥都严我公率知府许珙等投诚,并献进剿机宜,愿充向导。"多尔衮如获至宝,立即让马国柱把严我公送到北京,亲自两次召见,授予都察院右副都御史招抚沙埕舟山等处招抚使,携带敕书前往浙江招降明方文武官员。严我公即以清朝钦差大臣的身份派遣使者进入四明山寨和舟山群岛到处游说。在他的策动下,这年三月鲁监国所封开远侯吴凯降清,九月清廷封吴凯为沙埕侯,总统沙埕、舟山、大岚、东白海岛军务总兵官。接着,鲁监国下义安伯顾奇勋降清,被封为舟山伯、舟山总兵。随同降清的明开平将军姜君献被任为归义将军……明副使吕一成为沙埕监军副使,高树勋为舟山监军副使,"俱赐敕印并貂帽蟒袍等物"。①

1649年九月,鲁监国从健跳所移驻舟山,重新整顿朝政。从这时起至1651年,舟山群岛成为鲁监国领导下浙东抗清武装活动的中心,

---

① 顾诚:《南明史》第二十二章"1651—1653年浙闽赣抗清势力的消长",第191页。

牵制了东南地区大量清军,为郑成功在福建沿海的扩展创造了有利条件。1651年舟山失守,鲁监国带着张名振等再一次来到沙埕,"沙埕而南即是闽洋海道,非浙中水师所能熟识"。清廷派兵在路上堵剿,鲁监国派下部分将领向清方投降,张名振带领其他兵将保护鲁监国复又乘船来到海坛岛(即平潭岛),进入郑成功的势力范围。1652年三月,朱以海决定放弃监国名义,悄然寄身于郑成功。

三

郑成功(1624—1662),本名森,又名福松,字明俨、大木。出身于明朝末年泉州南安海商世家"石井郑氏"。弘光时监生,因蒙隆武帝赐明朝国姓"朱",赐名成功,并封忠孝伯,世称"郑赐姓""郑国姓""国姓爷",又因蒙永历帝封延平王,称"郑延平"。1645年清军攻入江南,不久郑成功的父亲郑芝龙降清,郑成功哭谏不听,旋率领父亲旧部在中国东南沿海抗清,成为南明后期主要军事力量之一。1646年郑成功在延平设军事指挥部、水师训练基地,巡守南平闽浙赣边关,八月下旬,在延平闽江与清军战斗,交锋不利,率师南下,以金门、厦门为基地,以"招讨大将军"之名,领导东南沿海军民坚持抗清斗争,并以厦门港为口岸积极开展东西洋海上贸易,与西方殖民势力相抗衡。1658年郑成功与张煌言联师北伐,由海路突袭,包围清江宁府(原明朝南京),引起清廷的极大恐慌,但终遭清军击退。1661年郑成功率军横渡台湾海峡,翌年击败荷兰东印度公司在台湾的驻军,收复台湾,开启郑氏在台湾的统治。

1655年(顺治十二年)五月十八日,郑成功所部陈辉、周家政、陈奇等率船三百余只、兵一万多人,奇袭守卫沙埕土堡的清军,歼敌28名,缴获红夷小炮四门、百子炮七门、行营炮一门,守将沙埕千总张国忠负伤脱逃。沙埕之役震动清廷上下,后《候代福建巡抚宜永贵残题本》陈述:"本地波浮孤岛,三面俱海,惟北一线仅通桐山。又无城可守,而倾塌土堡难以支吾。"①

《清初郑成功家族满文档案译编》收有清浙江巡抚、都察院右副都御史陈应泰"题为郑军攻陷蒲门并在镇下关屯粮等事本"。按此"题本"所陈述,郑成功本人驻于宁德三都,并在此地造船,其部队大量屯兵于闽浙之交的沿海各重要港口:"郑逆于三沙、沙埕、前岐一带湾泊,屯兵积粮,以为长久之计","今贼水陆连营,一则堵我进剿之路,一则欲以乘机窥犯,实其奸诈之心叵测。"郑成功以上述地方为部队驻地,一方面开展海上贸易,一方面与附近清廷势力范围内的清军对峙,但兵多粮少,时常展开一些以劫掠粮饷为目的大小战役。如这个"题本"所列,1657 年(顺治十四年)二三月间,就有战事如下,均与沙埕港有关:

> 二月初八、九等日,贼船数百号停泊于沙埕,十四日登犯沿浦,李、孙二汛防武弁督兵迎敌,贼寇败退。
>
> 十九日大伙贼逆数万,一路自金乡、车岭冲犯,一路自沙埕镇迤西进犯,四面围困。我汛防官兵合力堵御,终因众寡不敌,官兵阵亡多人。贼逆蜂拥攻城,势不可当,城遂陷落,汛弁被贼绑缚,绅民横遭炮烙,钱粮米谷被劫一空。贼将掠获粮米俱行运至前岐、沙埕、蓁屿、桐山等处,城内积贮粮米,城外屯扎甲兵,又四处抢掠,鸡犬不留。
>
> 十九日,贼逆调集沙埕、蓁屿之大小船千余号,以及金乡陆贼数万众,梯山航海,自四面八方拥至城下……贼逆围城三十余里,并高声喊曰,降者免死……贼挨家挨户搜取粮米,而后将职等送回城中。贼渠于逆及董、陈、郑、王各营,现驻于城外,连营数十里,并

---

① 转引自周瑞光:《摩霄浪语》"郑成功、刘仲藻、张煌言等人领导的'反清复明'活动",海潮摄影艺术出版社,1999年,第305页。

到处搜寻官兵,不断解往船上。①

蒲门地处闽浙交界,唐宋以来素为戍守要地,明洪武十七年(1384)为防倭寇而建城,三年建成,后改称"蒲城",并设千户所。蒲城为浙南要塞,与浙江濒海最南端的镇下关互为犄角,共同构成浙南门户,镇下关与沙埕隔水对望,蒲门与沙埕陆地相连,两者相距十多公里,所以郑成功屯兵沙埕港,欲北上征伐,蒲城为重要目标,平常缺粮少饷,蒲城亦为"筹粮征饷"的重要对象。

周瑞光《沙埕港》一文认为,沙埕港在明清时代曾是我国东南沿海的重要经济贸易口,它为郑成功及与之同时的张煌言、刘中藻等的"反清复明"运动提供了大量的军事、经济方面的补给,发挥了巨大的作用。因为,自郑氏据东南沿海诸岛以后,为解决"士卒繁多,地方窄狭,器械未备,粮饷不足"诸多困难,遂积极推行海内外贸易。清人郁永河在《伪郑逸事》一文中评论说:"成功以海外弹丸之地,养兵十余万,甲胄戈矢,罔不坚利,战舰以数千计,又交通内地,遍买人心,而财用不匮者,以有通洋之利也。"②郑成功集团致力于发展对外贸易,沙埕港成为国内各省的商人与日本等岛国走私贸易的集散地之一。

1658年(顺治十五年)郑成功决定率主力乘船北上,扩大东南抗清基地。在其北征的途中,沙埕港仍为重要的补给处所与抗清据地。这年五月,中提督甘辉统领前军乘船进至沙埕;二十七日在桐山一带征粮。郑成功亲自带领的主力也到达距沙埕三十里的岑屿,然后继续北上。据郑成功部将杨英所著的《从征实录》记载,郑成功曾亲自督师,于六月初四日,"从前岐港登岸进取,由分水关达平阳县交界,前有大

---

① 《清初郑成功家族满文档案译编》,九州出版社、厦门大学出版社,2004年,第344—346页。

② 见周瑞光:《沙埕港》,载《摩霄浪语》,第53页。

溪达金乡卫大海,流水湍急,先令小舡船渡载过江",六月初十日起,张煌言、甘辉等集中兵力进攻瑞安县城。七月间,驾抵舟山,八月十日于羊山突遇台风,折回,"十二月十五日,赐姓驾至沙关"。又"己亥,顺治十六年(1659)正月,赐姓驻沙关"①。顾诚《南明史》说,大致来说,在第一次北征受挫到次年(1659)五月入吴淞口进攻南京的半年多时间里,郑军主力一直驻于浙江沿海一带,成功本人往来于温州乐清的磐石卫和福建北部的沙关二地。1659年春夏,郑成功、张煌言再次亲统大军北上,进攻南京。失利后退居厦门,把目光转向了台湾,于1662年从荷兰殖民者手中收复了台湾。

四

因张煌言不赞成郑成功收复台湾,所以南京之役失利后就退到浙江濒海军中,当其获得永历帝及其太子被清军俘获的消息后,便重新酝酿拥戴朱以海出面组织朝廷,继续坚持抗清。不意鲁监国朱以海于1662年(康熙元年)十一月廿三日因病死于金门,享年四十五岁。

张煌言(1620—1664),字玄著,号苍水,宁波鄞县人,崇祯举人,官至南明兵部尚书,是一位文武兼备的抗清名将。1645年(顺治二年、弘光元年)南京失守后,与钱肃乐等起兵抗清。后奉鲁监国,联络13家农民军,并与郑成功配合,亲率部队连下安徽20余城,坚持抗清斗争近20年,其间曾经"三度闽关,四入长江"。所谓"三度闽关",就是指他曾三次到过沙埕,在此设过战时统帅部。

十年三度到闽关,风急星回客未还。
膢腊总来殊越俗,屠苏哪得破愁颜。
春符竞贴黄龙榜,新历虚衔丹凤班。

---

① 见周瑞光:《沙埕港》,载《摩霄浪语》,第52页。

怅望故山风物改,归心不断岁时间。

张煌言于1661年冬又一次进驻沙埕。过年了,当地居民按照当地的风俗,祭祀、喝酒、贴春联……勾起了张煌言浓浓的思乡之情,他出生入死,转战沙场,抗击清兵已有17个年头,再加上其时郑成功收复台湾后,建立了郑氏政权,而抗清形势越发严峻,抗清义军处境艰难,他对前途感到完全绝望。那一个除夕,张煌言站在沙埕的高处,望着滔滔不绝的沙埕港水和浩瀚无边的东海,再向着故乡的方向,想着抗清大志难以实现,心潮澎湃,写下了上面这一首《辛丑除夕行营沙关》。张煌言还写过一首《三过沙关》:

五载真如梦,秦川恨旧游。
地分山闽越,天阔水沉浮。
鸿鹄难羁绁,蛟龙空负舟。
包胥洵国士,复郢更辞侯。

张煌言在沙埕还写有另一首诗《辛丑秋虏迁闽浙沿海居民,壬寅春余舣棹海滨,春燕来巢于舟,有感而作》:

去年新燕至,新巢在大厦。今年旧燕来,旧垒多败瓦。燕语问主人,呢喃泪盈把。画梁不可望,画舫聊相傍。肃羽恨依栖,衔泥叹飘荡。自言昨辞秋社归,北来春社添恶况。一片蘼芜兵燹红,朱门那得还无恙!最怜寻常百姓家,荒烟总似乌衣巷。君不见,晋室中叶乱五胡,烟火萧条千里孤。春燕巢林木,空山啼鹧鸪。只今胡马复南牧,江村古木窜鼪鼯。万户千门徒四壁,燕来亦随墙上乌。海翁顾燕且太息,风帘雨幕胡为乎!

悲壮苍凉,荡气回肠,表达了对战事不断、民不聊生的痛恨和无奈,其忧国忧民之心跃然纸上。但英雄无回天之力,历史按照它必然的轨道运行,就如这沙埕港的水流,无人所能阻挡。

一年多后的1664年10月25日(康熙三年九月初七日),张煌言于杭州弼教坊遭清军杀害,年仅四十五岁。行刑前他索纸笔赋绝命诗曰:

我年适五九,复逢九月七。
大厦已不支,成仁万事毕。

"我年适五九","五九"为四十五,他一直追随的鲁监国于1661年逝世,刚好也是四十五岁!张煌言被杀害时立而受刃,死而不倒。明末清初大学者黄宗羲在张煌言的墓志铭中写道:"慷慨赴死易,从容就义难。"作为一个将士,冲锋陷阵,战死于沙场,或国破君亡,自杀以殉国,都是慷慨赴死,对于满怀忠诚的人来说这并不难,难的是像张煌言这样从容就义。《东南纪事》作者邵廷寀在《张煌言传》中赞叹:"王文成公有言:'死天下事易,成天下事难。'此责成于可成之日,不以一死塞也……煌言固死而不死,不成而真有成也。"① 顾诚教授在《南明史》一书中认为,在南明历史上,最杰出的政治家有两位,一位是堵胤锡,另一位就是张煌言。可惜张煌言偏处浙江、福建海隅,得不到实力派郑成功的支持,空怀报国之志。历史上常说"何代无才",治世不能"借才于异代",就南明而言又何尝不是如此。在史书上,人们习惯于把史可法、何腾蛟、瞿式耜列为南明最堪称赞的政治家,其实,他们不过是二三流的人物,就政治眼光和魄力而言根本不能同堵胤锡、张煌言相提并论。"在南明为数众多的人物中,张煌言的地位并不显赫,然而在长达二十

---

① (清)邵廷寀:《东南纪事》卷九"张煌言",第267页。

年的抗清斗争中,他历尽了艰难险阻,处处以大局为重,几乎是一位无可挑剔的完人。"①

张煌言与岳飞、于谦并称"西湖三杰"。清国史馆为其立传,《明史》有传。1776年(乾隆四十一年)追谥忠烈,入祀忠义祠,收入《钦定胜朝殉节诸臣录》。张煌言是一位儒将、一位诗人,其诗文多是在战斗生涯里写成,质朴悲壮,表现出其忧国忧民的爱国热情,有《张苍水集》行世。

---

① 顾诚:《南明史》第三十一章"郑成功收复台湾",第778页。

从"白水郎"到"水生人"

疍民的生计变迁与认同建构

刘长仪

摘　要：清朝中后期，原先生活在闽江流域的一支水上人——疍民北上迁徙至闽东沙埕港，并在当地港域构建了一个相对稳定的聚居区，由此成为沙埕港这一海洋社区的重要组成部分。历史上闽东地区存在的歧视疍民的文化传统，导致疍民在当地社区中被"污名化"。1949年以后，在一系列政策支持下，疍民得以上岸定居，并凭借精湛的捕鱼生计技术取得社会地位上的逆转。与此同时，围绕着一系列渔业荣誉，疍民群体重构了新的集体记忆与身份认同。

关键词：疍民；渔业生计；身份认同

　　清代道光年间，原先聚居于闽江流域的一支水上族群——疍民，陆续由福州北上，最终落脚沙埕这一闽东北重要海港。长期以来，在东南地区文化传统中存在着一种歧视以船为家、靠海为生的疍民的情况。作为"外来者"，历史上迁徙至沙埕的疍民也经历了这种被"污名化"的过程，关于欺辱和苦难的记忆成为族群历史与记忆的重要部分。1949年以后，伴随着社会制度的变化，疍民在历史上第一次被赋予了上岸定居权，成为"本地人"，并借助精湛的捕鱼生计，在集体化时代赢得了一系列渔业荣誉。由此也使得沙埕疍民的社会地位和身份认同发生了微妙的变化和逆转。本文通过考察沙埕疍民的这段"上岸"与"翻身"历史,探讨生计变迁在建构渔业社区集体记忆与身份认同中的作用与意义。

一、"白水郎"与"曲蹄仔"

疍民泛指以船为家、浮家泛宅的水上人群,常出现在闽粤江海地带。历史上,疍民经常作为一种边缘群体出现在各类地方载籍中,其别称颇多,诸如"游艇子""泉郎""白水郎""卢亭子""龙户""蜑""蛋"等,所指的都是疍民。《北史》载,"时南海先有五六百家居水,为亡命,号曰游艇子"①。《太平寰宇记》认为"游艇子"是东南沿海的"夷户",并且是"卢循遗种":"泉郎即州之夷户,亦曰游艇子,即卢循之余。晋末卢循寇暴,为刘裕所灭,遗种逃叛,散居山海……其居止常在船上,兼结庐海畔,随时移徙,不常厥所。"②《太平寰宇记》中还载有"庚定子",认为是秦时"从徐福入海,逃避海滨,亡匿姓名"者,随后被当地人称为"白水郎"③。《三山志》将"白水郎"与"游艇子""卢循遗种"合并,认为所指皆是闽地"举家聚止于一舟,寒暑饮食、疾病婚娶未始去"的"夷户"④。此后,福建的方志都习惯于将"白水郎"记录为七种"闽之先居海岛者"之一⑤。

"白水郎"在历史记录中和沙埕港有千丝万缕的联系。淳熙《三山志》中记载"白水郎"的停船处为"白水江"⑥,"白水江"的具体处所似已不可考,但史料确载其与"桐山溪"汇流于沙埕港:"桐山溪,相近有

---

① (唐)李延寿:《北史》卷四一,中华书局,1974年,第1512页。
② (宋)乐史:《宋本太平寰宇记》卷一二〇,中华书局,2000年,第129页。
③ (宋)乐史:《宋本太平寰宇记》卷九八,第110页。
④ (宋)梁克家:淳熙《三山志》卷六,载王晓波等点校:《宋元珍稀地方志丛刊(甲编5)》,四川大学出版社,2007年,第163页。
⑤ (明)黄仲昭修纂:《八闽通志》卷一二,福建人民出版社,1990年,第225—226页。
⑥ (宋)梁克家:淳熙《三山志》卷六,载王晓波等点校:《宋元珍稀地方志丛刊(甲编5)》,第163页。

董江,上流通白水江,即沙埕旧港也。"①另外,述及"白水郎"来源的历史记录大体可以归纳为三类:一是认为"白水郎"的先人本计划跟随徐福东渡,中途后悔,遂藏匿于东南沿海生活下来;二是认为"白水郎"是居住于福建沿海岛屿的先民;三是把"白水郎"与《太平寰宇记》中的"游艇子"合并,认为他们是兵败逃亡的卢循旧部的后人。根据福鼎地方文人周瑞光的记录,晋太康二年(282),温麻郡设立典船校尉,现今沙埕境内的流江被认为是温麻船屯的据点之一。晋元兴三年(404),孙恩起义,战败于临海,孙投水自尽,他的妹夫卢循率残部由浙江转战福建,流江、罗唇等地曾是卢家军队屯兵之所②。也就是说,无论是"白水郎"还是"卢循遗种",历史上曾有不少以船为家的水上人在沙埕一带的水面聚集。

到清中后期,"白水郎"逐渐消失于福建的地方历史文本,而"曲蹄"则成为指涉疍民最常见的称呼。"曲蹄"源自福州方言,字面意思是"弯曲的双腿"。由于疍民经年生活在空间逼仄的船上,行动举止只能弯腰曲腿,又总是盘腿坐在船尾摇橹,容易造成双腿发育不良,呈现弯曲状。因此成为岸上人指称疍民的一种符号象征。

"曲蹄"通用于整个闽东方言区,北至福鼎、南至闽清的福建沿岸地区都以此来称呼疍民。这一名称在日常生活中使用频繁,例如,陈盛韶在《问俗录》中写道:"古田男女有别,街衢庙院绝少游女。惟水口荡船,来自南台洪山桥一带,名曲蹄婆。"③此外,闽东方言区内有诸多关于"曲蹄"的俗谚,流传最广的是"曲蹄爬上山,打死不见官",直截了当地说明疍民与岸上人的生活及社会空间曾经存在着不可逾越的边界,也形象地反映出历史上岸上人长期存在着对于水上人的某种文化偏

---

① (清)许鸣磐:《方舆考证》卷八〇,清济宁潘氏华鉴阁本。
② 周瑞光:《沙埕港》,载中国人民政治协商会议福建省福鼎县委员会文史编纂委员会编:《福鼎文史资料》(第7辑),内部资料,1988年,第96页。
③ (清)陈盛韶:《问俗录》卷二,书目文献出版社,1983年,第72页。

见。可以说,从"白水郎"到"曲蹄仔",其背后隐喻的是这样一种社会事实,即疍民长期以来是以一种文化"他者"的水上人"化外"身份而存在于地方社会情境中,正是在这种语境下,沙埕的疍民曾经编织起一段屈辱的集体记忆。

二、疍民与移居的苦难记忆

随着历史的演进,中古时代曾经出没于沙埕港域的"白水郎"逐渐不知所踪,从田野调查中搜集的族谱等地方文献资料可知,目前生活在沙埕港的疍民,主要来自清代中后期闽江流域。道光至咸丰年间,原先聚集在福州连江、长乐一带的疍民陆续从闽江口北上,最终选择停靠、聚居在鱼汛丰盛的沙埕港。这些疍民以欧氏、江氏、连氏和刘氏为主,在生齿日繁之后,他们重修、编纂了各自的族谱,以记录其移居当地的历史并重构其族群身份。

例如,欧氏在族谱中这样记载其家族迁居沙埕的历史:"我欧姓相传以来,始祖由闽迁泰邑,由泰邑迁至福鼎沙埕住居。历来均以捕鱼为生,对谱牒事不以为然,致失于联系……前老谱已于'文化大革命'期中被焚毁,所以在易贵公以上只知良字讳,不知其名,再上就无从稽考,因此以良字公为住沙埕第一世祖。"①江氏族谱的记载也大同小异:"稽沙埕吾宗者,其先世籍贯连江,溯其本源均系伯益之后,济阳之裔也。固居临海滨,依鱼为业,以海为田。继以就业,携眷舟居,延海停泊,与渔民为伍,与欧、连通婚,渐沦化于渔民之习俗。于清道咸间到沙埕,即为常泊之处。"②《上当郡连氏宗谱》则记载:"我连姓相传祖贯福州,后迁连江,地处海滨,因地就业,竟以海为田,赖渔营生。于清道光年间启治公携眷沿海而来沙埕。"③

---

① 《平阳郡欧氏宗谱》,2008年修。
② 《江氏宗谱》,1995年修。
③ 《上当郡连氏宗谱》,1981年修。

由于东南地区历史上存在着前述歧视水上人的文化传统,当迁居沙埕的疍民以其鲜明的船居、水生的生活样态出现在沙埕时,作为"外来者",这群水上人很快成为社区中的另类"他者"。面对迁来的疍民,历史上的当地土著居民沿用了地方文化语境中对疍民的歧视和隔离,称自己为"山上人",称疍民为"欧连江"或直呼"曲蹄仔",并通过建构一种水/陆边界来严格限制疍民的活动和权利范围。当时的沙埕疍民在经济和社会地位上受当地"山上人"的压倒性支配,"曲蹄爬上山,打死不见官"的地方文化被强调,疍民被严禁上岸,此举不仅延续了疍民在文化情境中的劣势地位,又能保证原本稀缺的港域山地资源不被疍民分享。禁止上岸和占有土地意味着疍民的生计来源除了渔获之外别无所有,为了生存,他们必须以渔获换取粮食,如此也制约了疍民的社会生活发展。甚至一段时间内,"山上人"还通过占据岸上市场来限制疍民进行自由的渔业交易活动,从而达到控制疍民捕鱼生产的目的,疍民必须将每日的渔获交予"山上人"统一收购,换取微薄的钱款和米粮,接着"山上人"再将收购的渔获投入市场进行贩卖,赚取其中绝大部分的利润。也就是说,"山上人"利用限制疍民直接交易渔获的方式成功转型成为垄断当地海鲜贸易的中间商:"(沙埕疍民)每天早起扬帆出海放钓,傍晚收钓启程归来……'讨海'的鱼鲜不是被抢劫,就是被敲竹杠,所剩无几;最后也经不起渔霸资本家的'绝子秤'。资本家控制一把空心秤,秤杆内装上水银可以流动,鲜鱼称进秤尾往下压,10斤鱼只有6斤,货物卖出秤尾往上提,6斤的东西变成10斤重,疍民明知这种秤有诈,却不敢吭声。"①"山上人"将沙埕海域的资源牢牢把握在自己手中。"曲蹄"的文化污名以及外来群体的弱势地位,造成沙埕疍民在经济上依附于"山上人";而这种经济上的依附性又使得疍民彻

---

① 陈昭希:《沙埕"水生"连家船的变迁》,载中国人民政治协商会议福建省福鼎市委员会文史委员会编:《福鼎文史资料》(第14辑),内部资料,1996年,第160页。

底处于被压制和支配的地位,难以"翻身"。

在这样的社会和文化背景下,被压迫和剥削的屈辱记忆成为沙埕疍民口述历史的主要部分。在田野访谈中,当被问到过去的生活时,年长的疍民总是无奈地摇头,用略微变化的福州方言形容那种生活是"讲不出的难",只有在上岸缴交渔获的时候,他们才被允许在陆地上短暂逗留,随即就要下水回到各自的小船。缴纳渔获后换取的钱款,基本上用于买米、面等粮食,但"山上人"极尽克扣之能事,疍户到手的钱款少得可怜,根本难以糊口。走投无路的疍户只能靠采摘番薯藤、番薯叶充饥。疍民们不仅食不果腹,还衣难蔽体。"山上人"认为"曲蹄天生就是光脚丫的",所以不允许疍民穿鞋,将其"上岸"的可能性压缩至最低。一些穷苦的疍民甚至连裤子都不够穿,只能光着腿坐在船上,用破旧的棉被、船篷勉强遮盖身体。

在当地鲜明的水陆界线之下,疍家只能在大年初一、初二、初三破例上岸。这三天中,女性疍民携带子女成群结队地上岸、上山,挨家挨户讨食年糕。这种疍民正月上岸乞讨的习俗在闽东北地区十分常见,福州地方文人郑丽生曾作诗《贺年》描绘这一情形:"屠苏饮罢正欣然,又见曲蹄来贺年。十二月花成板调,疍歌情致意缠绵。"①与福州疍民不同,沙埕的疍家上岸"贺年"时并不唱歌,她们从沙埕出发,跋涉数十公里,尽可能多地拜访人家,讨取的年糕成为疍家正月间的全部口粮。除了日常生活受歧视外,在灾难面前疍民也得不到妥善的救治。在沙埕疍家的苦难历史中,民国年间的"六月廿七大台风"事件是一项绕不开的集体记忆。这场台风风势相当诡异,当天中午烈日高照,正在吃午饭的时候,突然黑云压坠,旋风骤起,饭桌上的碗筷飞走一空。因为疍民们不被允许上岸躲避,只能眼睁睁地看着聚集的船只被风直直打向海岸,层层叠叠撞在一起,最后仅有几条船得以逃生,死伤者不计其数。

---

① 郑丽生:《贺年》,载氏著:《福州风土诗》,福建人民出版社,2012年,第6页。

这些历史记忆对沙埕疍民来说是一种旧传统的苦难叙事,同时它也为沙埕疍民与"山上人"的互动定下了某种基调,历史上二者间的不相容与竞争贯穿始终。只有到了1949年以后,随着新中国的建立和社会环境变迁,原先处于弱势的疍民才得以完成了经济和社会地位上的"翻身",并形成了新的身份认同。

三、"水生人"——生计变迁与身份认同

沙埕疍民的屈辱生活在新中国成立后有了翻天覆地的变化。解放初期,沙埕完成"土改",原先控制渔获交易的"山上人"中间商作为资本家被打倒,不准疍民上岸的"乡规"也随之被打破,一些疍民得以将旧船拖到海岸边,在岸边沙地打下木桩,撑起船只,以作固定住所。在肃清海匪、"反霸"、"土改"、废除封建剥削的基础上,中共福建省委于1951年作出"组织互助组、促进生产"的指示,通过典型示范、逐步推广,沿海各县海洋捕捞业互助组蓬勃兴起①。受政策鼓舞,沙埕的"土改工作组"鼓励聚集于此的疍民合作成立渔业互助组,此后,欧、连、江三姓渔民结成互助组,由政府提供船和各种渔具,进行以钓业为主的渔业合作。1955年7月,毛泽东发表《关于农业生产合作化的问题》的指示,福建省开始全面试办高级渔业生产合作社②。沙埕的渔业互助组也逐步升级为初级社、高级社;到了1958年,公社化运动开始,渔业高级社转变为人民公社。

解放初期各级行政单位的调整和变化颇多,由于档案阙如,我们无法得知每一次合作社变化的具体时间。但就当时亲历者的体验和记忆来说,沙埕疍民大致经历了从松散的"大钓营",再到正式的"大钓队"的转变。随着沙埕大钓队的经济效益越来越好,最终上级决定以这些

---

① 福建省地方志编纂委员会编:《福建省志·水产志》,方志出版社,1995年,第194—195页。

② 福建省地方志编纂委员会编:《福建省志·水产志》,第197页。

疍民为主体，划定专属渔民的生活聚居地，并定名为"水生"。之后，沙埕大钓队成为与东升、石码齐名的福建渔业生产三大队之一的"水生大队"。

水生大队初期的渔业生产以小钓为主。小钓学名为"钩钓""放钓"，是将传统的鱼竿钓鱼法加以改进的作业方式，适合在近海作业。小钓作业对渔船的要求不高，普通的小船即可操作，因而成为疍民普遍采用的渔法。小钓所用的鱼钩很小，只能捕获一些体型较小的鱼，生产效率低下，于是渔民改进钓钩的尺寸，开始大钓作业。大钓鱼钩比小钓鱼钩大几十倍，有的还增设了双钩或三钩。由于钓钩的体积增大，因而需要减少每条母绳上的钓钩数量，以提高操作便利性。然而，即使将小钓改进为大钓，钓业所获的产量仍旧偏低，为了追求更高的效益，水生大队开始发展敲鼓作业。

所谓"敲鼓"又称"敲梆"，主要在近海围捕黄花鱼时使用。敲鼓作业的原理在于通过击打器具制造噪声，破坏鱼类的听觉和神经系统，使其晕厥，便于捕获。黄花鱼在水中会发出类似"咕叽咕叽"的叫声，作业时，渔夫要将船静静地停在水面，停下摇橹等杂音，俯身趴下，耳朵紧贴甲板，侧耳倾听船底黄花鱼的叫声，再结合水流的动向，确定鱼群位置和大致游向，继而顺着黄花鱼的移动方向行船，同时敲鼓制造声响，使黄花鱼昏厥。敲鼓作业的成果十分显著，曾经有一次捕获的黄花鱼多到网和船都装不下，水生渔民只能求助附近的海军，通过海军的电话联络水生大队本部，再由大队派船接应，将鱼运回。但是，夸张的收益之下隐藏的是敲鼓作业的残酷性，此种渔法给黄花鱼造成毁灭性的打击，许多小鱼在晕厥后不久便死去，导致黄花鱼数量急速锐减。原本水生渔民在沙埕港附近海域就能捕获数量可观的黄花鱼，后来不得不扩大渔区，北上台山、南下官井洋作业。60年代初，国家为保护生态平衡，出台相应政策，明令禁止敲鼓作业。

禁止敲鼓作业之后，水生大队开始发掘机帆船的力量，发展并改进帆船围网技术,进行大围缯作业。一艘大围缯船由一条母船和一条子船组成,构成一个船组。母船较大,有两至三根桅杆,上面装载配备有四至五艘小舢板和两张网;子船比母船稍小。一个船组需45人,其中母船25人,负责航行、下网和拖网;子船船员20人,负责围网和协助拉网。母船和子船上的岗位设置与分工大体相同,都包括技术员(船长)、船老大、轮机长、中肚、二手、偏手、三手、水手和妇女。技术员在船组中地位最高,负责安排航行路线、下达撒网指令;船老大负责开船掌舵,俗称"看更";两位轮机长轮流在舱底看守机器的运作,保证渔船的动力;中肚、二手、偏手和三手负责拉网、收网等体力活儿;水手负责完成收网、处理渔获等勤杂工作;至于烹饪、洗碗、扫除等"家务"则由妇女完成。水生大队专门组织技术员总结了大围缯放网和卡网的精要操作方法,这些技术知识与疍家在附近海域的生产经验相结合,催生出许多优秀的生产人,例如刘YM、林QM带领的两个生产队,通过不断地摸索和苦练,一个月的产量高达1 530担,成为整个水生大队的生产标兵。黄花鱼作为昂贵鱼种,它的丰产彻底逆转了沙埕疍家的社会地位,让他们有了堂堂正正扬眉吐气的本钱。水生大队的效益越来越好,还被评为"红旗大队"。先前的疍家普遍未受过教育,因而大队内部的会计、出纳、保管等文职,均由"山上人"担任,然而,沙埕疍家屡屡强调,即使干部们是"山上人",但挣钱的全是"水生人",也就是说,沙埕"山上人"在这一时期反而在经济上依附于疍民。

到1963年,水生大队拥有23条500多担的渔船,71条小舢板,同时添置了渔网12张,钓具5 000多件。当年的渔业生产总量为124 172担,超额完成国家水产局的征购任务。同时,大队还兴办了许多集体工厂来辅助渔业生产,比如网具厂、农场、海带养殖场、船舶修配厂、木材公司、造船厂等。这些工厂主要指向大队内部的渔船服务,只有少数对外开展业务,换句话说,当时的水生大队可以独立完成所有的渔业生产,无须从外购买、进口任何器具。

沙埕疍民的生活境况伴随渔业生产的成功而获得极大改善。沙埕人民公社曾在海岸边划拨了一些土地给水生大队，50年代中后期，水生大队在这些地块上建起第一栋房子，作为疍民上岸的集体住屋。为了使上岸的疍民都能分到房子，这栋楼总共划分出44个单间，一个单间售价30元，计划上岸定居的疍民须以户为单位向大队缴纳房款。迫于经济压力，疍家通常选择以扩大家庭为一户，共同分担房款，也因此一间小屋子常常住着三代人，或者兄弟合住。

这栋集体住屋至今保存完好，仍有几户人家居住其中。住屋一侧是水生大队的办公楼和早期的渔民小学。疍民上岸之时，水生大队动员疍家自己动手，开山拓土，修建学校，开办扫盲班。这些受过初等教育的新一代"水生人"，取代了原先的"山上人"，成为往后水生大队干部队伍的主力军。在渔业丰收鼎盛的时期，水生大队还在集体住屋的东侧新建起两栋楼房，其中一栋为纪念黄花鱼的丰收，定名为"黄花房"；另一栋在历鱼产量最好时修建完成，称为"历鱼房"。两栋楼房并排矗立，靠山面海；楼与楼中间有一扇雄伟的大门，大门顶端所刻的"水生"二字已经斑驳不清，不过五星浮雕仍旧鲜红，成为水生大队辉煌时期的象征。

"黄花房"在那一时期可以说是整个沙埕最气派的建筑，以红砖砌就，分为上下两层，外墙面被精心地漆成红色。"黄花房"的正中有一条大气的门廊，长约六米，宽两米。门廊四周环绕有镂空的雕花围栏。围栏共分为三部分，头尾两端分别有"鼓干劲""争上游"六个红字，中部镶嵌着"水生大队"四个蓝字。"黄花房"的一层曾作为织网、补网的仓库，又称"网具厂"，集体生产时期，男性必须在渔船上作业，成年女性则被分配到网具厂上班。

"历鱼房"在外观上不如"黄花房"气派，其以青砖作墙，黑瓦盖顶，外墙同样漆成红色。"历鱼房"设计有一米宽的柱廊，由八根圆柱支撑，柱廊顶有镂空的雕花护栏，既美观又防雨。柱廊前端有一条宽约两米的露天走道，走道边上是高八十厘米的砖头围栏，围栏上的镂空花纹拼着几个耀眼的红色大字："永远感谢共产党"——这在一定程度上概括了沙埕疍民的"上岸"史和"翻身"史。集体时期的一系列政策支持，配合疍民丰富的渔作经验和肯干精神，使水生大队取得辉煌的业绩，这些经济成就切实地改善了疍民的生活条件和物质水平，使他们终于得以上岸定居，摆脱"曲蹄"污名之下的生活样态。更为重要的是，集体时期的成就使曾经饱受歧视的疍民获得荣耀感，在一遍遍回忆和述说"渔业技术改进""黄花鱼大丰收""生产标兵""红旗大队"等历史事件的过程中，沙埕疍民形成了围绕荣誉、声望和"翻身"的集体记忆，个体叙事时的细节和结构渐趋一致，用旧传统的苦难叙事衬托"翻身"的不易，用"翻身"后的成就抒发自豪与扬眉吐气的情绪。最后，基于荣誉的集体记忆和自豪情绪激发了群体认同感的生成，成为疍民主动使用的划分群体的工具，他们常这样评价辉煌的集体生产时期："山上人反而输给了海家人""外面的人还要加入我们水生"，也即是说，曾经的"曲蹄仔"终于以"水生人"的身份在沙埕站稳脚跟。

四、结语

本文着重叙述了沙埕疍民在新中国成立后经历的渔业生计变迁和技术进步，并以此为线索，说明经济成就如何改变沙埕疍民的社会地位和身份认同。沙埕港因其优越的港湾和渔业条件成为众多疍民的停泊之所。清代中后期从福州一带北上迁居福鼎沙埕的疍民，在原有歧视"水上人"的地方文化语境下，遭受来自沙埕"山上人"的多方面压制。"山上人"严控疍民的生产活动范围，禁止疍民上岸、利用山地的同时，还限制疍民进行自由的渔业生产。无奈之下，疍民只能以"渔工"为生，而这种被动的生计方式造成疍民严重依附于"山上人"，经济上的依附性进一步深化疍民的弱势地位，受压迫和欺侮的记忆构成这一时期沙埕疍民历史记忆的主要部分。

解放初期,在土地改革和连家船社会主义改造等一系列政策支持下,沙埕疍民被聚集起来,推行集体化的渔业生产。以他们为主体而成立的水生大队,不断摸索、改进渔业技术,从产量偏低的小钓作业发展至效率颇高的大围缯技术,疍民丰富的渔作知识和吃苦耐劳的精神贯穿生产始终,在通力合作之下,水生大队斩获了令人惊叹的成就。集体生产的辉煌业绩为疍民的"上岸"和"翻身"奠定了经济基础。在渔业丰收的基础上,疍民得以上岸建房定居,真正成为沙埕当地的"居民"而非"寄泊者";进而通过普及教育,培养以疍民为核心的当地社区领导层,彻底逆转"山上人"的优势地位。另一方面,关于兴盛和荣誉的记忆,取代了过去的屈辱和苦难,构成沙埕疍民新的身份认同,"曲蹄仔"的污名标签被揭去,"水生人"依靠渔业生产上的成功实现社会地位的逆转,开启沙埕疍民群体自豪的新生。

二

山海文明与传统中国

"闽在山海中":福建山海文明与中西方文化交流

中国民间信仰对外传播的历史反思

明清航海与福建文化的海外传播

郑氏与明、清对汀漳泉海域社会控制权的争夺

海外文献与清代中叶的中西关系史研究:英国东印度公司广州商馆中文档案之价值

流动的神明:南海渔民的海神兄弟公信仰

"闽在山海中"

福建山海文明与中西方文化交流

林金水

摘　要：福建文化是山与海的结晶体，概括而言即"闽在山海中"。"山"是孕育福建文化的土壤，"海"是福建文化对外连接的桥梁。福建文化正是在山与海的互动中不断形成与完善发展的。海洋让福建走向世界，更将"山""海"文化向外辐射和传播。福建文化以"海上丝绸之路"为路径，演绎了中西方文化交流史上绚丽而灿烂的诗篇。

关键词：福建；山海文明；中西文化交流

福建依山滨海的天然地理环境，使得"念山海经"曾经是福建改革开放后治省的一个很时髦的口号。当时口号是这样提的，但念得更多的是"山"。福建人的口头禅是出门见山，《山海经》说"闽在海中"，但若以"闽在山中"称呼福建也很贴切，福建本来就有"东南山国"之称。福建西北武夷山等山脉，成了闽赣的分水岭，将福建与中原隔离开来。中部"闽中屋脊"戴云山等山脉斜跨南北，将福建明显地划分为"山"与"海"两个地区。东部宁德地区，是福建山海交汇之地，"界闽浙之交，大海环其南，群山拱其北，藩维千里"。宁德"洞天最方舆，视武夷无所让"。福鼎太姥山更是山海一际，去天不盈咫，俯视下界"大海茫茫绕如发，点点南闽复东越"。太姥山为福建山川奇中奇，与武夷等山相比"苞奇孕怪，冠于数者"。"闽在山海中"，福建当时"念山海经"的指导思想是发展福建的经济,但在福建文化形成和发展的历史上同样离不开"山"与"海"。"山"是孕育福建文化的土壤,"海"是福建文化对外连接的桥梁。海洋把福建文化推向了世界,福建文化则在对外文化交流中弘扬自己、补充自己、丰富自己、提高自己,形成了以"海上丝绸之路"为路径,以海洋文化为基本特征的文化面貌,使福建文化在中西文化交流史上占有十分显著和重要的地位。下文拟以武夷山、戴云山、太姥山为对象,选择几个典型的个案,来探讨明清时期福建文化从深山走向海洋、走向西方、走向世界的一段历史进程。

一、武夷山与朱熹理学之西传

朱熹是闽人,在福建生活了60多年,但他更是武夷山人。与朱熹关联的词"晦庵""五夫""考亭"等,都在武夷山下。在学术上,对朱熹理学形成影响甚深的"南剑三先生":杨时、罗从彦、李侗,按今天说法,也都是武夷山人。朱熹理学是在武夷山孕育、形成和成熟的。朱熹也成了福建文化、中国文化的一位巨人。文化除了自身的价值外,更重要的还在于它的流通和交流。朱熹理学作为独树一帜的闽学学派,在它还没有跨出武夷山、走向海洋前,它还只是国内的"武夷山品牌",为国人所折服。朱熹理学最早跨出国门,通过海洋走向东北亚的朝鲜、日本和东南亚是13世纪初的事。而它走向西方,是在新大陆发现、16世纪下半叶,耶稣会士由葡萄牙里斯本启程,绕过好望角抵达中国澳门、内地以后的事。

朱熹所说的"理"和"气"是西方学界谈到中国哲学所不可或缺的中国文化元素,而促使和完成朱熹理学向西传播的正是明末来华的耶稣会士。他们要把西方的天主教传入中国,在思想上首先要面对的正是朱熹理学。因为中国人已经习惯了朱熹所说的"天"和"上帝"。这就倒逼他们先来学学我们朱子的思想,才有资本和中国人谈他们所谓的"天学"。利玛窦正是这样先当小学生,正儿八经地把朱熹理学很粗略地浏览了一下,写出他的读书札记《天学实义》,提出了他对理学的不同看法,把朱熹的"理"与他们的"上帝"等同起来,异样的文化交流在这样的过程中形成。从朱熹这一个案,我们可以看出朱熹理学如果没有跨出武夷山,从"山国"走向海洋,理学也就谈不上在世界文明史上的地位。

朱熹理学除了开始是因为利玛窦等人为了批判朱熹理学而被动地、无意地传到西方外,其中更重要的途径是通过四书的翻译而传到西方。朱熹编辑的《四书章句集注》,是朱熹重要的理学著作之一,它"以经书注解的形式,宣传了自己的理学思想"。在这部著作中,朱熹阐扬微言大义、谈析指理之际,无不反映出他本身独特的立场,即所谓"新儒学"的真精神。明末传教士来华后,不仅自己要学习《四书》,为了让西方人更多地了解儒家思想,从16世纪80年代末开始,耶稣会士持续不断地把《四书》译成西方的文字,从第一部《四书》译稿——罗明坚的《大学》,到17世纪初西方第一部完整的《四书》译本——卫方济《中华六大经典》的问世,历经整整一个多世纪。《四书》中体现的朱熹理学思想,正是伴随这个翻译过程,间接或直接、自觉或不自觉地传到西方。由于耶稣会士对理学采取否定和反对的态度,他们在翻译《四书》时,对朱疏或译了不注明,或取其意而融于经文中,或名义上采用其他注家,实则取朱注的原意。大约在16世纪80年代末,在广东的罗明坚首先将《四书》译成拉丁文。其译文依据是《四书集注》的经文。"大学者,大人之学也",今天西方学者普遍将"大学"字面直译为"great learning",罗明坚当时译作"the right way to teach human being"(诲人之正道),相比之下,他更接近朱熹所说的"大学之书,古之大学所以教人之法也"。"明德",罗明坚把它译成"the light of revelation"(启示之光),这里显然是用基督教教义来理解中国经文。关于"亲民",罗明坚似乎注意到朱熹与王阳明对"亲"字训诂的不同,他回避了这个有争议的字眼,既不译成"爱"(love),也不译成"更新"(renovate)之意,而把

"亲民"分两层意思"to follow the light of nature and to get others to do the same",大意是：照形性之光，使其他人也同样做到。尽管他没有把"新"译成"更新"之意，但这与朱注"言既自明其明德，又当推以及人"的原意有一定的相似之处，多少看出罗明坚翻译经文时曾参考过朱注。

清初首先对《四书》进行翻译的是郭纳爵，其《大学》拉丁文译本，取名为《中国之智慧》(Sapientia Sinica)，该书1662年在江西建昌用木版刻印，共93页，中文、拉丁文相互对照。从"大学之道在明明德"的译文中，可以明显看出他是根据朱注意思翻译的，"大人的认识之道在于彰明美德和天赋于的圣灵，即灵魂，这样灵魂才有可能回到原先被人欲所遮蔽的净化状态"，这与朱熹在注解"明明德"时所说"但为气禀所拘，人欲所蔽……故学者当因其所发而遂明之，以复其初也"的意思很相近，唯因不同文字之间的多次迻译，难以做到逐词逐字对应。可见，郭的译文中已融汇了朱注的思想。

明清之际，《四书》译本在西方流传最广、影响最大的，莫过于柏应理等人翻译出版的《中国哲学家孔子》，该译本对朱熹理学的传播，还不在于译文间接采纳了朱注，更主要的在于长达100页的题为"说明性的讲解"(proemialis declaratio)的《前言》中，对理学作了大量介绍。《前言》第二部分第一章介绍"太极"时，选用的题目是"古代和近代中国人关于事物的第一因，质料因和动力因"。柏应理等人认为理学所说的"太极"，相当于亚里士多德哲学所说的"质料因"。所谓质料因，就是事物的"最初基质"，即构成每一事物的原始质料。它本身不是一种特殊的事物，没有任何特定的规定性。他们认为，"太极"第一次是出现在《易经·系辞》中，"是故《易》有太极，是生两仪，两仪生四象，四象生八卦"。宋儒理学对"太极"作了最精致的构想，它是不可理喻的，是人心无法探微的某种精神的东西。因此，理学家以隐喻的手法把"太极"与"终极"(terminus)的思想联系起来，称它为"轴"(Axis)或"世界之极"(Pole of the world)，有时把它比作"房屋之脊"(朱熹："极之得名,以屋之脊栋为一屋之本,居高处尽为众木之总会,四方之尊仰,而本一屋之木,莫能加焉。");有时又把它比作树根(朱熹:"太极如一本生,上分而为枝干,又分而生花、生叶,生生不穷。")、轮毂(the hub a wheel)、门柱(the post of a door);有时又比作基础(base)、圆柱(column)、根柢(foundation)。太极先于万物而存在,但又存在于每一事物中,每一物与太极等同,只是一物,换言之,世界每一个别事物在某一点上都可以说成是太极。

柏应理等人还介绍太极具有流动与创造的能力,太极由静而动生阳,然后静而生阴,正像一个人想说他要说的话,经过深思熟虑后终于说出来。太极静止时又像一颗小银珠,正因为太极的流动,世界处于动与静永恒变化之中(朱熹:"天地之间只有动静两端循环不已,更无余事,此之谓易。")。他们说,理学家时而把"太极"想象为永动的轮子,时而又想象为永动的水车(朱熹:"自有天地便有这物事在这里流转,一日有一日之运,一月有一月之运,一岁有一岁之运,只是这个物事滚滚将出,如水车相似,一个起,一个倒,一个上,一个下,其动也。"),时而又把"太极"比作人的呼与吸,每日的昼与夜,一年四季的循环变化(朱熹:"动静无端,阴阳无始……不可只道今日动便为始,而昨日静更不说也,如鼻息,言呼吸则辞顺,不可道吸呼,毕竟呼前又是吸,吸前又是呼……今日一昼过了,便是夜,夜过了又只是明日昼,即今昼以前又有夜了,昨夜以前又有昼了。")。

尽管《前言》最后号召西方读者竭尽全力向朱熹理学的无神论作战斗,表现出对理学蔑视的态度,但《前言》作者向西方提供了理学思想,功不可没。也许,这就是辩证法的"否定之否定"。在西方诸《四书》译本中,吸收朱注最多的是1710年出版的卫方济翻译的《中华六大经典》(*Sinensis Imperii Libri Classici Sex*),它是《四书》在西方的第一部完整译本。清初宋明理学已被官方抬到正统思想的地位,尤其康熙皇帝对理学的推崇与提倡,和耶稣会士在清廷受到的眷宠,使耶稣会士对朱熹理学不像以往那样持强硬的批判态度,这时他们敢用朱注的解释,只是没有直接点出朱熹的名字,或者干脆把朱注的解释融到经文中去。如《大学》第五章"此谓知本。此谓知之至也"。朱熹认为"此句之上别有阙文,此特其结语耳"。所以他又取程子之意以补之曰:"所谓致知在格物者……"。《中国哲学家孔子》将《大学》第五章译作:"这叫作通过最初的东西,使理解达到更高的程度,这叫作认识的终点。"卫方济则把"致知在格物"意思翻译出来,其译文是:"据说有这样一种人,他通过对最初物质认识(格物)这个根本,去正确地理解,实际上,其结果据说是这种人才是真正获得理解的最终点。"卫方济对朱熹的认可,还表现在他公开把朱熹的著作《小学》全文译成拉丁文。

朱熹理学通过耶稣会士中象征主义者对朱熹理学的附会迎合,正面地、直接地把理学思想传到西方。朱熹理学对西方不同时代、不同阵营里的思想家、哲学家均产生很大的影响。其主要表现在:(1)对西方怀疑论的影响;(2)对偶因论的影响;(3)对莱布尼茨单子论的影响。朱熹理学对西方的影响是武夷山文明与大西洋文明交会最好佐证。

二、戴云山与欧洲的"中国白"

在东西方文化交流中,物质作为文化结构中的一个层次,是最活跃的因素,最容易被交流双方所接受。正如古代丝绸之路、丝绸贸易成了中西文化交流的重要内容一样。福建对外文化交流中最重要的物质就是茶叶和瓷器。茶叶和瓷器都是消费品,但瓷器比茶叶价值更高,因为它还是提供精神享受、观赏的艺术珍品,瓷器上面绘制的中国山水、风景、花鸟、名人书法、历史故事。最能反映时代风尚与审美观念。除了使用价值外,它能够被保存、被收藏,其价值随着年代的推移弥足珍贵。福建海洋文化中,最能体现其基本特征的就是德化的"中国白"。"中国白"原文 Blanc de Chine,是法国人对明代德化白瓷的赞誉,是中国瓷器之上品。德化也因此而有"世界陶瓷之都"美誉。

德化县位于"闽中屋脊"戴云山。戴云山是德化龙浔山祖。《闽书》云:"戴云山,山雄跨十里许也。上拔十峰,最高者五,曰大戴云,稍次者五,曰小戴云。泉人语曰:'天下无山高戴云',龙浔山祖也。"德化的中国白在17世纪末到18世纪期间,通过海上丝绸之路大量销往欧洲,是当时欧洲大地掀起的"中国风"中,最受欧洲贵族欢迎的香饽饽。它既是收藏家爱不释手的无价之宝,也是君主们乃至教会领袖用来装修宫殿的最好装饰品,还是各类博物馆梦寐以求的收藏品。所谓的"中国风",也是中西交通史上所说的"洛可可之风"。它从康熙三十八年(1699)由法国开始形成,后来在德国发扬光大,至乾隆四十五年(1780)近一百年的时间里风靡欧洲和世界各国。德国最能体现洛可可之风的是在德国东部的德累斯顿。"强者奥古斯都",即神圣罗马帝国萨克森选帝侯腓特烈·奥古斯都一世(Friedrich August I der Starke, 1670—1733),是萨克森国王、波兰王,绰号又称"强力王""大力王""铁腕奥古斯都"。他在1709年至1732年间建的德累斯顿茨温格宫(Zwinger)的瓷器馆(Porzellansammlung),现为德累斯顿国立瓷器收藏馆,共存有瓷器20 000多件。其中400多套(1 255件)为德化瓷,是中国以外最大的德化瓷收藏馆。奥古斯都一生嗜瓷如命,外人说他得了瓷器病。他对所收藏的中国瓷器一一加以标题和编号做成目录,时间从1720年开始,至1733年去世。这些收藏品在二战期间一度散失,主要被俄罗斯拿走,1959年夏完整归返德累斯顿。目前"中国白"有400多件,其中有许多是重复品。"强者奥古斯都"在1727年前收藏的81批瓷器人物像,除6件外全部来自德化,469件是"中国白"。值得人们注意的是,其中35批165件都刻有十字架。1727年是雍正五年,这时正值"礼仪之争"引起的禁教时期。1723年前133批茶具中,有70批是"中国白",共588件。同样引起我们兴趣的是这些"中国白"的目录标题是木偶、传教士和其他人物。"强者奥古斯都"在1727年收藏的

"中国白",共有 1 250 件。从账单看,这批瓷器大部分制作于康熙年间,1715 年前。除萨克森选帝侯之外,普鲁士第一任国王腓特烈三世(Elector Ferderick Ⅲ,1657—1713),也特别酷爱中国的瓷器,他将其在柏林市郊的"夏洛蒂宫"(里森堡宫,Lietzenburg)加以扩建,其中陶瓷馆的"风格绚丽""华伦无比"。除了大量青花瓷外,还有就是中国白。2008 年 7 月笔者在对柏林郊外夏洛蒂宫作考察时,看到其中两尊中国白的观音像和多尊狮子像,这些"中国白"既用来作夏洛蒂宫宫殿的装饰,也是该宫珍贵的收藏品。

  欧洲收藏的"中国白"的落款年号主要是明代宣德、成化、万历、天启、崇祯和清代乾隆。从"中国白"落款的时间和所刻的有关"十字架""传教士"的内容来看,以上"中国白"的出窑时间大多数是在明末清初年间。"中国白"产地是德化,而不是建宁,这已经毫无异议。"中国白"所刻的"十字架""传教士"有可能与德化受基督教影响有关。目前福建天主教历史上尚未发现史料证明德化在元代曾受到泉州天主教的影响。但在明末德化受到天主教的影响是确切无疑的,那就是艾儒略在泉州府县的传教。一是从泉州、永春辐射到德化。艾儒略曾到过泉州十五次,到过永春五次,崇祯年间在泉州地区还发现了四块十字架碑。二是艾儒略亲临德化就有两次,第一次到德化是在张赓和颜尔宣陪同下从永春到德化,时间是在崇祯五年,即 1632 年 6 月 12 日。艾儒略《口铎日抄》卷三有记:(壬申夏四月)念五日,先生由桃源抵龙浔,张令公、颜尔宣偕行。

  艾儒略应是第一个到戴云山的欧洲人。他在德化整整一个月时间,受到德化士大夫欢迎,其中最重要的是在当地深有影响的南国子监太学生林煃。林煃,字仲谟,是一位天主教徒,他与艾儒略相交甚密,在这一个月他至少有四次与艾儒略相处。其中最有意义的是第二次,五月初七初八日(按:6 月 24—25 日),林煃邀请艾儒略到德化城南楼上做客。林煃向艾儒略介绍了城外九仙山的一尊菩萨石刻:

> 初七日,林太学复邀先生于城南之楼。
>
> 太学曰:"去城西二十里,有九仙山者,岩岫峻耸,木石玲珑,间有大石,宛似人形,稍加雕琢,则成一尊菩萨矣。"
>
> 先生曰:"然则雕琢为大圣人,不亦可乎?"
>
> 太学曰:"何不可之有?"
>
> 先生曰:"总此石也,为魔为圣,未有定形。雕魔则成魔,雕圣则成圣,惟在匠人,不可错下工夫耳。夫人亦犹石也,孰为罪人?孰为贤人?有意为舜即舜,有意为跖即跖,亦随人自为雕琢矣。"

林焌所说的九仙山这尊石刻,就是一尊弥勒石像。查康熙《德化县志》:

> 九仙山,在县西北六十里,东为东西团,西为汤泉里,永福、闽清两县之祖山。尤县溪南与水口、大江以西诸山所发脉也。自赤水格之北分行,踊跃直上,以至降岭峰,凡有九霍岌,蔓衍辽廓而上,秀削如芙蓉,如攒笋嵯峨,奇怪不可名状。绝顶有摩云、齐云二洞,累石生成,如屋天梯,石门左右可通,而攀石俯窥其下万寻,真令人目摇心怖也。峰右有弥勒洞,怪石相撑如城,中广数丈,石像巍然中坐,传云石故仙形,夜月仙人奏乐于此,邹公禅定在其傍,厌聒,凿石为弥勒像,仙乐遂绝。此与九人成仙之说,均未知其有然矣。

九仙山是今德化县重要风景点,其中弥勒石像依然保存。对于这尊弥勒石像,与艾儒略交游的士大夫张瑞图、庄际昌也留下了他们的题刻牌匾。而"中国白"也多有弥勒佛的塑像。

在林太学(按:林焌)邀请艾儒略登德化城南楼后的第二天,他又邀艾儒略和张赓来到德化龙浔山之巅驾云亭观景:

(五月)初八日,先生同令公访客,偶至驾云亭,俯视溪中竞渡,令公问曰:"精修君子,亦寓目此乎?"先生曰:"无伤也。昔圣若望,名闻四达,人慕而往观之,时若望方食后,偶执一禽以舒怀。其人窃讶,若望知而欲醒之也,因其负一弩借张焉,久而不脱,其人惧弦之断,曰:'物不可久张,久张则绝。'若望曰:'子知之乎?神不可太用,太用则备。'其人方悟而就教。"令公曰:"然则游艺之功,夫亦有道乎哉?"

驾云亭在德化龙浔山之巅:

龙浔山在县治内东隅县之左臂也,雉堞环山半,驾云亭在其巅(详见古读),下为文昌庙、早春亭(又名魁,见附),山右为天后宫,左麓则为东岳庙、先农庙,屹立千尺,气象峥嵘,峦早盘转,势若龙蟠,凭高一览,远近溪山、村落、林原如在襟带间。巅多石笋磊砢,其阴生马齿白石,古有醒龙楼、真武楼、三官殿、龙浔书院、龙山观,今俱废。

何乔远《闽书》说,驾云亭是在嘉靖年间,德化知县绪东山为了"兴文事"而建立的:

龙浔山,县之山磅礴蟠际,不知其几百里,峰峦冈巘,回亘麼沓,而是山峭数千仞,巍然县治。宋宣和中,令刘正凿穷巅为亭,或云不可,正曰:"此睡龙也,凿之则醒。"逾年,邑中举荐者三人。皇朝嘉靖中,令绪东山建驾云亭,以兴文事,请参知王慎中为记。

与艾儒略在泉州交游的大学士蒋德璟在《始建翀霄塔记》中,对驾云亭则从德化居万山之中的地灵人杰来加以论述:

> 嘉靖中,邑有绪侯建驾云亭于龙浔峰巅。王道思先生记其胜,以地灵为人材之干,而璟家大人令江山时,尝筑九清、鹿溪二梁及建牙海北,亦有起秀塔之役,其意与林侯合。然窃以为人才者,士之所自砥,山何权焉?天有所域,人自靡然而受之,其间欲以意与之衡,又不能移山走水,夺奡陋而耸以菁华,则其势不得不拱,而望之有司。有司之权行,而山川之权遂轻。然而非真循吏视其子弟若吾阶芝兰,视其山与川若吾凡筵间物,而必为桐乡树,千百年不朽之举,则亦相与晏然坐以听之而已。
>
> 吾郡文献甲四海,独德化居万山中,自丁闻卿以秉铨显,郑计部以清新著,他如李郡丞诸右姓,人文彬彬鹊起,议者谓于方值巽,宜笔峰,若戴云五峰绣屏之秀,可揽也。

艾儒略第二次到德化的时间是 1637 年 6 月 16 日,离开时间是在七月间(按:8 月 20 日—9 月 18 日)。《口铎日抄》卷七云:

> (十年丁丑闰四)念四日(按:6 月 16 日),先生适龙浔。越数日,诸友毕会……七月先生复访温陵。

艾儒略在德化这个福建最偏僻、贫穷的山区展开近一个月的旅行布道,问道最多的是林燨,而尽地主之谊热情款待艾儒略的也是他,二人可以说是形影不离。这些都使林燨对艾儒略的所言所行有更全面的了解和认识,后来他作长篇古诗赠艾儒略,对艾在闽行迹作了较为全面的描述和评价。全诗如下:

> 吾爱艾夫子,梯航九万里。
> 风律驰险艰,好学前无比。
> 匪不爱其躯,闻道夕堪死。

山海文明：跨学科的视角

脱身入中华，遍求读经史。
经目不再披，参同怀来理。
八法习同文，何论细言语。
知天而事天，孔孟一宗旨。
独有天主像，浏览今伊始。
主像亦非支，降生原有纪。
异星三君朝，神天宣庆祉。
掘地得唐碑，贞观天教起。
沉埋乱世非，昭明清朝喜。
嗟哉蠕蜎人，西镐共讪诋。
华裔无定名，修身可一拟。
氐羌有异鸾，肃慎有奇矢。
卜人丹砂贵，权扶玉自美。
中土众咸珍，玩好未配齿。
性命亦至宝，曷云而独鄙。
在唐庄事钦，在明授室侈。
景净既开先，泰西从利氏。
分教托诸邦，一派宗门是。
瞻星献异书，何如越裳雉。

　　艾儒略在德化居留一个多月后，于7月12日适仙溪。
　　中国的历史文献记载了明末一个外国人在戴云山下德化住了两个月的一段经历，尽管他到德化的目的是为了传播福音，但也从一个侧面向西方传达这样的一个信息，康乾时期在欧洲风靡一时的"中国白"的产地德化，差不多一百多年前就有西方人去过。"中国白"中的"十字架"和"传教士"两个元素是否与艾儒略在德化的活动有关，目前无从考证。但可以说明的是，艾儒略最早在明末就已经把戴云山、龙浔山通过"海上丝路"推向西方。今天,这个历史文献即《口铎日抄》已经译成英文,当他们想知道艾儒略在福建活动情况,他们也就知道了德化,这个在福建人看来连鸟也不想飞到的地方,艾儒略去了。但福建山与海的联袂,使得德化的中国白通过了大樟溪的发源地戴云山德化县的赤水镇,流向闽江出海口。运往欧洲的"中国白"主要是通过荷兰的东印度公司。康熙初年,荷兰东印度公司就已经在闽江出海口的黄岐半岛的小埕设有"荷兰码头",并在福州有一常设机构负责贸易和交涉事务。荷兰东印度公司在福建活动近一个世纪,德化的"中国白"正是这样从戴云山大樟溪的发源地流向闽江口、流向欧洲。这是山海交织在中西文化交流史上,奏出的一曲动听的交响乐。

三、太姥山与闽中诸公

人重山川,山川亦重人。太姥山自秦历汉,迄唐邑人薛令之诗"扬舲穷海岛,选胜访神山",海岛与神山成了太姥山山海一体的最佳表述,太姥山由此名播震旦,游客冠盖相望。但是由于太姥山"百年春秋,游踪胜事,俱陆沉于暮烟春草间,不可复记"。明代有关太姥山历史文献记载,"考之古今,纪载何寥寥也"。这使时任福宁知州的胡尔慥感触万千。胡尔慥,字孟修,浙江德清人,万历三十二年(1604)进士,三十三年任福宁知州。他以美妙的绝句"太姥盘峙海陬,岩壑之胜甲天下"道出了太姥山山海交会的天下奇观。但作为地方官,他似乎察觉到有关太姥山的文献记载十分欠缺,促使他要对太姥山做广为宣传,修《太姥山志》,弘扬太姥山的山海文化。他以异乡人自谦,认为自己不足当太姥山之地主,治福宁的第二年(1605),他就把想法告知他的好友晋安诗人谢肇淛,希望他能承担起这项任务。他致信谢肇淛云:"尔慥不敏,即不足当地主,幸俨然为山灵辱之。"他与谢肇淛的交游,可见谢肇淛与他唱和的诗《长溪赠胡孟修刺史》:"使君分竹古秦川,合沓苍山岛屿连。万里扶桑天接水,孤城斥卤田。腥风入市家家错,岚气当楼处处烟。更有名山供吏隐,摩霄峰顶挟飞仙。"又见《同胡孟修登松山》:"百尺危峰水上浮,芙蓉片片俯沙洲。归潮渔网晴初晒,绝岛楼船戍未收。石壁孤悬烽火夜,银涛高卷海门秋。年来卧治无鼙鼓,坐看沧波万里流。"可见谢肇淛对于福宁州的"苍山岛屿连""百尺危峰水上浮"的山海交融的盛景早有认同。知州胡尔慥给他写信两年后,即1607年,他才开始践行对胡尔慥的承诺,并在两位晋安诗人共同努力之下,完成了对太姥山的实地考察,重修《太姥山志》,对所考察的每一胜迹以诗逐一记下。谢肇淛是三山(按:即福州)人,但没有"本位主义"的思想,他所修的《太姥山志》,将太姥山与武夷、石鼓等其他福建山川相比,作出较为客观公正的评说:"尝论吾闽山川之奇,指不胜偻。武夷、九鲤以孔道著;越王、九仙、石鼓以会城著;独太姥苞奇孕怪,冠于数者。而鹤岭凝云,鸾渡稽天,即有胜情,徒付梦想,考之古今,纪载何寥寥也?盖山川于此,亦有幸不幸焉。"邑人对谢肇淛修志评说:"虽然,先生鼓山长也,志鼓山既灿然,并吾太姥而掩之。先生摇笔,亦太横矣。""兹志传千载而下,当与太姥真奇。"

由此可见,谢肇淛所看到太姥山的山海胜景不仅仅是自然的现象,而是"有胜情",就像"鹤岭凝云,鸾渡稽天"。《太姥山志》中共收录谢氏诗作 21 首,文 3 篇,数量之多,列历代游山者之冠。在谢肇淛《小草斋集》中,以上这些诗文均有提及,此外尚有 7 首为历代山志所未收。他游太姥山留下的诗篇有:《游太姥道中作》、《玉湖庵感怀》、《岩洞赠镜和尚》(春岚万壑散晴烟,躐棘攀萝鸟道边。怪石叠成空外色,悬崖穿破地中天。洞蒸岚气时时雨,路绕峰头处处泉。茅榻竹房人不到,老僧长袍白云眠)、《金峰庵》、《太姥山中》、《太姥墓》、《国兴废寺作》、《宿摩霄庵》、《叠石庵》、《望仙桥》(翩翩鹤驭下摩霄,月户云阶隐寂寥。丹嶂排空三十六,春风吹度望仙桥)、《圆潭庵》、《大龙井》(危桥断复连,抱石出层巅。路绝缒藤下,崖幽秉烛穿。风雷轰白日,苔藓起苍烟。欲取骊珠去,神龙恐未眠)。其中《摩霄绝顶》对太姥山海一际,描绘得淋漓尽致:"太姥去天不盈咫,三十六峰参差是。片片芙蓉玉削成,千崖万壑徒为尔。五色龙车去不回,丹床药臼空莓苔。晴云犹护金茎掌,夜月长窥玉镜台。我来太姥洋中望,秀色苍茫在天上。欻忽扶黎造绝巅,青山碧落宛相向。俯视下界何冥冥,山河大地漫纵横。石门倒泻银河影,松风遥送海涛声。大海茫茫绕如发,点点南闽复东越。羲驭犹衔半岭烟,天吴已捧波心月。月出日没杯中泻,云霄足底奔如马。呼吸应通帝座间,虚无岂在诸天下? 御风长啸意悠悠,鹤驭鸾骖不可求。但将九节仙人杖,同作卢敖汗漫游。"

谢肇淛为太姥山的修志并写下诸多关于太姥山的诗篇,弥补了明以前关于太姥山有关史料记载的缺失,功不可没。何乔远《闽书》对此给予积极的肯定:"相传太姥乘九色龙至此,摩霄而去,因以名峰。近闽人谢肇淛,复增金峰、锦屏、钵盂、三台、叠台、曝龙、三枝、三灵、和尚九峰,为四十五。"而何乔远《闽书》对太姥山记载之详,也是相关地方志所未及的,同样具有很高的参考价值。

由此可见,明末清初是太姥山山海文化发展的繁荣时期,而谢肇淛、何乔远等闽中诸公既是弘扬太姥山山海文化的积极推动者,又是福建山海文化在中西文化交流史上的沟通者。在闽中诸公中赠诗艾儒略的有何乔远。谢肇淛虽然没有机会与艾儒略相遇,但是他的《五杂组》,却是中西交通史上,从教外典籍来看明末清初中国耶稣会士的重要中文文献,首先对此加以引用的就是陈垣先生。谢肇淛万历三十七年上京任职到翌年利玛窦病逝,正是利玛窦临终前与京廷官员交往最繁忙、最密切的时期。谢肇淛是否与利玛窦交游过,目前尚无确证。但从《五杂组》所云:"天主国,更在佛国之西,其人通文理,儒雅与中国无别。有琍玛窦者,自其国来,经佛国而东,四年方至广东界。其教崇奉天主,亦犹儒之孔子、释之释迦也。其书有《天主实义》,往往与儒教互相发,而于佛、老一切虚无苦空之说皆深诋之,是亦逃杨之类耳。利玛窦尝言:'彼佛教者窃吾天主之教,而加以轮回报应之说以惑世者也。

吾教一无所事,只是欲人为善而已。善则登天堂,恶则堕地狱,永无忏度,永无轮回,亦不须面壁苦行,离人出家,日用所行,莫非修善也。'余甚喜其说为近于儒,而劝世较为亲切,不似释氏动以恍惚支离之语愚骇庸俗也。其天主像乃一女身,形状甚异,若古所称人首龙身者。与人言,恂恂有礼,词辩扣之不竭,异域中亦可谓有人也已,后竟卒于京师。"我们可以看出谢肇淛已阅读过利玛窦的《天主实义》。从他对利玛窦言谈、思辨、举止的描述,似乎不像一个未见过利玛窦人说的话。上述"与人言,恂恂有礼,词辩扣之不竭",显然描绘的是两人相见时的情景。一个严谨的文人写人物时,有关动态的情景的描绘一般是本人亲历,所见所闻。如果作者与当事人没见面,是很难写出来的。而明末文人相会,一般都会留下诗文。从这一点看,虽很难断定谢肇淛见过利玛窦。但他对利玛窦传播的天主教与儒教可以"互相发",应是《天主实义》读后的切身体会。

谢肇淛虽然未见过艾儒略,但他是晋安诗派的三巨头(曹学佺、谢肇淛、徐𤊹)之一。其中曹学佺与利玛窦、艾儒略均有交游。1598至1600年,曹学佺在南京任户部郎中时与利玛窦相会,并写诗《赠利玛窦大西洋人》:"异国不分天,无人到更先。应从何念起,信有夙缘牵。骨相存夷故,声音识汉便。已忘回首处,早断向来船。"天启七年(1627),他和叶向高一起参加了与艾儒略的"三山论学"。徐𤊹亦是闽中诸公赠诗艾儒略者之一。有诗云:"历尽沧溟九万程,廿年随处远经行。教传天主来中夏,恩沐先朝见盛明。五大部州占广狭,两轮日月验亏盈。猗欤有美西方彦,包括天人学已成。"艾儒略1610年入华,从赠诗所云:"历尽沧溟九万程,廿年随处远经行"推断出,此诗约作于1630年。这一年诗人61岁。谢肇淛与曹学佺是姻亲关系。谢女"长琰,适广西副使曹公学佺男廪生孟嘉"。而谢肇淛与徐𤊹是甥舅关系。徐𤊹的姐姐是谢肇淛的继母。徐𤊹是谢肇淛的小舅子。两代人都是闽中诗坛巨匠。徐𤊹与谢肇淛等人游太姥山作《送周乔卿同谢在杭游太姥山》:

"秦春洞府闳仙踪,君去寻真踏乱峰。长日对棋陪谢傅,清宵挥麈学周颙。溪桥采药云粘屐,石店翻经雨翳钟。我负山灵将白首,梦魂常绕翠芙蓉。"谢肇淛 1624 年 12 月初去世,12 月底艾儒略才抵福州,失去与艾儒略结交的机会,但他和泉州何乔远都是明末福建对外文化交流上重要人物。

1626 年春,艾儒略第一次到泉州,与何乔远结交。艾儒略《何镜山先生像赞》云:

> 旅人拘事造物主之学,航舟西来二十余年,于斯丙寅岁入温陵,得接先生,一晤即成莫逆,既而赠诗赠序,数年往还无厌也。

何乔远则以赠艾儒略诗来记录他们相交的经过和结下的深厚友情,并对艾所传播的天主教给予高度的肯定。全诗如下:

> 天地垂广运,日月转双毂。
> 谁谓有覆帱,光明不照烛。
> 其间名为人,谁不同性欲。
> 有欲必有性,完本在先觉。
> 艾公九万里,渡海行所学。
> 其道在尊天,岂异洙泗躅。
> 天地大矣哉,不是无胫足。
> 安得一人教,普之极缅邈。
> 惟此一性同,不在相贬驳。
> 且吾孔圣尊,其西则葱竺。
> 并存宇宙内,谁复加臣仆。
> 维此艾公学,千古入旸谷。
> 吾喜得斯人,可明人世目。

> 顾谁兼行持,蓬庐但一宿。
> 善哉艾公譬,各自返茅屋。
> 临岐申赠辞,证明在会续。

这首诗表达何乔远对天学与儒学相遇时的基本态度,"惟此一性同,不在相贬驳"。此年夏天,何乔远与艾儒略第二次相会于晋江的镜山。何乔远《西学凡》序云:

> 盖其入中国也历海以三岁,所其来也菫菫居一室,块然独身而已。其所以来,为证学而已,出所为《西学凡》编,命予序之,……西方先辈入吾中国者,万历中有利君玛窦,今则先生,余于京师又得接龙君华民焉。余方奔走羣风尘下,未能深究龙君学,今在山中则朝夕艾先生矣。

在艾儒略交游的士大夫中,像何乔远这样同时以诗文来表达他与艾儒略相交经过,表现出真挚的友情和对外来文化的高度赞扬的也是不多见的。艾儒略第五次抵泉州时间是辛未岁暮,农历辛未十二月廿二日至三十日,即1632年2月11日至19日之间。艾儒略《何镜山先生像赞》:

> 惜乎辛未岁暮,余再入温陵,先生已谢世矣。

关于何乔远去世的时间,今修泉州《鲤城区志》作"崇祯四年(1631)十二月二十日",何乔远宅邸在鲤城区"兖秀铺东街巷"。据艾儒略交游的礼部尚书林欲楫《先师何镜山先生诔》,作"辛未腊月己丑(按:二十一日)"。何乔远子九云诔文云:"不孝孤九云等罪逆深重,祸延先君,以十二月二十二日子时末,疾而逝。""子时末",已是二十二日庚寅凌晨。《鲤城区志》作"二十日",误。

由此可确认,艾儒略所谓"辛未岁暮"再入泉州,当在十二月廿二之后,即1632年2月11日后,距农历春节仅一周时间。而再从艾儒略应何九云两兄弟要求作像赞所云,艾儒略参加了何乔远丧礼的头七吊唁:

> 先生可以无世,世不可以无先生。乡国构堂特祀,盖不忍其亡,而先生树德表于世,不可灭者,政犹不忘也。余不文,何能赞扬,独夙服先生天高海阔之量,好学真情与夫逍遥清风,可冠百代焉。兹见先生之像,如见先生也。故有感而识之,以复其贤子两先生之请云。

从1626年春两人初识到镜山朝夕相处,互赠诗文,"数年往返无厌",再到艾儒略参加其丧礼,足见东西方两位友人深厚的情谊,体现了艾儒略对中国民俗文化的尊重,并已融入中国人的社会生活中。可见,以谢肇淛、何乔远为代表的闽中诸公是弘扬太姥山山海文化的积极推动者,也是西学在华传播的沟通者。

四、小结

综上所述,福建武夷、戴云、太姥这三座大山在福建的中西方文化交流史上就这样悄悄地扮演着不可或缺的角色,有的通过思想,有的通过物,有的通过人,直接或间接地展现出福建山海文明在与西方文明交流中的各种生动的情景,令人难以忘却。过去,福建人为经济发展念山海经。现在,我们以山海文明的口号来引领福建的山海文化,走出深山,走向海洋、走向世界。在"一带一路"的推动下,新的闽学文化正等待我们去创新,不是"中国白",胜过"中国白"的商品正等待我们去开发,福建独特的山海胜景正等待世界各国人民来闽交流。让福建的山海文明更加灿烂辉煌!

中国民间信仰对外传播的历史反思

陈支平

摘 要：闽台民间信仰,因其面临海洋,随着东南沿海居民的海洋活动及其不断向东南亚地区移民的发展,而逐渐向东南亚及其他海外地区传播移植。明清以来这种由民间传播于海外的一般民众生活方式及其文化,逐渐在海外形成了富有中国特色的文化象征。中国海上丝绸之路发展历程中,不能忽视民间文化的传播与输出,从而有助于推进不同国家与地区间文化上的相互理解。

关键词：民间文化；海洋；对外传播

近年来,为了适应国家关于"一带一路"发展倡议的需求,增强中华民族的文化自信,社会各界兴起了探索中国传统文化向世界传播以及这些文化对于世界所产生的影响力等问题的热潮。在这一系列的关于中华文化向世界各地传播的探索中,人们似乎比较偏重于中华文化对外传播的正面积极作用,而对于中华文化对外传播的局限性乃至负面作用,则较少涉及,甚至刻意回避。我认为这种研究形态,对于全面了解和评价中华传统文化的对外影响及对于世界文明进步的贡献,显然失之偏颇。在这里,我即以中国民间信仰对外传播历程中的某些局限性问题,进行初步的反思。

一、民间信仰对于海外传播的一般情景

中国民间信仰的区域分布,以福建和台湾地区为盛。至今为止,中

中国民间信仰对外传播的历史反思

国民间信仰对于海外的传播,以关公和以天后妈祖为核心的产生于闽台区域的民间信仰诸神明偶像为主①。福建和台湾的民间信仰,因其面临海洋,这一带的居民有着从事海洋活动的久远历史,因此民间信仰也随着东南沿海居民的海洋活动及其不断向东南亚地区移民的发展,而逐渐向东南亚及其他海外地区传播移植。正因为如此,闽台地区民间信仰向东南亚及海外地区的传播,成了中国传统文化向海外传播的一项重要标志。

闽台民间信仰对外传播的神明偶像,最为兴盛的当推天后妈祖。根据现在可以寻找的比较确切的资料,起源于福建莆田湄洲岛的天后妈祖林默娘神明崇拜,早在明代前期,就开始传入琉球地区。永乐二十二年(1424),由于明朝与东南琉球国的关系密切,琉球国于是年创建了弘仁普济天妃之宫于那霸天使馆之东,俗称下天妃宫,此为外国首建妈祖庙。明代后期的隆庆元年(1567),首任甲必丹华人郑芳扬创建马六甲青云亭,为南洋群岛最早的妈祖庙。大致与此同时,日本的萨南野间岳和菲律宾的吕宋岛,也出现了天妃庙。香港、澳门地区的妈祖庙,可能在明代时期已经建造。康熙八年(1669),澳门氹仔岛天妃庙创建,十六年,澳门路环岛创建天妃庙。二十三年,香港新界元朗凤池乡天后古庙创建。二十七年,香港元朗大井建天后庙。其后在香港、澳门地区又有所增建。

清代时期,妈祖信仰向海外传播的步伐加快。康熙二十九年,日本祝町、矶滨、玑原创建天妃祠。康熙三十五年日本大船主伊藤五左卫门在大北半岛大间村创建天妃祠。其后,在日本华侨、华人比较聚集的地方,也有一些妈祖庙出现。如乾隆元年(1736)日本长崎唐人坊兴建天后宫,二十一年琉球姑米岛山上在建一座天后宫。嘉庆年间(1796—

---

① 关于民间信仰的概念,目前学界并无十分确切的界定,因此本文把关公也列入民间信仰的范畴。

1820)福建侨商在日本长崎建八闽会馆天后宫。马来西亚槟城广福宫、马六甲天福宫、丁加奴和安宫等妈祖庙相继建成。闽粤船帮在缅甸丹老也创建了天后宫。道光年间(1821—1850),新加坡先后建造了宁阳会馆天后宫和福建会馆天福宫。广东侨商则在印度孟买兴建天后宫。印度尼西亚东爪哇于道光十一年创建了南旺慈惠宫,崇祀天后。咸丰元年(1851),海南籍华侨在泰国曼谷石龙军路兴建妈祖庙。清代后期至清末民初,是妈祖信仰传播到东南亚及日本、朝鲜韩国一带的高峰期,妈祖信仰庙宇分布在亚洲各地的数量,可能达到一百座左右。

　　清代后期,随着华侨华人向世界各地迁移,妈祖信仰也开始走出亚洲,传播到亚洲之外的区域。如在咸丰年间(1851—1861),广东侨商就率先在美国旧金山创建中华会馆天后宫。妈祖信仰在欧洲、美洲以及非洲的传播规模和速度,虽然远远不及亚洲各地,但是其分布的区域非常广阔。到20世纪末,从太平洋的夏威夷、非洲的开普敦,到北美欧洲,都有一定数量的妈祖庙存在,根据不完全的统计数字,迄今为止分布在亚洲之外的妈祖庙,将近有100座①。这又大大超过了三清教主和关帝信仰庙宇在海外的数量,占据着中国本土宗教信仰庙宇在海外的首要地位。

　　闽台地区现今盛行的其他一些主要的民间信仰神明偶像,如起源于厦门、漳州等地的保生大帝,起源于泉州地区的清水祖师、法主公等,也都在东南亚地区有着诸多的信众。如保生大帝,在新加坡赫赫有著名的天福宫,始建于道光十九年(1839),是当时漳泉移民的活动中心与议事场所,同时也是移民信仰寄托的所在。天福宫中殿奉祀妈祖,东堂奉祀关帝,西堂奉祀保生大帝。一般认为,妈祖和关帝是全国性的神明,保生大帝则是闽南的地域性神明。在天福宫的祀神格局中,保生大帝能够与妈祖和关帝同龛并祀,说明它在新加坡华人的精神世界中是

---

① 以上参见黄瑞国:《妈祖学概论》,人民出版社,2013年。

极其重要的。位于新加坡享德申路的真人宫,则是由惠安移民创建的。清末,惠安一带民不聊生,大批民众向南洋移民。其中有一群保生大帝的信徒为求旅程平安,从当地的真人宫求得神袍及香火。平安到达新加坡后,这群移民为感谢保生大帝的庇护,把神袍与香火供奉起来,并于1930年建庙于享德申路,命名为真人宫①。

在印度尼西亚三宝垄,当地华人对保生大帝的信仰也极为虔诚。大约在咸丰十年,三宝垄的华人领袖陈宗淮特地从国内定制了保生大帝神像。当农历五月初一,运送神像的船只抵达三宝垄时,当地大觉寺的和尚赶到岸边迎接,并带领成群结队的游行者遍游港口及华人住区。从那时起,每年的五月初一,大觉寺的和尚都要举行游行仪式,庆祝保生大帝抵达的日子。原来当地华人游神时,只抬三保公郑和的神像,后来就改为迎保生大帝神像,保生大帝也就在当地华人中得到"小三保"的雅称②。直至今天,三宝垄信徒仍与国内祖宫保持密切的关系,2003年8月29日,三宝垄印尼中华联合总会副主席、三宝垄珑华基金会主席、三宝垄大觉寺基金会主席、中爪哇三教协会主席、三宝垄闽南公会主席李伯图,率团往青礁慈济东宫进香,东宫董事会则礼聘李伯图为"东宫名誉董事长"。《印度尼西亚华文铭刻汇编》记载,印尼棉兰有一座真君庙,奉祀吴真人。从宫里的"佑我安康""泽及于民"等匾额来看,该宫奉祀的吴真人应该就是保生大帝③。此外,梭栳镇国寺也配祀保生大帝。

马来西亚槟城,当地华人也建有宫庙来奉祀保生大帝。据聂德宁的研究,槟城五大姓中有四姓来自海澄三都,它们是:(1)新埠邱氏、

---

① 参见刘玉堂:《新加坡真人宫简介》,台湾全国保生大帝庙宇联谊会编印:《真人》第12期,第18—19页。

② 参见聂德宁:《东南亚华侨、华人的保生大帝信仰》,《东南问题研究》1993年第3期,第80页。

③ 傅吾康主编:《印度尼西亚华文铭刻汇编》第一册《苏门答腊岛》,南洋学会,1988年,第103—105页。

(2)霞阳杨氏、(3)石塘谢氏、(4)锦里林氏。据说早在槟榔屿开埠之初,四姓先民就开始陆续移居槟城,并建造祠堂,合祖先崇拜与神衹信仰为一体,邱氏曰龙山堂,杨氏曰植德堂,谢氏曰世德堂。邱氏的龙山堂,中间辟为正顺宫,左为诒谷堂,堂内不仅供奉祖先牌位,也奉祀家乡神衹保生大帝。杨氏的植德堂,"堂内为元宫,奉祀保生大帝使头公祖",其奉祀源起于"道光时杨德卿携有使头公神像香火,昕夕祀焉"①。槟城华人的保生大帝信仰,是与他们的祖居地一脉相承的。我们在青礁慈济东宫光绪二十二年(1896)《重修慈济祖宫碑记》中,发现这样的记录:"新江邱龙山堂捐缘银壹仟陆佰大员,石塘谢宝树堂捐缘银壹仟式佰大员,霞阳杨四知堂捐缘银捌佰大员。"②同时,我们在《青礁慈济东宫进香添油账簿》里也找到龙海锦里宫留下的16次进香添油的记录③。上述发现表明这样一个事实,新垵(江)邱氏、霞阳杨氏、石塘谢氏与锦里林氏历史上已是保生大帝的虔诚信奉者,而槟城四大姓的保生大帝信仰,就是当地华人在槟城延续家乡信仰的直接结果。

马六甲小吊桥保安宫,主祀保生大帝。从撰于道光二十一年的《小吊桥中元普度再捐缘序文木版》来看,该宫的创建时间应该在道光二十一年,即1841年之前④,可见保生大帝信仰很早就传播到了马六甲。马六甲湖海殿,也奉祀保生大帝。光绪二十六年《湖海殿碑记》指出在光绪十五年,保生大帝"忽焉……自同邑白礁而来兰城,巨庇众善男信女人等,合甲皆称有灵焉"。从碑记的此一行文方式来看,保生大帝估计是通过降乩的方式来到马六甲的。翌年,吉隆坡叶致英、萧邦荣、叶必宽三位甲必丹为方便华人祭拜,为保生大帝创设客厅一所。到

---

① 参见聂德宁:《东南亚华侨、华人的保生大帝信仰》,《东南问题研究》1993年第3期,第81页。
② 参见附录里的青礁慈济东宫光绪二十二年《重修慈济祖宫碑记》。
③ 参见范正义田野调查中收集到的《青礁慈济宫进香添油账簿》。
④ 傅吾康、陈铁凡编:《马来西亚华文碑铭萃编》第一卷,马来亚大学出版社,1982年,第284页。

光绪二十三年,保生大帝再次"降乩",指示"欲建殿宇"。光绪二十五年,当地信众陈若淮"爰集众信人等,协建庙宇,号曰湖海,崇祀宝像"①。马来西亚日落洞清龙宫,创建于光绪十二年,共祀保生大帝、神农大帝、清水祖师等神祇。马来西亚太平的粤东古庙,为广东、福建华人所建,奉祀三王和保生大帝。

菲律宾华人也从家乡移植了保生大帝信仰。1948年,晋江深沪旅菲华侨蔡绍周分灵当地沪江宝泉庵保生大帝香火,在岷尼拉创建庙宇,亦取名宝泉庵,以示饮水思源。尔后,菲律宾宿务市再从岷尼拉宝泉庵分灵香火,组建宿务宝泉庵②。此外,菲律宾旅菲福全同乡会,也于1988年6月25日成立英林保生大帝董事会③。从现有的文献资料看,起源于厦门、漳州一带的保生大帝信仰,在海外的传播地域也是比较广泛的,特别是在新加坡、印度尼西亚、马来西亚、菲律宾等地都创建了保生大帝宫庙④。

起源于福建泉州府的另外一位深具影响力的民间信仰神明偶像,是安溪县的清水祖师。明代以前,东南亚各地就有闽籍华人活动的踪迹,而安溪籍华人直到明代中期以后才开始迁出。明中期以后,"闽广之民,造舟涉海,趋之如鹜,或竟有买田娶妇,留而不归者,如吕宋、噶罗巴诸岛,闽广流寓,殆不下数十万人"⑤。此时,清水祖师信仰随着华侨漂洋过海传播到东南亚,如东南亚最早的清水祖师公庙即建于明万历

---

① 傅吾康、陈铁凡编:《马来西亚华文碑铭萃编》第一卷,第342页。
② 晋江市沪江宝泉庵董事会编:《沪江宝泉庵》,1999年,第13页。
③ 参见聂德宁:《东南亚华侨、华人的保生大帝信仰》,《东南问题研究》1993年第3期,第83页。
④ 以上参见范正义:《保生大帝信仰与海外华人的社会网络》,载陈益源主编:《周懋琦、祀典兴济宫与保生大帝信仰》,台湾成功大学人文社会科学中心、财团法人台南市大观音亭兴济宫,2013年,第277—286页。
⑤ 徐继畲:《瀛寰志略》卷二《南洋群岛》,《续修四库全书》第743册,上海古籍出版社,1995年。

二年(1574),位于泰国马来半岛上的北大年①。

清代以来,安溪籍华侨华人或经商种植谋生,或当契约劳工,或躲避战乱、迫害陆续迁入东南亚各国。伴随着他们在当地立足、发展起来,祖师公庙在安溪籍移民社区内得以建立,并且逐渐扩展到泉州籍的华人社区之中,成为他们联络乡侨、聚会和文化慰藉的场所。

清水祖师在东南亚地区分布表②

国　　家	庙　　宇	地　　址
新加坡	金兰庙	红毛丹格
	蓬莱寺	汤申路
	镇南庙	汤申路
	天公宫	谦福路
泰　国	灵慈宫	北大年
	顺兴宫	曼谷
	福元宫	普吉
马来西亚	蛇庙	槟城
	大普公坛祖师庙	槟城
	清水祖师庙	吉隆坡
	碧南堂	沙巴洲亚比
	腾南堂	沙巴洲
	蓬莱殿	马六甲
	南天宫	吉隆坡安邦
印度尼西亚	祖师庙	雅加达丹戎加乙
	兴水宫	亚齐恰里

---

① 郭志超:《泰国华侨华人的清水祖师崇拜》,《泉州文博》1996 年第 3 期。
② 罗臻辉:《清水祖师信仰的空间传播及因素分析》,载萧友信、邓文金、施榆生主编:《闽台文化的多元诠释》第一辑,厦门大学出版社,2013 年,第 249—267 页。

(续表)

国　　家	庙　宇	地　址
印度尼西亚	清水祖师庙	亚齐司马委
	福临宫	北苏门答腊棉兰
	天后宫	寮内丹戎槟榔
	福庆堂	占卑
	福安宫	寮内望加丽
缅　　甸	福山寺	仰光高解

　　法主公是发源于福建泉州府永春安溪一带的民间信仰,在东南亚一带也有不少信众。根据芜小苗的实地考察并撰文在新浪博客上说:"昨天农历九月初一,雅加达中国城 KOTA DUA 有法主公千年神诞大游行,我们也在下午去观礼一下。尤其深得安溪茶商的信奉。百多年前,法主公保佑着福建商人经历海上漂泊来到印尼,从此也在印尼香火相传,在有福建商人和侨民聚居的印尼城市,就有了法主公的祭祀。雅加达的法主公庙也算是印尼规模颇大的法主公庙,这次法主公的千年神诞,搞得颇为隆重,报纸报道,会有 40 台来自印尼全国各地的法主公金身齐集雅加达进行大游行。"①

　　根据厦门大学曾玲博士对新加坡的田野调查,这里的许多神明偶像,都是从福建泉州一带"移神""分香"而来,"祥福亭祭拜的'周府大人''金身',是新加坡柯氏公会前副会长柯长源的母亲 20 世纪 40 年代末在家乡将'分身'经厦门乘海轮'抱来新加坡'。据柯先生和在其祖籍地安溪蓬莱魁头村村民的回忆,当时柯母从安溪到厦门后因钱包丢失而无钱购买去新船票,幸而她拾到一枚金手链,才解了燃眉之急。她认为这是她携带的家乡神明'周府大人'保佑的结果。普庵宫供奉

---

① 引自芜小苗 2009 年 10 月 19 日新浪博客,"观礼雅加达法主公神诞大游行"。

的'章三相公'是蓬莱寺现任董事长李逢春的叔叔先把'金身'从家乡抱到广州。再由他另一叔叔李宪章接着从广州乘飞机抱来新加坡。中亭庙供奉的'邢府大人',是现年77岁的林鸿明的祖父在民国初从家乡庙宇包一包香灰而'分炉'到新加坡。名山宫供奉的'朱邢李',是经由宗亲南移时用木箱背来的'分身'"①。其他如闽东沿海一道的"白马尊王"民间信仰等,也都在台湾地区以及海外的华人区域有着一定程度的传播。

从目前东南亚地区华人圈中的宗教信仰看,无论是佛教偶像,还是道教偶像,以及民间信仰各式各样的崇拜偶像,大多是从闽台地区特别是福建沿海地区传承过去的,而其中民间信仰的传播,在种类和数量上实为首位。从这点上说,闽台区域民间信仰的对外传播,在中国传统文化的对外传播中占有极为重要的一席之地,并不夸张。

二、闽台区域民间信仰对外传播的世界文化意义

如果我们把闽台区域以天后妈祖为核心的民间信仰文化的对外传播放到世界文化传播史的视野来考察,我们就不难看到,闽台区域以天后妈祖为核心的民间信仰文化的对外传播,在中华文化的对外传播史与交流史上,具有不可替代的重要意义。

迄今为止,学界对于中华文化对世界文化的影响,习惯性地局限在上层文化,即中华经典文化,特别是儒家文化的对外传播史之上,而忽视了中华民间文化,特别是中国东南沿海区域民间文化对世界的传播。这种看法无疑是十分偏颇的,事实上,从明清以降,中国东南沿海区域民间文化的对外传播,已经逐渐成为中华文化对外传播的主体。

我们要厘清这一问题,首先应该把中国明清时期的历史放到世界

---

① 曾玲:《从闽南民间的"祖神"到新加坡华人的"祖神崇拜"》,载萧友信、邓文金、施榆生主编:《闽台文化的多元诠释》第一辑,厦门大学出版社,2013年,第377—398页。

历史的发展进程中去考察。明代中后期即15、16世纪之后,是中国历史从"区域史"迈进"世界史"的关键时期。在明代中后期中国社会经济激烈变动及其与早期西方殖民主义势力的碰撞过程中,东西方之间的文化交流也不可避免地形成了前所未有的态势。虽然说,中国的文化对外传播,可以追溯到汉唐时期,但是那个时期的中国文化对外传播,主要局限在亚洲的相邻国家,对于欧洲等西方国家的影响,极其间接且相对薄弱。但是到了明代中后期,情景就不一样了。双方不仅在贸易经济上发生了直接并且带有一定对抗性的交往,而且由于西方大批耶稣会士的到来,在文化领域也发生了直接的交往。尽管当时西方耶稣会士的东来,是带着宗教传教目的的。传教士对于所谓"异教徒"的文化,往往带有某种程度的蔑视心态。但是在较为开放的中国社会与文化面前,这批西方耶稣会士们敏锐地意识到中国传统文化的博大精深,很少有人用轻视的眼光来对待中国文化。由于有了这种较为平等的文化比较心态,明代后期来华的耶稣会士们,在一部分中国上层知识分子的协助下,开始较为系统地从事向欧洲译介中国古代文化经典的工作。入华耶稣会士先驱利玛窦所撰中国札记以丰富的资料,向西方"开启了一个新世界,显示了一个新的民族",在这种较为平等心态的中西文化交流与文化传播中,中国的文化在西方受到了应有的尊重。我们回顾历史上中国与西方的文化交流历程,不能不得出这样的结论:明代中后期以至明末清初,是中国文化对外传播的黄金时期。而这种黄金时期的出现,正是建立在明代社会应对世界变化所持有的包容开放态势的基础之上的。

然而,如果我们仅仅把中华文化的对外传播局限在以儒家学说为核心的带有意识形态意味的政治文化上,是远远不能涵盖明代中后期以来中华文化对外传播的固有面貌的。我以为,明代中国文化的对外传播,至少还应该包含一般民众的生活方式即民间文化对外传播的这一路径。明代中后期是中国传统朝贡贸易向民间私人海上贸易变迁的重要转折时期。16世纪初叶,西方葡萄牙人、西班牙人相继东航,他们各以满剌加、吕宋为根据地,逐渐向中国的沿海伸张势力。这些欧洲人的到来,刺激了东南沿海地区商人的海上贸易活动。伴随着明代中期社会经济,特别是商品市场经济的发展,中国的商人们也开始萌动着突破传统经济格局和官方朝贡贸易的限制,犯禁走出国门,投身到海上贸易的浪潮之中。与此同时,随着这种碰撞交融的深化,中国的对外移民也形成了一种常态的趋向。这种带有家族、乡族连带关系的海外移民,必然促使他们在海外新的聚居地,较多地保留着祖家的生活方式。于是,家族聚居、乡族聚居的延续,民间宗教信仰的传承,风尚习俗与方言的保存,文化教育与艺能娱乐偏好的追求,都随着一代又一代移民的言传身教,艰难存继,而得到了顽强的生命力。

明清以来,这种由民间传播于海外的一般民众生活方式及其文化传播,逐渐在海外形成了富有中国特色的文化象征。

18世纪以来,世界格局产生了巨大变化,明代中后期以来中国文化对外传播所具有的两个层面与两种途径,即由西方传教士及中国上层知识分子翻译介绍到欧洲的以儒家经典为核心的意识形态文化,以及由沿海商民迁移海外所传播过去的一般民众生活方式的基层文化,随着时间的推移和世界文明格局的变化,并没有殊途同归,形成合力,而是经历了不同的艰辛挣扎的发展历程。以儒家经典为核心的意识形态文化对外传播,经历了明清易代之后,其开放的局面,还继续维持了一段时间。然而到了清代中期,政府采取了较为保守封闭的对外政策,尤其是对于思想文化领域的交流,逐渐采取压制的态势。在这种保守封闭的政策之下,中国文化的对外传播,受到了一定的阻碍。更为重要的是,随着西方资本主义革命的不断胜利和工业革命的巨大成功,"欧洲中心论"的文化思维已经在西方社会牢固树立。欧洲一般的政治家和知识分子们也逐渐失去了对于中华文化的那种平等的敬畏之心,延至近代,虽然说仍然有一小部分中外学人继续从事着中国文化经典的对外翻译介绍工作,但是在绝大部分西方人士的眼里,所谓的中华文化,只能是落后民族的低等文化。尽管他们的先哲们,也许在不同的领域提及并且赞美过中国的儒家思想,然而到了这个时候,大概也没有多少人愿意承认他们的高度文明思想,跟远在东方的中国儒家文化有着什么样的瓜葛。时过境迁,19世纪以后,中国以儒家经典为核心的意识形态文化在世界文化整体格局中的影响力大大下降,其对外传播的作用日益衰微。

反观由沿海商民迁移海外所传播过去的一般民众生活方式基层文化的这一途径,则相对地通畅一些。清代政府虽然采取了较为保守封闭的对外政策,但是对于海外贸易,一方面是相对宽容,另一方面也无法予以有效的禁止。在这种情景之下,沿海居民从事海外贸易和移民的活动一直得以延续下来。特别是在向海外移民方面,随着国际交往的扩大和资本主义市场的网络化,其数量及所涉及的地域均比以往有所增长。到了近现代,中国东南沿海向外移民的足迹,已经深入到亚洲之外的欧洲和美洲各地,甚至于非洲。于是,经过数百年来中华海外移民的艰难挣扎、薪火相传、生生不息,世界各地逐渐形成了具有显著特征且又不可替代的"唐人街""中国城"。我们走遍世界各地的"唐人街""中国城",其充满着中华文化浓郁气息的建构与特征,几乎都是一致性的。这种一致性的建构与特征,正显示了由沿海商民迁移海外所传播过去的一般民众生活方式基层文化在海外的成功传播与发展。到了20世纪上半叶,在一般西方人眼里的中华文化,基本上就是等同于分布在世界各地的"唐人街""中国城"了。即使是到了今天,遍布在海外各地的"唐人街""中国城",依然在传播中华文化的道路上,发挥着极其重要的桥梁纽带作用。

从文化传播史的角度来考察明代以来的中国社会,以往被人们所忽视的由沿海商民迁移海外所传播过去的一般民众生活方式基层文化的文化传播途径,实际上成了18世纪以后中华文化向海外传播的主流渠道。我们只有认识到这一点,才能对中华文化的海外传播历史,有一个更为切合实际的了解与一个更加广阔的崭新体会。我们回过头再来考察闽台区域以天后妈祖为核心的民间信仰文化的海外传播历史。妈祖信仰作为福建沿海地区民间文化的重要组成部分,她在海外的传播历程,基本上是与15、16世纪以来中国沿海居民的向外移民以及福建等沿海民间文化的向外传播是同时进行的,妈祖庙往往成为世界各地唐人街内华人华侨的共同信仰场所。闽台区域以天后妈祖为核心的民间信仰文化在海外各地所起到的作用,更加超出了国内所具有的航海之神、行旅之神、民众之神的界限,成为华人华侨在移居地相互团结、标识存在的文化象征和精神家园。妈祖信仰庙宇及其信仰文化,也成为外国人认识中华文化的主要形象标志。

三、闽台区域民间信仰对外传播的局限性

闽台区域以天后妈祖为核心的民间信仰文化在海外的不断传播,在很大程度上体现了以往被人们所忽视的由沿海商民迁移海外所传播过去的一般民众生活方式、基层文化的文化传播途径,已经成了18世纪以后中华文化向海外传播的主流渠道[①]。但是我们还必须清醒看到的是,这种由下层民众所传播到世界各地的中华文化,无论是宗教信仰的、生活习俗的,还是文化教育以及文化娱乐等方面,基本上都是在华人的小圈子里面打转转,极少可以扩散到华人之外的族群当中。这就是说,这种中华文化的传播,不太可能对于华人之外的群体乃至国家、地区产生重要的影响力。

明清时期,中国的对外关系,基本上是遵循两条道路开展的,一是王朝政府的朝贡体系;一是民间从事海外贸易与对外移民的系统。王朝的朝贡体系,主要关注的是政治礼仪外交,比较缺乏经济效益的概

[①] 参见陈支平:《从文化传播史的角度看明代的历史地位》,《古代文明》2011年第3期。

念,尤其是缺乏文化输出传播的主体认识;而民间的对外往来,无论是经济贸易的、海外移民的,还是民间文化的输出,基本上是一种自生自灭、艰难行进的个体行为,未能得到国家政府的强有力支持与鼓励。这种十分被动的状况,与中世纪以来欧洲各国王室政府乃至教会对于拓展海外殖民地的高度重视、对于民间拓展海外市场通商的大力支持鼓励,有着天壤之别。明清时期历朝政府对于民间海外活动的漠视与控制,造就了中国海上丝绸之路的发展模式,其文化的对外传播与输出是一个严重的缺失。反观15世纪以来西方殖民者的到来,在庞大商业船队前来的同时,天主教的传教士们也不断前来,想方设法要在世界的东方包括中国在内的广大民众之中,传播西方的宗教与意识形态。时至今日,西方天主教、基督教对于中国社会的渗透力,依然令人十分地担忧。有些邻近的国家如韩国,基督教的信仰大大超出了以往对东方佛教的信仰。起源于中东地区的伊斯兰教,同样也是如此。本来,中国华人移民率先进入这些地区,但是其后进入这些地区的中东和南亚的伊斯兰教徒们,充分利用和扩展对于东南亚国家和地区上层阶层的交往,使得伊斯兰教在东南亚地区得到迅速的传播,致使今天的东南亚地区土著居民,基本上为伊斯兰教所同化。伊斯兰教文化在这些地区占据了统治地位。虽然有少部分中国学者和华人学者,一厢情愿地认为明代前期郑和下西洋对于东南亚地区的伊斯兰教传播起到了重要作用,但是这种论点的历史依据,大多是属于现代的,很难得到东南亚地区伊斯兰教系统文献的印证[①]。基本上属于自娱自乐、自说自话的范畴。

当然,在近代之前,明清两朝作为东亚地区的大国,闽台区域以天后妈祖为核心的民间信仰文化在海外特别是东南亚一带的传播,偶尔

[①] 如孔远志先生是主张郑和下西洋时向东南亚地区传播伊斯兰教的学者,但是他也承认:"海外现有的关于郑和在海外传播伊斯兰教的记载,尚缺乏有力的佐证。"见孔远志:《论郑和与东南亚的伊斯兰教》,载中国航海日组委会办公室、上海海事大学编:《中国航海文化论坛》第一辑,海洋出版社,2011年,第81页。

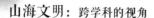

也会对周边的国家和地区如相邻的越南、日本、韩国、琉球等地对当地的居民产生些许影响,如当时琉球和越南的商船,也有供奉天后妈祖以保佑行船平安的现象存在。在日本的神户以及越南的少数地方,天后妈祖庙宇的邻近当地居民,也有极少数民众参与拜祭。但是到了近代,在西方政治经济文化力量的强大冲击下,中国传统文化对于周边国家的影响力极速下降。越南、琉球等行船供奉天后妈祖的现象基本消失;日本神户以及越南的少数地方天后妈祖庙宇邻近当地居民参与祭拜的现象更加稀少。闽台区域以天后妈祖为核心的民间信仰文化在海外的影响力,就不得不仅在华人华侨的圈子里自我慰藉了①。

  明代以来,在中国海上丝绸之路发展历程中,文化对外传播与输出的缺失,极大地限制了中国对于周边国家特别是东南亚国家和地区的整体影响力。尽管明代政府希望通过朝贡体系的形式,谋求与周边国家的和平共处;中国的海外移民也对居住国社会经济的发展做出了重大的贡献,但是由于文化上的隔阂,使得无论是中国与周边国家地区的关系,还是华侨与当地族群、国家的关系,都处于比较尴尬的境地。就东南亚地区百余年的发展情景而言,华侨在经济上的成功,为当地的发展做出了重大贡献,但是经济上越成功、对当地的贡献越大,其结果往往越难拉近与当地族群的亲密和谐关系,二者之间的隔阂始终存在,时隐时现。一旦这些国家或地区出现政治、经济上的波动,当地的族群往往把社会、政治以及经济上的怨恨,发泄到华人群体上。百余年来,东南亚地区是华人华侨人数最多的地区,同样居住在这些地区的其他民族却很少受到血腥的排斥,唯独华人华侨,不时要受到当地政府或当地民众的攻击与排斥。这其中的原因,当然是十分复杂的,但是我们不

---

  ① 近年来,随着我们国家综合实力的不断提升,以及海外民间信仰活动的娱乐化和时尚化,闽台区域以天后妈祖为核心的民间信仰文化也开始吸引了部分外国民众的参与(参见上引芜小苗 2009 年 10 月 19 日新浪博客,"观礼雅加达法主公神诞大游行")。这种现象的出现,也许是包括民间信仰在内的中国传统文化向外传播的一个新的重要契机吧!

能不认识到,中国海上丝绸之路发展历程中忽视文化的传播与输出,从而造成不同国家与地区之间文化上的隔阂,无疑是其中一个重要的因素。如果我们今天忽视这一点,那么奢谈中国海上丝绸之路以及中国传统文化对于世界的贡献,无疑是相当无知和十分缺憾的。

明清航海与福建文化的海外传播

谢必震

摘　要：福建文化在海外的传播是一个持续不断的过程,历史上福建文化随着航海交通、人口迁徙、对外关系的发展,逐渐地传播到东南亚各地。在这种文化传播过程中,海上交通和交往是基本的途径,宋元以来兴起的航海活动,为福建文化的海外传播创造了重要的条件。

关键词：明清;航海;福建文化;海外传播

福建文化作为福建人民智慧的结晶,是福建在走向世界的过程中形成和发展起来的,福建奇特的地理环境,奠定了福建文化对外交流的特色是以海上交通和交往为基本途径的。福建文化在海外的传播与影响,不仅广泛而且深远。

一、早期福建对外交通与朝鲜、日本之文化交流

福建的海上交通始于汉武帝时期,位于闽江口附近的东冶是当时海上交通的中心。东汉时期,"旧交址七郡贡献转运,皆从东冶泛海而至"①。魏晋南北朝时期,随着汉族先人入闽开发,福建海上交通日益发展。南朝时曾有印度僧人泛海来中国传教,住南安丰州,翻译《金刚经》,证明公元6世纪时泉州已有大船来往于南海诸国。入唐以来,福

---

① 《后汉书》卷三三"郑弘传",中华书局,2005年。

建的造船业也得到发展,形成了福州和泉州两个造船中心,唐天宝三年(744),鉴真为日本僧人返回一事,曾派人到福州买船。唐咸通四年(863),南诏陷交趾,为解决军粮问题,唐统治者亦有"造千斤大舟,自福建运米泛海,不一月至广州"之举。由此可见,福建造船技术已达到相当高的水平。福州、泉州在唐五代逐渐成为对外海上交通之重要港口,福州成为"东闽盛府,百货所聚"的商品集散地,日本、朝鲜、三佛齐、印度、大食等国的商人和僧人,纷至沓来,成为福建与这些国家文化交流的沟通者。福建对外交往出现了"市井十洲人"的繁荣景象。

宋元时期,"海舟以福建为上"①,泉州更号称"梯航万国"的"东南巨镇","以船舶往来如梭而出名……刺桐(泉州)是世界上最大的港口之一,大批商人在这里云集,货物堆积如山,的确难以想象"②。这一时期,不仅福建的对外文化交流,甚至整个中国的对外文化交流都是以泉州为代表的。

通过海上交通和商人来往,宋元时期福建与日本、朝鲜进行了广泛的文化交流。宋元丰至政和年间,福州东禅寺刻印的《大藏经》,和开元寺刻印的《大藏经》传到日本,福建雕刻印制的一大批书籍也通过商人和僧侣传入日本。当时日本还常聘请福建刻工到日本从事雕版印刷业,为日本印刷术的发展作出了重大贡献。

宋元时期,高丽使者频繁入贡宋朝,福建商人前往高丽经商。《宋史·高丽传》记载"王城有华人数百,多闽人因贾舶至者"③。其中有不少福建人是被聘去的医药、画塑、乐艺等技术人员。福建画家徐兢所画的《宣和奉使高丽图经》,是12世纪高丽王国地理、政治、历史、经济、文化、风俗的大百科全书,也是福建与高丽文化交流的历史见证。

---

① 徐梦莘:《三朝北盟会编》,《文渊阁四库全书》史部109,台湾商务印书馆影印本。
② 陈开俊等译:《马可·波罗游记》,福建科学技术出版社,1981年,第192页。
③ 《宋史·高丽传》,中华书局,1985年。

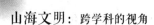

明中叶以后,福建与日本的海上交通和贸易进一步拓展,沿海人民纷纷到日本经商,并逐步致富,成为当地华裔的领袖。其中尤以海商集团首领郑芝龙为典型。

在这一时期,福建在与日本贸易的同时,向日本输出的文化用品有书籍、墨迹、绘画、笔、墨、纸等。这些文化用品的输入,对日本的思想界、史学界、文学界、书画界、医学界都产生了一定的影响。这一时期,福建船商和僧侣修建了许多佛寺,他们在长崎创建了崇福寺,在宇治创建了黄檗山万福寺,即非如一创建了广寿山福聚寺。他们不仅振兴了日本佛教禅宗,而且还将福建的建筑、绘画、雕刻、篆刻、书法、饮食等文化都传播到日本。福清僧人隐元在日本创立了黄檗宗,一直影响到今天。

福建与日本的文化交流,最突出的是朱熹理学在日本的传播与影响。通过福建与日本的海上交通与贸易往来,福建的朱子学亦称"闽学",对日本社会的思想、政治、教育、伦理道德等方面都产生了重大影响,一直影响到今天。

二、福建文化在琉球的传播与影响

古代琉球(今日本冲绳)在福建东南的海上,1372年与中国正式建立了邦交关系,以福建为舞台,开始了长达五百余年的中琉交往史,福建文化因此传入琉球,并对琉球社会的各方面起到了深刻的影响,我们从宗教思想、文学艺术、手工技术、生产科技、教育医学、园林建筑、饮食文化、民俗习性等方面都可以看到福建文化传播后的作用。

历史上福建文化随着航海交通、人口迁徙、对外关系的发展,逐渐地传播到琉球,其传播的途径有以下几个方面:

1. 册封琉球使团的传播

自明洪武五年(1372)琉球与中国建立正式的邦交始,至清光绪五年(1879)琉球为日本吞并这五百余年中,每位琉球的"国王嗣立,皆请命册封"①。明清两朝的统治者大都应其所请,派遣大型的册封使团,远渡重洋册封琉球。其间,中国政府册封琉球共二十三次。

明清两朝册封琉球正副使均由文职人员充任。有行人、中官、各种给事中或翰林院属官,闽籍官员又占多数。使团人员除政府规定的司职员外,各册封使还随带部分由自己选择的从客,这些人不外是文人、画匠、琴师、高僧、道人、天文生、医生、各色工匠艺人,以及随行兵役水手。值得注意的是,由于福建是通琉球的唯一口岸,因此册封琉球使团的各类人员主要是在福建组织招募的。这些人组成册封使团到琉球,必然起到对琉球传播福建文化的作用。

2. 入闽琉球进贡使团的传播

明洪武五年(1372),明太祖遣杨载持诏谕琉球,同年十二月琉球国中山王察度遣其弟泰期随杨载入明朝贡,自此,琉球以种种名义接连来朝。如进贡、接贡、庆贺进香、报丧、谢恩、请封、迎封、送留学生、报倭警、送中国难民、上书等,有时一岁数至。

琉球进贡使团通常由百余人或数百人组成,抵达福州后(明成化前在泉州)安歇在柔远驿,小住一段时间,在福建地方官员的安排下,正副使臣及有关人员十几到二十几人北上进京,其余人员留在馆驿,从事贸易活动或学习各种技艺。等到来年使节南归福建后,再一同搭船回国。在福建居留期间,或半年,或一年两年不等,琉球人耳闻目睹福建之文化典制、礼仪习尚,耳濡目染,接受了福建文化,并把它带回琉球。

3. 闽人三十六姓的传播

明洪武二十五年(1392),朱元璋为了加强中琉之间的朝贡贸易关系,赐给琉球"闽人三十六姓善操舟者,令往来朝贡"。移居琉球后的闽人三十六姓,"知书者授大夫长史,以为贡谢之司;习海者授通事,总

---

① (明)高岐:《福建市舶提举司志》"考异",故宫博物院,1939年铅印本。

为指南之备"①。不仅为琉球的航海贸易做出巨大的贡献,而且将优秀的文学艺术、建筑风格、陶瓷制造、染织古雕等手工技艺引入琉球,使琉球"改变番俗,而致文教同风之盛"②,"风俗淳美","易而为衣冠礼仪之乡"③。

4. 来闽琉球留学生的传播

琉球自明洪武五年与中国建立友好关系以来,先后向中国派遣了二十多批留学生(明清史籍中称"官生")来中国学习先进的文化科技。官生之外,还有一部分琉球人滞留在福州琉球馆延师受业,称之为"勤学",是来福建学习专业知识和生产技术的。他们学习的期限和方法都比较灵活,较有成效。只要掌握了一定的学识和技术就回国实践,有时还把成套的技术设备引入琉球。明清时期琉球人在福建学习的专业技能主要有天文地理、制茶、制瓷、制糖、漆器制作、烟花制作、纺织、冶金、农作物栽培、制墨、制泥、医术、音乐戏曲、律法、驯鹰、贮米法、鉴砚等,并通过他们将先进的福建文化传入琉球。

福建文化传播琉球主要有以上四方面的途径。当然,飘风难民的传播、海上私人贸易商的传播,以及与日本、朝鲜、东南亚诸国往来的间接传播都是福建文化传播琉球的途径。

福建文化对琉球的影响至深,涉及社会的各个方面。主要有以下八个方面:

1. 语言文字

在福建与琉球的长期交往中,琉球国汉语言的学习蔚然成风。不仅是"陪臣子弟与民之俊秀者则令习读中国书,以储他日长史通事之用",而且因闽人三十六姓的移居琉球,深入到琉球社会的各个阶层,

---

① 《明神宗实录》卷四三八,万历三十五年九月己亥。
② 《中山世谱》卷四,载伊波普猷等编:《琉球史料丛书》,东京美术刊,1972年,第60页。
③ 潘荣:《中山八景记》,"台湾文献丛刊"第287种,1970年,第137页。

因此汉语言的使用十分广泛,以致今日的琉球方言仍有许多与福建方言发音相同的。如吃饱了、阮、阿妈、香片、龙眼、大碗、斗鸡、斗牛、橘饼、猫、猪、南瓜、线面、瓮菜等词汇,显然是借用了福建方言。

2. 文学艺术

福建文化对琉球文学艺术的影响有许多显著的方面。琉球汉诗就是引人注目的问题,可以说汉诗在琉球文学史上有着重要的地位。琉球汉诗的出现应归于中国文化(福建文化是其中的一部分)的影响。在此我们强调福建文化对琉球汉诗发展的影响,着重点在于这些汉诗的萌芽是从福建这一沃土移植而去的。琉球汉诗的作者们绝大多数的知识来源于福建,他们诗作的内容也反映了福建。

中国的谱牒是记述氏族世家的书籍,自古有之。明清时期民间对修纂族谱十分重视,这一修纂谱牒的风气也从福建传入琉球。如今保存完整的《久米村系家谱》(即琉球闽人三十六姓所编纂的家谱)成了福建文化在琉球传播的历史见证。

琉球的音乐、戏曲、舞蹈与福建文化有着密不可分的关系。《球阳》载,明太祖赐琉球闽人三十六姓后,琉球国"始节音乐、制礼法、改变番俗,而致文教同风之盛"。从琉球音乐、戏曲、舞蹈的发展过程,明显看出其深受福建文化影响的轨迹。

3. 手工工艺

福建手工工艺在琉球的传播是多方面的,有石雕、漆器制作、乐器制作、制泥等。琉球有许多的碑刻与石雕作品,如圆觉寺的浮雕、首里城王宫正殿的龙柱、瑞泉门下的龙头等都反映了当时琉球石雕工艺的最高水平,而琉球石雕工艺的发展,正是吸收了福建石雕工艺的技术,并且是在闽人三十六姓的帮助下完成的。

福建的漆器制作享有盛名,其技艺先后传入日本等国。琉球漆器制作工艺的发展受到了福建和日本的影响,概而言之,主要还是受到福建的影响。这从琉球先后多次派遣学生来福建学习漆器制作可得到证明。

我们还可以从清宫档案内看到,琉球使臣从福建回国时向福州海关申报的货物清单上有蛇皮、琴线等乐器制作的材料,以及绘画、篆刻所用的材料。琉球人不仅在福建学会了音乐、绘画、篆刻、书法等方面的知识,同时也学会了乐器制作、印泥制作等工艺技术。如《球阳》所载:"自制朱印色,以备圣览,由是国中印色,竟不以寄买于闽而用焉。"[1]

4. 园林建筑

明清时期是中国苑囿造园艺术发展的集成时期,也是古代建筑文化的鼎盛时期。将琉球园林建筑风格与福建比较,显然琉球的园林建筑风格在很大程度上受到福建的影响。

琉球的建筑有其独特的风格,这一风格的形成有其自然地理环境方面的因素。如徐葆光说,琉球国人"作屋,皆不其高,以避海风,去地必三四尺许,以辟地湿"。然而,长期受到福建文化影响的琉球,其在建筑技艺上必然要受到福建建筑技术与风格的影响,这从琉球的王宫和天使馆这些建筑群上可以反映出来。琉球王宫与天使馆的组群布局,显然是采用了中国庭院的传统布局,这从历代册封的使臣著述的图文中可以得到证明,其曰:王宫正殿"为奉神门,左右三门并峙,西向,王殿九间,皆西向……左右两楼,北向,右为北宫,南向"[2]。从这一描绘我们得知,王宫的主体部分,即中国的四合院式建筑,组成了口字形的建筑群。琉球这一对称布局的形成,并不是偶然的,显然是受到福建传统建筑风格的影响。黄汉民在《福建传统建筑》中就提道:福建传统建筑的布局偏于严谨,左右均齐,主轴贯穿,主次分明。这种均衡的审美习惯在福建表现得尤为突出,特别是福建传统民居以其严肃方正的

---

[1] 《球阳》,角川书店,昭和五十七年,第299页。
[2] 徐葆光:《中山传信录》卷二,"台湾文献丛刊"第306种,1972年,第54页。

群体组合,与较为活泼的江浙及安徽民居相区别。可见中国古代的建筑布局形式在福建得以稳固的保留①。正是福建建筑这一稳固的保留,深深地影响到琉球的建筑风格。当然,闽人三十六姓在其中起了决定性的作用。

5. 医学

早期琉球的医学并不发达。明嘉靖年间陈侃使琉球时就说过琉球"国无医药"。然而在与福建长期的交往中,优秀的中国医学很快就传入琉球。据《琉球国由来记》载,"当国有医师者,察度王世代,闽人三十六姓之中有医师哉"。清康熙年间,徐葆光使琉球时,就记述了当时的琉球已有良师所和贮药局。由于琉球政府屡屡派人来福建等地学习中医医术,因此琉球医药事业的发展是必然的。如琉球名医魏士哲自康熙二十七年(1688)来福州向黄会友医师学习兔唇缝合术后,回国治愈了许多兔唇病人。他曾为王孙尚益缝合兔唇,仅"三昼夜愈痊无痕","从此补唇之法国中广焉"②。

自魏士哲之后,又有许多琉球人来福建学习外科、内科、防疫等专门医术,中国的传统医学就是由他们从福建引入琉球的。

6. 宗教信仰

琉球社会的发展与福建有着千丝万缕的关系,尤其是福建的宗教信仰,通过各种交往的途径,在琉球得以广泛的传播。琉球寺庙林立,信仰多种宗教。不仅佛教、道教盛行,而且还有各种的民间宗教信仰。

嘉庆十三年(1808)齐鲲使琉球后对琉球佛寺、庙供奉的神像做了具体的描述。他说:"久米圣庙,首里三大寺外,每处不过室三四楹而已,所供神佛像多奉自闽中先师、关帝、天后外,有辨才(亦作戈)天女(即中国门姥,在圆觉寺国人云神,昔著灵异号辨戈天女,能易水为盐,

---

① 王耀华:《福建文化概览》,福建人民出版社,1993 年,第 463 页。
② 《那霸市史》资料篇第一卷六,那霸市史企划编辑室,1980 年。

能易沙为米,以御外患。某天使至故称辨才天女遂不验)、大士(各寺多有)、天满大自在天神、三首六臂天孙不动王(善兴寺)、雷声普化天尊(护国寺)、手剑而立不动尊(安禅寺)、龙神(天王寺)诸像。"①

除了佛寺外,也有其他信仰的记载,较为主要的为天妃宫。天妃又称天后、天上圣母,俗称妈祖,是中国东南沿海一带渔民、船工、海商所奉祀的海神之一。天妃信仰在琉球的传播源于明初闽人三十六姓善操舟者移居琉球。《球阳》记有:永乐二十二年(1424)"昔闽人移居中山者创建(天后)庙祠,为同祈福"②。自此天后也成为琉球人航海的保护神。

琉球宗教信仰的兴盛,主要受到福建宗教信仰的影响,伊波普猷在《孤岛苦之琉球》一书中说:"冲绳道教思想浓厚,实因三十六华裔移民而起。"我们还可从史籍上关于闽人三十六姓参与琉球寺庙建造的记载来证明,琉球的佛教兴盛确实得益于移居琉球的闽人三十六姓。

据琉球史书《球阳》记载,在尚真时代(1471—1572)建造的琉球圆觉寺,就是由闽人三十六姓及其后裔参与设计建造的。这充分说明了闽人三十六姓不仅在传播佛教思想方面殚精竭虑,不遗余力,在寺庙设计建造方面也是身体力行,有作有为,他们是琉球佛教发展兴盛的重要因素。

宗教文化的交流,增进了福建与琉球的友好关系,更重要的是促进了琉球社会的不断发展,福建宗教信仰在琉球的传播,同时也给琉球社会传输了先进的中国文化,譬如琉球人对宗教经籍的需求,不仅将福建先进的雕版印刷技术传授到琉球,而且使得琉球人必须掌握汉语知识,以便能够诵经念咒。在长期的交往过程中,福建的方言也随着包括宗教思想的交流而传到了琉球。

---

① 齐鲲:《续琉球国志略》,日本冲绳县立图书馆影印本,第2页。
② 《球阳》,第169页。

福建宗教文化向琉球的传播,不仅在思想理念上影响了琉球人,同样,在生活习俗上也深深地影响了琉球人。琉球人所有的岁时行事,几乎都与福建地区相同,中元节、迎送灶神等,凡是与信仰相关的节日琉球也都有,琉球人也有祭祖的习俗,琉球人的墓葬也与福建地区相同,无论是墓形还是葬俗,与福建大同小异。甚至连墓中的压圹符也是从福建传过去的。这不能不说,福建的宗教民间信仰在历史上对琉球社会有着深刻的影响。

通过宗教信仰的传播,琉球人对宗教文化用品的需求与日俱增。大量的宗教文化用品输入琉球,其结果有三个方面的促进作用。其一、促进了福建与琉球的宗教文化交流;其二、促进了福建与琉球的贸易往来;其三、促进了福建的手工工艺的生产,同时对琉球手工工艺的发展亦起到了刺激的作用。

当然,通过宗教文化的交流,福建的建筑艺术、绘画艺术、饮食文化、音乐艺术都源源不断的传入琉球,对琉球社会的发展与进步有着至关重要的历史作用。

7. 生活习俗

由于文化的交流,其影响必定反映在生活习俗方面。我们将琉球的生活习俗受福建文化影响的各个部分略加论述。

在岁时行事方面,据徐葆光《中山传信录》载,二月十二日,花朝。前二日各家俱浚井,女汲取井水洗额,云可免疾病。此俗亦同福建。《福建风俗志》载,"华朝,林下诸老饮酒赋诗。"三月三日为上巳节,据徐录载,琉球人家作艾糕相饷遗。官民皆海滨禊饮,又拜节相往来。此俗亦与《福建风俗志》上所载相同。染饭,谓之青饭,亲戚邻里互相馈遗。

徐录又载:琉球五月五日竞渡龙舟三(泊一,那霸一)一日至五角黍、蒲酒同中国。福建皆同。"端阳龙舟竞渡过,悬蒲艾及桃枝于门","端午插蒲艾,饮菖蒲酒,角黍、竞渡"。

琉球七月十五日中元节,亦称鬼节,缘起于佛教。此乃受福建之影响。福建此日称中元节、鬼节,"家家设楮弊冥衣,具列祖先位,号祭而燎之"①。

八月琉球有"家家拜月"之习俗。此俗同于福建。在古代中国,八月中秋是祭祀月神的。故月圆时节,家设香堂,供上瓜果,叩头礼拜,俗称拜月。

九月九日,福建习俗为"重阳,郡人率以是日登高,饮菊花酒以延年"②,并放纸鸢。而琉球记载则有"重九,饮菊花酒","九月放纸鸢"③。

另外琉球十二月二十四日送灶之习俗也与福建同。

8. 生产技术

琉球生产技术得益于福建影响有两个方面:一农业,一手工业。农业方面主要引进了粮食、蔬菜品种和栽培技术,包括先进的农业生产工具。夏子阳《使琉球录》载:琉球"波菱、山药、冬瓜、薯、瓠之属,皆闽中种"。尤其是番薯栽培,琉球国早在1605年就遣野国前往福建学习该项技术。1695年又遣翁自道来福建学习不同品种的栽培方法。此后,番薯成了琉球国的主要食粮。琉球的荔枝也是从福建引进的。嘉庆年间,李鼎元使琉球时从福州携带荔枝二株"栽于使院庭后,南北分列,种名陈家紫"。并"序其由来,刻碑立之于北楼(天使馆)之侧"④。

手工技术方面,制糖、纺织、酿酒受福建影响较突出。如周煌《琉球国志略》中反映的琉球制糖技术为"碾小蔗汁煮糖",这一记述告诉我们在乾隆时期,琉球制糖工业发展到使用类似糖车之类的工具。据陈懋仁所著《泉南杂志》载,万历时期福建人民已将甘蔗"磨以煮糖",而恰恰在这之后,琉球国派人来学习制糖技术。1623年有琉球仪间村

---

① 《福建通志》卷二一"风俗志",同治七年正谊书院重刊本。
② 《福建通志》卷二一"风俗志"。
③ 周煌:《琉球国志略》,"台湾文献丛刊"第292种,1971年,第122页。
④ 李鼎元:《使琉球记》,"台湾文献丛刊"第292种,1971年,第164页。

人来福建学习制糖之法;1663年又有琉球陆得先来福州南鼓山区"录觅良师,学习制造白糖和冰糖。他回国后即向浦添郡民传授其方法"①。显而易见,琉球制糖手工业的发展是直接引进福建糖技术的结果。

纺织工艺也是如此,陈侃使琉球时,见琉球,"红女织衽惟事麻缕"。而经过1659年琉球人国吉尝到福建学习织缎技术和1736年向得礼到福建学习绸缎纱缕的机织法后,琉球的纺织手工业已发展到"家家有机,无女不能织者"②的程度。其生产的纺织品种类也由单一的蕉布发展到绸布、棉布、丝布、罗布、麻布等。

琉球的造船工业引进了福建先进技术而不断得到发展。琉球是一个岛国,早期的造船业十分落后。由于社会生产水平的提高,人们活动范围的扩大,迫切需要改变那种"缚竹为筏,不假舟楫"的落后局面,在中国政府的关怀下,琉球国的造船业有了长足的进步。不仅可以在福建各地造船场所修船补船,甚至可以出资造船、买船。逐渐地福建的造船技术传播到琉球。徐葆光的《中山传信录》记有,"贡舶式略如福州鸟船,船掖施橹,左右各工。船长八丈余,宽二丈五六尺"。显然,徐葆光在此提到的"式略如福州鸟船"揭示了琉球造船技术引自福建。

其他如烟花制作、制瓷、造墨、冶铜、制茶等方面,因都是由琉球政府派人来福建学习制作方法,回国后开创了琉球这些工艺的先河,在琉球史书上多有"琉球有烟花药自此而始""制墨自此而始"的说法,所以我们有理由说福建文化在一定程度上必然影响到琉球这些工艺的制作。

福建文化对琉球社会进步的传播与影响,是琉球社会进步的重要因素。

---

① 《球阳》卷五,第222页。
② 徐葆光:《中山传信录》卷五,"台湾文献丛刊"第306种,1972年,第171页。

三、福建文化在东南亚

自唐以来,随着海外贸易不断发展,泉州与东南亚各国的交通往来更为密切。这一时期,福建商人、水手也开始侨居东南亚各国,形成了东南亚的华侨社会,如"景德元年(1004)……安南大乱,久无酋长,其后国人共立闽人李公蕴为主"①。说明当时闽人在东南亚各国有相当大的影响及势力。而且他们定居东南亚各国时,还带去中国先进的科学技术和文化,对当地政治、经济、军事、文化亦产生了深远的影响。

明清时期,福建海上交通进一步拓展,以郑和七次下西洋为契机,福建与东南亚各国文化交流进一步展开。进入了鼎盛时期。

郑和七次下西洋,每次都在福建长乐放洋,舰队出入都经过福建的太平港和泉州港,许多福建官兵参加了郑和下西洋的活动。根据故宫最新发现的档案材料,福建卫所官兵都能积极配合郑和下西洋的活动,许多人在此期间立功受赏,为下西洋活动和福建与各国的交流做出了重要的贡献。在郑和下西洋影响下,福州和泉州成为福建对外发展友好关系的窗口和前哨,亚洲各国国王纷纷遣使入明朝贡,不少人是在泉州港或太平港登陆的,然后再由福州地方官吏派员沿驿道护送使节到南京或北京。回国时,再由礼部派员送到福州出港。在福建期间,他们都受到福建市舶司和地方官员的热情接待。如菲律宾古麻刺国国王斡刺义亦敦奔,"麻刺国在东南大海中。永乐十八年,国王斡刺义亦敦奔率妻子及陪臣来朝,贡方物,请给印诰,仍其旧号。行至福州,卒。诏谥康靖,敕葬闽县,令有司岁致祭"②。还有,郑和从南洋携归的两座千佛塔曾安置在闽侯雪峰寺。这些都是福建与东南亚国家友好交往的历史见证。

---

① 沈括:《梦溪笔谈》卷二五,岳麓书社,1998 年。
② 何乔远:《闽书》卷一四六《岛夷志》,福建人民出版社,1994 年,第 5 册第 4353 页。

随郑和下西洋的福建官兵,不少人留在当地,与当地人民一起种植和经商,共同开发南洋、建设南洋。菲律宾历史学家说过:"菲律宾的经济生活主要依赖华人的劳动和勤劳经营","没有华人的贡献,这个国家不能生存。"[1]据黄滋生《菲律宾华侨史》载:这些福建人在菲律宾"从事各种行业。他们中有裁缝、鞋匠、面包师、木匠、制烛者、糖果匠、药师、油漆匠、银匠、理发师,甚至还有刻板印刷、装订书者等各类匠人;有经营中国货,但以丝绸和陶瓷为主的殷富商人;有小商贩,在帕利安贩卖肉类、禽类、鱼类及其他食品;有从事自由职业的医生和护理人员;还有受雇的店伙和家庭佣人"[2]。福建侨民带去了许多先进的生产技术,如菲律宾人从中国人那里学会了使用瓷器、雨伞、锣、银子和别的商品金属,还有制造火药和冶金的技术。早期菲律宾人穿的宽大服装、有袖子的上衣及菲律宾妇女的宽大裤子、日用布鞋和雨伞,都浸透了福建人的影响。在西班牙统治以前,菲律宾的贵族着黄色服装,平民着蓝色服装,丧服用白色,也都是起源福建人。福建侨民在异国艰苦奋斗,死后埋葬他乡,受到当地人民的尊敬。如在菲律宾发现的泉州人白丕显墓,据考白丕显生前应苏禄居民之请担任过当地的行政长官,死后被当地人称为"本头公"[3]。印尼、新加坡、泰国、缅甸、越南、柬埔寨等地的福建人,在传播福建文化方面也是如此。

1690年6月,在印尼的美色甘厝,福建人郭训观创立了义学。在1729年和1775年,先后又创立了明诚书院和南江书院,这是福建华侨在海外创立的最早的教育机构,这无疑对福建文化在海外的传播,对海外的华文教育都起到了积极的作用。

明永乐年间,闽人随郑和船队到占城定居者颇多。今尚有碑石记

---

[1] G. F. Zaide: *The Republic of the Philippines*, Manila, 1963, p.101. "公"是当地人民和华侨对他死后的尊称。

[2] 黄滋生、何思兵:《菲律宾华侨史》,广东高等教育出版社,1987年,第111页。

[3] 《福建省志·华侨志》,福建人民出版社,1992年,第79页。

载最早开发越南的有朱、丁、伍、莫等大姓。定居越南的福建人主要从事商业、工矿业和农业,他们与越南人一道开垦荒地、发展种植业。明末清初又有一些不满清朝统治的明朝福建人逃避到越南如长乐人郑会,因"大清入中国,不堪变服剃头之令,留发南投,客寓边和"。漳州府龙溪人陈养纯,流寓越南顺化,"衣服仍存明制"。而海澄县人潘文彦和妻子,"义不事清"而流徙越南①。这些福建人都投身于越南社会的各个领域,如陶瓷业、纺织业、冶金业、编织业、印刷业、木器制造业、饮食业等,同时也将福建文化传播到越南。

早在明成化六年(1470),就有晋江县安海人到真腊,其后福建闽南地区的商人、农民络绎不绝地移居柬埔寨。据载:福建人在柬埔寨"售卖锦缎、瓷器、纸料、珠宝、书坊、药品、茶铺、面店,南北江洋,无物不有"。在福建人的努力下,有诗为证:"中国华风已渐渍,蔚然畅于东浦矣!"②

随着闽人侨居东南亚,福建的文化和宗教信仰也传到了他们的侨居国。17世纪中叶,由甲必丹李为经在马六甲建造了新马地区第一座华人寺庙青云亭。在缅甸、新加坡等国也建造有天后宫、妈祖庙、保生大帝庙等供奉福建地方神祇的寺庙。此外,福建民间习俗、生活方式、建筑风格、服装式样等也都通过华侨对东南亚社会产生着影响。

这一时期,福建通过菲律宾—美洲的海上丝绸之路,还与美洲国家建立贸易往来和文化交流关系。丝绸和瓷器把东方古典情趣传到墨西哥和西班牙。同样,由墨西哥传入福建的银元,不仅是一种货币,而且是一种艺术品,成为西班牙文化在中国的体现。还有中国的历史、文化也通过活跃在这条航线上的传教士传到美洲,出现了西班牙语的中国历史书籍,使西班牙及其征服的美洲大陆,对中国事情有了更多的了

---

① 《福建省志·华侨志》,福建人民出版社,1992年,第114页。
② 郑怀德:《嘉定通志》"疆域志",转引自《南洋学报》1956年12月。

解。这都说明了福建在中国与美洲的文化交流中同样扮演了重要的角色。

四、外国传教士与闽学西传

在古代,宗教传播往往是不同国家之间文化交流的一种手段和方式。明清天主教传入福建,福建与西方文化开始有了接触和对话,出现了西学东渐与闽学西渐的东西方文化之间的双向交流。

明末天主教传入福建后,在福州发生了第一次中西文化的接触与对话,即著名的三山论学。论学主要以叶向高、艾儒略问答的形式进行。以叶向高为代表的一派,或称"护法派",这一派认为基督教思想与中国儒家思想是合拍的,可以相容,它可以"补儒""益儒""超儒","皆喜其学之有合于圣贤"①。另一派人的看法则截然对立,他们认为天主教与儒家思想是水火不相容的,因此在福建发起了对天主教的"辟邪"运动,姑且称其为"辟邪派"。福建士大夫对天主教信仰的两种截然不同的态度,是东西方文化异同性在中国人身上的一种表现和反映,是东西方文化交流中永远无法避免的错位现象。只要东西方文化存在差异,这种不同的反应现象就会永远存在下去。

明末来闽的传教士除以艾儒略为首的耶稣会士外,还有后来的多明我会、方济各会和巴黎外方传教会的传教士。托钵修会传教士来闽后,发现在传教的策略上和方法上,与耶稣会士有很大的分歧。他们不赞成耶稣会士容许教徒祭祖祭孔的做法。因此,在天主教内部爆发了闻名于世的中西礼仪之争,它整整延续了一个多世纪。这场燎原大火,其星星火花是在福安迸发出来的,后又由福安波及福州,又由福州传到菲律宾、罗马、法国、西班牙、葡萄牙。在礼仪之争中,福建奉教士大夫为教徒祭祖祭孔的合法性作了辩护,写了许多的手稿,至今仍保留在罗

---

① 艾儒略:《性学粗述》陈仪序。

马耶稣会档案馆,为今日人们了解中西礼仪之争全貌和中国奉教士大夫在这场斗争中的立场、观点,提供了极为难得的历史文献。然而无论是迎合还是批评,他们的心态十分矛盾,既希望基督教在中国广泛传播,又不希望中国变成西洋,既要捍卫儒家思想的正统性,又要忠于外来信仰的神圣性,他们只能在两者之中徘徊,搞平衡,除此,没有第三条路可走。礼仪之争在福建爆发,后又在福建发展到高潮,最终又是由福建士大夫提出禁教,得到康熙皇帝的批准。从此宣告礼仪之争在中国国内的结束。福建因成为中西交通史上这一重大历史事件的大舞台,而受到中外世人的注目。明末福建成了当时欧洲人了解中国的一个窗口。

朱熹理学在西方的传播与影响,是闽学东渐的最集中表现。朱熹理学经过耶稣会士的转手翻译和带有各人偏见的哲学诠释,或被视为无神论、唯物主义者;或被视为有神论、一神论;或被视为异端邪说。但无论冠以何种学说,均对西方不同时代、不同阵营的思想家、哲学家产生影响。近代第一个把朱熹论述摘译为英文的是第一个来华的美国公理会传教士裨治文(Elijah Coleman Bridgman),他发表《中国宇宙观》一文,把《朱子全书》中的关于宇宙、天地、日月以及人畜的某些文章节译成英语,这"标志着西方以直接的原始材料为基础研究朱熹思想的开端"①。继裨治文之后,甲柏连(Gerog von der Gabelentz)、哈雷兹(C. de Harlez)等将朱熹著作译成德文、法文。至今,朱熹理学仍是西方学者研究中国思想文化的一个热门话题。除朱熹理学外,闽人著述在近代也开始译成西方文字传入西方,朱熹理学和闽人著述传入西方,是福建文化走向世界的具体体现。

近代福建走向世界,还具体表现在西方人对福建的记载与介绍上。在福建的传教士和部分领馆、海关人员以及临时来访的西方人,通过他

---

① 陈荣捷:《西方对朱熹的研究》,《中国史研究动态》1978年第8期。

们在福建的长期生活和参观考察,写下了大量有关福建地理、历史、社会、经济、物产以及各主要城市的著作和文章,如《武夷茶山探险》《闽江航行指南》《福建劳工的社会生活》等,为西方世界认识福建的方方面面提供了十分有用的信息资料。这些记载和介绍,无论在数量上,还是在广度与深度上,都远远超过历代来闽西人所写的游记和报告。因而使西方对福建有了更全面、更深入的了解。这些材料一方面为列强侵略福建服务,另一方面也加强了福建与西方世界的沟通与联系,同时也为今日学者研究福建地方史,提供了难得的有价值的参考资料。

福建人移民海外一代又一代延绵不绝,因而福建文化在海外的传播也是一个持续不断的历史过程,福建文化伴随着福建人走南闯北的足迹,在世界各地传播,生生不息,生根、开花、结果。

郑氏与明、清对汀漳泉海域社会控制权的争夺

王日根

摘　要：郑芝龙、郑成功海上集团是明中叶崛起的海上割据势力,他们顺应世界贸易市场形成的形势,吞并或收编海商、海盗乃至官军力量,形成了自己强大的军事与经济实力,从而与明、清两代王朝形成对垒,争夺对汀漳泉海域社会的控制权,充分彰显了海洋社会经济力量之强劲以及明清王朝在治理海洋区域方面的努力与效果。

关键词：郑氏集团；汀漳泉海域社会；控制

明代中叶以后,东南沿海频频有来自西方殖民主义势力的造访,如葡萄牙、西班牙、荷兰纷纷东进,形成较为强大的商业力量,在闽浙沿海,既往从事沿海零星商贸、渔业的人们或者冲破海禁的束缚,仍然活跃于洋面,与这些西方商人对接,从事海洋商业贸易。他们有的还以倭寇身份侵扰东南沿海,被明朝官方一律视为"海盗"或"海贼"。郑氏海上势力是当时诸多海盗势力中的一支,起初曾依附林宗载海上贸易集团而取得发展,林宗载去世后,郑芝龙得以继承衣钵,且借助颜思齐等海盗力量,渐渐发展壮大。

郑氏海上集团采取由点到面的控制手法,对南澳、诏安、云霄、铜山、漳浦旧镇、石码、海澄、厦门岛、金门岛及安海等地实施军事控制,并以此作为与清廷斗争的基地。如果从崇祯初年郑芝龙崛起开始谋求对

漳州沿海的控制到康熙二十年清廷收复台湾,那么郑氏海上力量对汀漳泉三府的影响达到整整五十年之久。如果单说明郑与清廷双方强烈争夺漳州时期在顺治三年至康熙三年间,那也有二十年之久。双方对峙的历史显示:郑氏海洋事业的发展,支撑着它以一隅之地,实现了与两代王朝的实力较量。

一、明末天启崇祯时期郑芝龙对汀漳泉海域的控制

隆庆、万历时期,福建沿海迎来了比较安定的发展期,漳州沿海的海澄由于获得了官方认可的合法贸易港口的地位,成为万历时期福建沿海贸易的中心地域。随着万历、天启年间荷兰人进入福建沿海,及泉州私人海商郑芝龙的崛起,福建海上贸易的格局发生了新的变化。以海澄月港为中心的私人海外贸易快速发展,形成了福建—菲律宾(吕宋)—西班牙的贸易路线和福建—日本贸易路线两大走向。

明政府的开海仍加以种种限制,不时就有海禁的回潮。如万历二十一年(1593)因日朝战争实行一年的海禁;天启二年(1622)因荷兰殖民者侵占澎湖列岛,又实行了一次海禁,直至天启四年福建巡抚南居益打败荷兰殖民者,收复澎湖后才开禁;崇祯元年(1628)至崇祯四年因漳泉沿海海盗猖獗,又实行海禁[①]。在天启、崇祯年间,以郑芝龙为代表的泉州私人海寇集团与漳州海澄人为中心的海盗集团形成了既互相合作又互相兼并的局面。这时的海上私人贸易则形成了以占据台湾的荷兰人、占据吕宋的西班牙人和日本商人为中心的多角贸易体制。郑芝龙先是跟随海澄海商颜思齐(有学者认为颜思齐即李旦)的集团,在颜思齐死后,继承了该集团主要的军事力量。根据光绪《漳州府志》的记载,万历中后期至天启、崇祯年间漳州沿海的海寇问题如下:

---

① 李金明:《明朝中叶漳州月港的兴起与福建的海外移民》,载汤熙勇主编:《中国海洋发展史论文集》第十辑,2008年,第82—90页。

万历三十二年(1604),海贼周四老作乱,诏安知县黎天祚擒其二魁,斩于城上,贼遁去。

万历四十六年,海贼袁八老劫诏安沿海村落,既而就抚。

天启二年(1622),红毛据澎湖,由鹭门逼圭屿,海澄知县刘斯(土来)守计甚备。贼退,中丞南居益誓师海澄,直抵澎湖,与战,悉遁去。

天启四年,诏安乌山贼麦有章、沈金目寇县城,百户易弥光率兵讨平之。

六年春,海寇郑芝龙自龙井登岸,袭漳浦旧镇,杀守将,遂泊金门、厦门,树旗招兵。旬月之间,从者数千。所在勒富民助饷,谓之"报水"。四月,芝龙遣贼将曾五老泊海澄港。五月,遣贼将杨大孙大掠海澄芦坑。十二月,自溪尾登岸,把总蔡以藩力战死。哨官蔡春单骑先突其阵,诸军继之,贼退。既而寇九都,围学宫城;学博李华盛乌纱奉先师神牌登城,退之。时海澄村落无幸免者。

崇祯元年(1628),郑芝龙由厦门抵铜山。三月,攻杜浔堡,乡绅邱懋炜率众拒却之(未几,芝龙与李魁奇俱就抚。芝龙授游击,寻迁副总兵,盘踞海滨,上至台、温、吴淞,下至潮、广,近海州郡皆"报水"如故。同时,有萧香、白毛并横海上,后俱为芝龙所并)。五月,海贼周三老由卸石湾直抵悬钟城,坚守不下;遂流劫内港、象头等处,所过村落,屠戮无遗。是年,海寇杨六、杨七等百余艘散劫悬钟、胜澳、卸石湾等处,焚兵船、民舍,杀戮不计。

二年六月,抚寇李魁奇复叛,寇海澄;知县余应桂遣兵击败之。九月,贼复寇青浦,壮士林瀚率众御之,擒其魁;转寇漳浦白沙。张天威与吴兆爌往援,夜行枵腹数十里,猝遇贼,天威力战死。既而贼焚劫溪东西,吴兆爌御之,斩首十四级,焚贼舰、器械甚夥。

五年四月,海寇刘香寇海澄,乘夜抵浮宫;知县梁兆阳遣把总吴兆爌、袁德合兵大破之。

六年七月,红毛入料罗,窥海澄境;知县梁兆阳率兵夜渡浯屿袭破之,焚其舟三,获舟九。既而巡抚邹维琏督兵再战,再捷;贼遂遁。是年,刘香沿劫诏安诸村落。十月,由卸石湾登岸,沿江焚杀,直至悬钟北城下。

七年,有红毛番船泊铜山及诏安五都地方,焚劫甚惨;官兵纵火焚舟,悉斩其酋,无一人还者。

八年,游击郑芝龙合澳兵攻刘香于田尾远洋,平之。香,漳浦人。自辛未以来,频年冲突,上犯长乐,下袭海丰、铜山、古雷、游澳之间,出没不常。至是势蹙,自刎而死。①

从漳州府志对漳州地方的记载来看,万历年间漳州沿海的海盗问题还是集中在原本海商力量较强的几个新县,如诏安及海澄等。隆庆开海之后,海澄月港与厦门港形成了紧密的联系,月港为一内河港口,从月港出洋的海商需要经过九龙江中间的海门岛,再航行至九龙江口的圭屿,然后再经厦门岛出外海。因此,月港的管理官员必须在厦门设立验船处,对进出口商船进行监督。而当厦门出现海寇劫掠的警报时,月港可以提前得知消息,进而作出转移商船或加强防御的反应。万历以后的诏安和海澄仍旧是漳州地方财富集聚的中心,势必引起海寇的垂涎。但如果没有出生于本地的海盗做内应,海澄等处也是易守难攻的。因而在天启崇祯时期,闽南海上的海寇集团往往联合了漳州、泉州、广东南澳乃至潮州海商的海上力量,形成了郑芝龙、李魁奇、刘香等不同的首领。其中郑芝龙的策略最为灵活,眼光与众不同,善于跟海上贸易的各个利益方如荷兰人、明政府及其他海盗合作及博弈。

天启、崇祯年间的漳州地方官府方面对重新崛起的私人海商寇乱集团,采用的策略是不断加强陆地上重要商港的防御功能。如清初陈

---

① 光绪《漳州府志》卷四七"寇乱"。

山海文明：跨学科的视角

元麟撰写《海防志》中说道：

> 漳，山壤也，泊于水滨。厥防二：一在陆、一在海。海之防分内外：防在外者，以海为主；倭劫之，流寇困之。又船不通，则财用竭、米不足，民多菜色。故忧在外洋，防重于浦、诏。防在内者，以郡为主，以澄为门户；门户疏则内虞势危矣，而浦、诏亦殆，故防在内地。世平则防外，世乱则防内。①

滨海的海澄之防守功能日益凸显。陈元麟回顾明朝的历史经验指出："胜朝，防在外者也；始于防倭，终于防盗。周观形胜，置寨于铜山、于浯屿城、于镇海、于悬钟、于六鳌、于云霄，汛于南澳以扼闽、广。"②到"明季为内防，海滨既集，月港通潮豪民射利诱寇内讧，倭奴、饶丑迭跳梁；乃设安边之馆，遂建澄邑为三城：曰县治、曰九都、曰港口（县治，旧为果板堡）；九都、港口，旧亦民城。既设县，乃设腰城而县之。后又设溪尾铳城以据上流，筑大泥铳城以障下流；又以大泥地低下，乃复筑天妃宫铳城。又，港口设中权关；一带沿江而下直至大泥铳城，筑腰城长二百七十丈、高六尺，俱砌以石"③。明末在加固海澄原有三城的基础上，再将海澄沿九龙江一面的县域修筑系列铳城和腰城，使得整个城市的防御体系更趋严密，海澄成为明末整个漳州防御的重心所在。

尽管如此，海澄当地的私人海商集团仍层出不穷，崇祯五年（1632）："（九月丁酉），福建海寇刘香老贼数千人，船一百七十艘乘风驾潮直犯闽安镇，焚劫抢杀，比舍一空；镇民逃散，省会震动。""（同年）（十一月）己亥，浙江巡按萧奕辅疏报，剧贼刘香老纠众近万、联艘二百

---

① （清）陈元麟：《海防志》，光绪《漳州府志》卷四六"艺文志"。
② （清）陈元麟：《海防志》。
③ （清）陈元麟：《海防志》。

余人犯宁、台、温一带,近海地方同时告警;温区内港被贼蹂躏,赖道臣杜乔林亲冒矢石,竭力堵御,地方得以稍安。"①可见刘香团伙的庞大势力,同时其骚扰范围之广。对于郑芝龙来说,刘香是一大劲敌。

不过,郑芝龙的势力壮大得更快。在天启六年(1626)已由数十艘海船的势力快速膨胀到120艘,至天启七年达到七百余艘。他出生于海滨的海商世家,对闽南沿海的民情把握更准确,也更善于收买民心,他从不滥杀,并重赏接济的民众。同时在与明朝官府水师作战时,亦留有余地,得胜也不穷追猛打,对俘获的明将加以优待,其政治意图就是寻求被政府招安。同时在地方和官府里广布眼线,《明史纪事本末》中《郑芝龙受抚》就提到泉州知府王猷认为"(郑芝龙)势如此,而不追,不杀,不焚掠,似有归罪之萌",官军无力剿灭,"抚或可行"②。郑芝龙在受抚前后,对海澄和厦门的军事行动非常重视,显示其极强的战略眼光,即将厦门直至海澄一线牢牢控制在手中,作为其事业生死存亡的关键。崇祯元年,郑芝龙在厦门击败试图夺回厦门的福建总兵俞咨皋的官军,并在同年受抚于福建巡抚熊文灿。明朝工科给事中颜继祖在上疏中对郑芝龙的海盗事业有如下描述:

> 郑芝龙生长泉州,凡我内地之虚实,了然于胸。加以岁月所招徕,金钱所诱饵,聚艇数百,聚徒数万。城社之鼠狐,甘为关键;郡县之胥役,尽属腹心;乡绅偶有条陈,事未行而机先泄;官府才一告示,甲造榜而乙讹言。复以小惠济其大奸,礼贤而下士,劫富而济贫。来者不拒,而去者不追。故官不忧盗而忧民,民不畏官而畏贼,贼不任怨而任德。一人做贼,一家自喜无恙;一姓从贼,一方可保无虞……偶或上岸买货讨水,则附近咸里牵羊载酒,束帛承筐,

---

① 《明实录闽海关系史料》附录一"崇祯长编(残本六十六卷)"选录,"台湾文献丛刊"第296种。
② 谷应泰:《明史纪事本末》卷六七《郑芝龙受抚》。

唯恐后也。真耳目未经之奇变,古今旷见之元凶也。①

从明中叶以来,漳泉沿海社会的私人海上贸易集团仍旧游离于明政府控制之外,而沿海社会民众因经济原因更愿意与海上集团合作。郑芝龙在受抚后立刻展开对其他海盗集团的打击和兼并,先是在崇祯四年消灭了跟他原本同时受降而复叛的李魁奇集团,进而又消灭了原属于李魁奇集团的钟斌海商集团。在崇祯五年至八年期间与劲敌刘香大战七八场,最终在"田尾远洋"歼灭了刘香。在郑芝龙受抚后对李魁奇和刘香的战斗中,郑芝龙实现了对从厦门至海澄的战略重地的严格控制,对于海澄及附近区域的海外贸易基地,郑芝龙则片土不让。因为郑氏牢牢控制着厦门这个当时官方尚无法控制的港口,"据泉、漳之交,扼台、澎之要,为全闽之门户,番舶之所往来,海运之所出入"。"凡中国各货,海外皆仰资郑氏,于是通洋之利,惟郑氏独操之"。凭借厦门这个"据十闽之要会,通九译之番邦"的港口,"贩洋贸易船只无分大小,络绎而发,只数繁多",在郑氏令旗之下,"服贾者以贩海为利薮,视汪洋巨浸如衽席,北至宁波、上海、天津、锦州,南至粤东,对渡台湾,一岁往来数次,外至吕宋、苏禄、实力、噶喇巴,冬去夏回,一年一次"②。海洋贸易的巨大收益成为支撑郑氏海洋帝国的强大经济基础。

另外郑芝龙在受抚后还由海登陆,陆续参与了对侵扰汀州的广寇钟凌秀的剿灭战役。乾隆《汀州府志》记载了郑芝龙于崇祯四年(1631)在上杭及广东三河坝征剿的经历:

四年(1631)二月,贼掠永平寨。千户祝禧、百户邱泰、守备吴

---

① 江日升:《台湾外纪》卷三,见《笔记小说大观》第17册,江苏广陵古籍刻印社,1983年。

② 施琅:《靖海纪事》卷下"海疆底定疏";周凯:《厦门志》卷三"形势",卷一五"风俗"。

奇勋、把总罗器死之。旋札黄峰隘,知府林联绶调兵御之。指挥严明被执,千户刘尧、百户张机不屈死。三月,贼掠高吴,总兵谢弘仪统兵御之。千总林应龙,指挥王应官、张大伦,把总赖思养、赖君迁、曹纬、王国佐咸败死。巡道顾元镜复遣指挥韦某、百户张耀接援,韦闻败先窜,张战死。九月,督抚熊文灿提兵入汀会剿(时贼舍杭、武,径出广东,袭始兴县破之,羽书告急。朝旨谕文灿同赣、广两院会剿,乃率郑芝龙亲兵驻上杭)。十月,参将郑芝龙师驻三河坝,督官兵捣贼巢,遇贼于丙村,斩馘三百余人。次日,贼迎战,又斩贼三百余级。陈二总乞降,不许,并斩之,焚其巢而还。五年,郑芝龙追贼至石窑都,钟凌秀受抚。二月钟凌秀弟复秀叛,招余党三百余人焚掠蓝屋驿,复由绿水潭至回龙冈,劫毁甚酷。百户赖其勋等御之,战死(初,当道议以复秀之党属芝龙居海上。复秀疑畏,惟愿安插故处。于是当道以此辈叵测,遂执凌秀,断其右臂,禁狱,发兵围复秀。复秀溃围而出。时文灿已撤兵还闽。九月,巡道顾元镜同总兵陈廷对各搜剿铜鼓嶂、莲子山、松源、蓝坊等处,乃罢兵)。四月,巡道顾元镜自上杭督率千总刘良机、材官郭之英、陈望正、把总黄基昌、蔡联芳等,往雩都、兴国,会郑芝龙兵大剿。八月,巡道顾元镜同总兵陈廷对,同知黄色中屯程乡,捣贼巢。①

郑芝龙通过带领军队参与汀州及相邻广东山区的剿匪活动,培养了军事才干,同时对汀州等山区地方的地理和社会情况有了更深的了解。这对明亡之后郑氏把持福建的军政大权是很有用处的经历。郑芝龙受抚后借由明政府的倚重,其军事力量深深辐射到了汀漳泉三府之中。而其重点经营的安海、海澄、厦门三个港口城市,可说是控制严密,固若金汤。厦门、安海在当时都没有县级政区及文官常驻,基本沦为郑

---

① 乾隆《汀州府志》卷四五"杂记"。

氏的私人海商贸易基地。而郑芝龙依靠自身亦官亦商的身份特征,成为福建地方势力唯一能够挑战中央权威的特例。而明中叶以来明廷在漳州沿海不断设立县治,试图彻底控制海外贸易的企图实则落空了。漳州沿海地方也在明亡后成为明清易代各方争夺的焦点之一,而海澄至厦门一线,则是郑氏海上集团的生命线。

二、顺治年间郑成功对汀漳沿海的争夺与控制

清顺治三年郑芝龙降清之后,郑成功继续整合沿海的郑氏海商力量与清朝相抗衡。而在甲申明亡至顺治三年这一阶段,郑芝龙曾拥立隆武帝在福州建立小朝廷。漳州沿海和汀州内陆地区的地方社会陷入群龙无首的混乱局面。光绪《漳州府志》记载了顺治三年前,漳州地方的动乱局面:

> 崇祯十六年(1643)四月,漳浦山贼陈鸾、邱缙等寇掠东山,与余五、番薯八相继出没;后俱为郑芝龙招抚。是年,诏安山寇余五姐犯四都,知县、所官督兵迎战,被获。武生沈致一、林惺南、许和公俱战死。黎明,县众合诸村精锐,径捣文家寨贼营,夺知县、所官以归。是冬,贼崔马武逼诏安城,扎营西沈。守陴者夜擒踰堞奸细,枭之以示,贼解去。
>
> 顺治元年(1644)(自元年至三年,江南福王、福建唐王相继自立,漳尚未归顺)十月,山寇徐连陷云霄,遂攻漳浦县(时邑中乏令,漳南道陈起龙自郡移驻,登陴守御;自分必死,里衣皆用印符。血战累日,贼死无数,城赖以全;檄长泰知县郁文初来署县事,而自回漳。既而郑芝龙收其余众,请降;起龙坚执不可,解所着里衣示之,悉斩于南教场)。是年,贼叶积掠诏安吉林、西潭等处,闻官兵急追,遁入广。
>
> 二年七月,北溪贼林拔顺谋袭漳城。八月,饶寇逼诏安,土寇

应之。官兵御贼于章朗埔,歼之。

三年,大师入漳。是年四月,贼夜袭破诏安县,杀唐王所署官;有陈习山、胡仲惬者各带丁壮赴援,贼坠城遁。是月,郑芝龙降;子成功遁入南澳。郑彩、郑联据厦门;沿海铜山、古雷、游澳等处悉为寇穴。①

随着明王朝政权的崩溃,漳州沿海社会陷入严重动乱之中。而郑芝龙则已将福建沿海势力整合完成,所以漳州动乱不是来自海上,而是明中叶起闽粤边境地区山寇滋长的结果。郑芝龙借着剿匪对这些山寇进行招安,使之纳入自己的军事力量中。如崇祯十六年、顺治元年均有对漳浦、诏安山寇的招抚行动,至此福建的海陆军权全归郑芝龙所把握②。

郑成功没有像他父亲那样降清,而是与清廷持续展开着激烈的争斗,起初他对福建的把控远没有达到郑芝龙在崇祯末年山海兼顾的程度。但由于郑成功树立忠义大旗,能与浙江的鲁王政权相合作,并以南澳为基地努力控制潮州沿海,他对海洋的控制力则大大超越了郑芝龙时代。郑成功特别重视对漳泉沿海重要基地的建设,譬如《安海志》中记述:

> 成功延袭芝龙当年海贸旧规,编组东西洋船队,挂"石井郑记"牌照,航行于日本、台湾、吕宋及南洋各地以通贸,并按海山两路,设"五商十行"于各地;"五常商行"(仁义礼智信)设于厦门及附近诸港澳,集各地贸外货物运南洋各地;"五行商行"(金木水火土)于京都、苏、杭、津、鲁等地,购买各地土产货物,供"五常商行"货运出洋。故清廷虽欲困扼郑师,郑却凭海外通贸之积累,以供北

---

① 光绪《漳州府志》卷四七"寇乱"。
② 陈遵统等编纂:《福建编年史》(中),福建人民出版社,2009年,第661—662页。

伐东征之军需。安海为郑氏举义首发地，虽清兵几次骚扰，却仍为郑氏所控制；安海港亦成为集运各地土特货品及军需粮饷以济金厦义师之港口。直至丙申毁镇（1656），辛丑迁界（1661），安海夷为废墟，海港因之闭绝。①

郑成功与清朝对漳州的争夺以对海澄的攻守为核心。海澄因明末历任县官的修筑，成为当时陆海体系完善的一个重要战略据点，并且涉及漳州府城的安危。海澄县城共有三个城池，从设县开始修建完善。主县城的修筑尤其坚固：

> 隆庆元年设县，将二都分为二堡，八都则东北一带仍旧垣而修葺之。西沿溪亦垣以灰土，连亘于旧南一带，为草坂堡附焉。四年，郡守罗公青霄议以南北相距丈数倍东西，有乖形势，且不便防御，乃撤草坂堡而缩之。又于东边扩地若干，支官帑砌以石。邑令王公谷派征丁苗佐之。始工于五年十一月，讫工于六年八月。城周围长五百二十二丈，高二丈一尺。辟门四，东曰清波，西曰环桥，南曰扬威，北曰拱极。月城三，窝铺二十有二，垛口二千四十有五。又于新亭辟一小东门，往来便之。万历十年修晏海楼，万历二十三年增旧城三尺。天启二年，邑令刘公斯（土来）于城东北隅筑一关连港口堡以为固。②

另有九都港口二城：

> 邑治旧属三堡，城其一为县，盖就草坂堡而裁之，九都港口二

---

① 新编《安海志》卷一二"海港"。
② 乾隆《海澄县志》卷二"规制志"。

堡仍旧。承平既久,堡墙递倾,万历十四年,邑令周公炳谋于防海姚公应龙,节羡重修。天启二年,红夷入寇,堡墙复颓。邑令刘公斯(土来)锐意更使,太史公李世奇时为孝廉,竭力赞襄。以港口东北面海,最为敌冲,易灰为石,中为复壁,上周马道,高一丈数尺,周三百五十丈。九都则学官在焉,其重与县城等,四面砌垣,覆石高一丈七尺,周三百三十丈,屹然有辅车相依之势。①

九都港口一城为重要海防堡垒,一为学宫城。这两个城池与主县城形成三足鼎立的姿态,军事防守体系严密。

海澄的城防体系除了三个主城池外,还在沿海地带沿江修筑了面对九龙江的长条状腰城,是为大泥铳城。这一腰城从天启二年修筑,至崇祯年间不断增筑,对抵御崇祯初年李魁奇和刘香海寇集团的侵扰起了重大的作用。史载:

> 明天启二年,邑令刘公斯(土来)以红夷警至,乃于大泥海岸营筑土垣,置铳及警,怠垣日就圮。七年五月,海寇猖獗,刘令就港口饷馆,码累石为垣,东西长四丈,南北七丈二尺,复于沧江码亦设石垣,东西长四丈,南北七丈二尺,皆有炮孔若干。崇祯元年,李魁奇复叛,龙溪令楚公烟摄澄篆,于大泥、天妃宫上垒石炮垣二十余丈,高丈有二尺,置炮防御贼舟。十月邑令余公应桂至,甫下车,相度地形于楚公。炮垣下更筑铳城,周围一百一十三丈有余。北临海砌石四十九丈余,三方仍用灰砾,计六十四丈有奇。北垣炮孔九,各置大神飞炮;东西亦九孔,各置中神飞炮佐之。东西南各开一门,门各有楼,北面海建大敌楼一所。南门正对教场,额曰"青霞锁钥"。中建把总衙,翼以哨官兵房各三十二间。八月,贼入中

---

① 乾隆《海澄县志》卷二"规制志"。

左所。余公命八、九二都,沿江垒土为垣,高厚各四尺,每丈设一炮口。初八日,贼舟入大泥,我师击之。贼惧不敢近,遂由中港转福河,无所利,扬帆去。垣内伏兵发炮击之,至炮城复齐发巨铳击之,贼舰煨尽,浮尸蔽江。(崇祯)二年九月,又以溪尾对中港之冲,再筑炮城,周六十丈八尺。北临海砌石二十五丈,炮孔一十有五,各置神飞大炮。余四十五丈,仍用灰土,旁各炮孔九,各置神飞中炮……又撤八都沿江土垣(即腰城)易以石……(崇祯)五年二月而工甫竣,而巨寇刘香警至,侦澄有备,不敢近。①

至此,海澄形成了外有大泥铳城,内有犄角相连三城辅助的完备防御体系,成为漳州府城最重要的海防保障。郑成功在重整海上军事力量之后,力图恢复对原本控制于郑芝龙手上的厦门—海门岛—海澄贸易路线。所以海澄成为其与清交锋的核心所在。

《漳州府志》中就郑成功对这一地区的争夺做了详细的记载。如:

(顺治)四年(1647)二月,郑成功、郑彩寇海澄;贼将王来破九都学城,参将田爵御之,焚桥而守。知县吴治臣自漳回,贼要杀之漏仔洲。副将王进自郡赴援,夜开西门架栈飞渡,缒入学城;贼皆熟睡,尽歼之。既而击贼于南门附,杀其前锋将洪致;贼阻闸水,多溺死,成功遁去。②

同年,郑成功有攻泉州地方事,先入同安县后有失守:

顺治四年八月,郑成功先攻泉州,不下……顺治五年(1648)

---

① 乾隆《海澄县志》卷二"规制志"。
② 光绪《漳州府志》卷四七"寇乱"。

春闰三月,成功取同安,以叶翼云知县事。成功引兵攻同安,守将廉郎、知县张效龄御之,战于店头山,败绩,廉郎等弃城遁。成功入据之,以叶翼云知县事。翼云,厦门人,庚辰进士,由吴江知县擢吏部主事。秋八月,总督陈锦率师破同安,明知县叶翼云、教谕陈鼎、守将邱晋、林庄猷皆死之,屠其城。①

这时漳州的诏安、漳浦、平和数县遭遇灾害陷于混乱之中,恰好给郑成功以入据的时机:

> 五年春,诏安大饥,借名起义者杀防将马守惠。正月,陷诏安。二月,贼首江警庸、黄朝阳围南陂堡,民林朝翊率族人固守,贼解围去。三月,许祚昌围漳浦,游击唐钦明御之,援兵至,乃退(祚昌,浦人;明太仆卿)。四月,沈起津围漳浦,游击唐钦明御之。寻遁去,还据诏安(起津,诏安人;明池州推官)。六月,云霄镇守总兵王之纲为潮寇所逼,退归漳浦;盘陀岭以南悉为寇有。是月,平和防将曾庆寻引广寇伪称明永宁王,据二邑以叛。十一月,漳浦土寇卢若腾、邱建会合平和贼万礼等寇县城,参将陆大勋出战,被杀;总兵杨佐、参将魏标、守将冯应第再战,擒建会杀之。十二月,总督李率泰入平和,戮曾庆及谋叛者十三人。②

顺治六年(1649),郑成功谋求对漳浦的收复。《闽海纪要》中说"六年春正月,成功陷漳浦。自同安败后,成功往铜山募兵,命柯宸枢、黄廷等攻漳浦,守将王起俸降;遂由云霄抵诏安,移屯分水关,令黄廷、柯宸枢等守盘陀岭。四月,漳镇王邦俊、副将王之刚败中冲镇柯宸枢于

---

① (清)夏琳:《闽海纪要》卷上。
② 光绪《漳州府志》卷四七"寇乱"。

盘陀岭,宸枢战死。"①

> (顺治六年)十一月,郑成功陷云霄,守将张国柱死之,士卒死者无数。进攻漳浦,守备王起俸密约为内应谋泄,走降贼,贼退遁盘陀。总兵王邦俊追破之,遂复云霄。②

漳浦攻而不下,而云霄得而复失。但成功得到降将王起俸的帮助,力量更加壮大了。

顺治七年(1650)三月,总兵王邦俊平诏安二都山贼。八月,郑成功杀郑联于厦门,并其军。郑成功至此重新取得了厦门基地,事业达到了一个新的高峰。

顺治八年开始,郑成功巩固厦门基地后,加强对海澄的进攻。六月第一次尝试进攻海澄,失败。年底控制了漳浦,进而清海澄守将郝文兴秘密纳款,结为内应。顺治九年初,郑成功攻占海澄。从该年三月至九月围攻漳州府城,府城中饿死数万人,最终没有攻下。同年九月郑成功毁海澄九都学城。乾隆《海澄县志》记载:"自三月围漳,至九月解围,遁毁学城。时诸村落逃散复归者,室家俱破,继以瘟疫,城内外几无烟火。"③

顺治十年清军反攻海澄。府志记载:

> 五月,固山金砺攻海澄,填濠深入;贼发地炮,士卒多死,退还漳州。郑成功增筑海澄城,安大小炮三十余号;积粮草、储军器,以为持久之计。④

---

① (清)夏琳:《闽海纪要》卷上。
② 光绪《漳州府志》卷四七"寇乱"。
③ 乾隆《海澄县志》卷一八"寇乱"。
④ 光绪《漳州府志》卷四七"寇乱"。

郑成功在获胜之后，加紧了对海澄城防的加强和控制。不过两年后海澄因黄梧的降清而彻底失去。

> 顺治十一年（1654）正月，清廷有招抚郑成功的动议，郑成功遣其党散各邑，沿乡派饷，至十二月，郑成功入漳州。顺治十二年春，清世子王率大兵入闽；成功度势不支，六月，坠漳州及漳浦、南靖、长泰、平和、诏安各县城。而顺治十三年六月，黄梧、苏明以海澄降。成功将领甘辉等率军至，而清军已经进入海澄。城中郑军蓄积皆为清军所有。黄梧进爵海澄公，驻扎漳州；苏明授哆李几昂邦内大臣，召入京师。①

海澄控制权的失去，对于郑成功苦心经营的厦门—海澄防守核心来说，是致命的打击。"海澄系成功储蓄粮饷的大本营，而且是金、厦门户。黄梧献出海澄，敌势已孤。不回漳泉会师，合攻金、厦两岛，收复极为容易。"②而郑成功在海澄未复的情况下，进军江南，又遭败绩，最终只得采取收复台湾的策略。

郑成功对闽东北沙埕港曾一度拥有控制权，顺治十五年（1658）"六月初四从前岐港登岸进取，由分水关达平阳县交界，由大溪达金乡卫大海，流水湍急，先令小船渡载过江，七月间，驾抵舟山，于羊山遇风浪折回，十二月十五日，赐姓驾至沙关"③。第二年正月，仍然驻扎沙关，可见沙埕曾作为郑成功重要的驻扎地和军事补给地。清政府针对沙埕这一闽浙交界之地，曾设立炮台城寨，将之定义为海防重镇，且在福宁沿海一带推行保甲制度，"十户联保，着族长家长查察外，又严饬管理沿海船只之鳌甲，所有小船、渔船编明程序，出入从严"，并宣谕：

---

① 光绪《漳州府志》卷四七"寇乱"。
② 陈遵统等编纂：《福建编年史》（中），福建人民出版社，2009年，第824页。
③ 杨英：《从征实录》。

"凡匿盗贼,加罪惩处,倘能首告献贼,予以重赏。"①旨在进一步消除郑成功在闽东北的势力存在。

郑成功退守台湾,一定意义上也意味着郑氏以厦门为中心的贸易网络被破坏,施琅的助手威略将军吴英为了扭转当时外商不进入厦门贸易的不利局面,曾于康熙四十九年(1710)十二月二十一日发过一块令牌:"今年彝(夷)商来贸易者甚少。今乘网礁胜库主霞儿返棹之机,特给令牌,广为招徕夷商来厦门贸易,定当给予加恩优待。"②康熙五十二年至六十年间,福建水师提督施世镖绘制了《东洋南洋海道图》,表明了厦门到日本、东南亚20多国的十几条国际航线,这实际上就是郑氏的国际贸易网络。据王庆成先生研究,康熙二十三年到三十九年的17年中,英国东印度公司来华商船15艘4 260吨,到厦门的占有10艘2 370吨,但在康熙四十年至四十九年的十年中,来华商船29艘8 781吨,到厦门的只有7艘2 448吨,到广州的占有11艘3 360吨,此后广州逐渐占绝对优势③。法国传教士杜赫德在《大中华帝国志》中说:"厦门是一个著名的港口,一边倚着岛屿,高出地平,什么样的海风都可以防御。神奇的是,厦门港竟能够容纳几千艘船只。海水很深,最大的货船也能十分安全地停靠到海岸上。任何时候,你都能在这里看到数量庞大的中国帆船。二十年以前,你还可以看到其中有很多欧洲船只掺杂其间。现在它们偶尔还会来这里,但所有的贸易都移到广州去了。"④乾隆二十二年(1757),乾隆皇帝下令西方商船只能到广州贸易,可以说是从政策上宣布了厦门与欧洲贸易时代的终结。

---

① 中国第一历史档案馆译编:《康熙朝满文朱批奏折全译》,中国社会科学出版社,1996年,第822页。
② 连心豪:《吴英招徕外商令牌发微——兼论闽海关与清初海外贸易管理体制》(未刊稿)。
③ 王庆成编著:《稀见清世史料考释》,武汉出版社,1998年。
④ [法]杜赫德:《中华帝国志》,参见李天刚:《大清帝国城市印象——19世纪英国铜版画》,上海古籍出版社,2002年,第260页。

通观从郑芝龙到郑成功对汀漳泉沿海的长达二十年的控制历史，金门、厦门、海澄三个基地是郑氏海上力量尤加注重的方面。海澄在明代中叶设县以来，对漳州地方海防的军事意义和海上贸易的经济意义极为重大，成为明清易代闽南军事格局中最重要的一点。郑氏利用其海上的军事优势对于几个沿海据点予以长期的保持，其经济来源仍来自海外贸易所得，清廷在黄梧等人的建议下，对沿海实行迁界，逼使郑氏只得寻求以收复台湾的方式维持自己的势力存在。

海外文献与清代中叶的中西关系史研究

英国东印度公司广州商馆中文档案之价值

吴义雄

摘　要：近年来，关于晚近历史的中外文献以各种形式大量公布于世。学者通过研读新史料，可以更为全面深入地探讨相关历史问题。笔者最近整理英国东印度公司广州商馆遗存的中文档案（以下简称"英商馆中文档案"），发现其对于认识鸦片战争前中西关系史大有裨益，本文为针对该档案的初步研究。

关键词：海外文献；英商馆中文档案；中西关系史

英国东印度公司广州商馆（以下简称"英商馆"）存有大量的中文档案，这批档案归入英国外交部档案中，编号为 F. O. 1048，共 1 232 件。除 1 件为乾隆年间文献外，其他均形成于嘉庆七年（1802）之后，下迄于道光十四年（1834）。这 1 200 多份档案文献，除少数英文底稿外，绝大部分是中文文件，按形成方式，可分为原件与抄件两类。原件包括：（1）广东官员直接发给英商馆特选委员会或大班之谕、札；（2）官方通过行商转给英人之谕、札；（3）行商等致英商馆特选委员会或大班之函件；（4）英人呈送广东官员禀帖之底稿；（5）英人致行商或其他人士函件底稿；（6）其他文件，如各种告示、名单、礼单、海关税单、商馆会单（票据）、债务表、未具名的信函等。抄件包括：（1）官员饬行商传谕英人之文件；（2）各类官方文书，多为英人通过各种途径收集的官员奏、谕、札、禀等文书,另有少量上谕、甘结、供单等;(3)英商馆特选委员会及其他英人各类向外行文(如禀帖、函件等)的清抄件;(4)行商禀帖、信件等文书;(5)其他,如英人以外其他外国人的禀帖、函件、证词,行商、茶商的账单、订单,中外交往历史文献,甚至有1份越南人因国内政局致英人求助的文书。总之,内容相当丰富。

笔者在整理过程中通读了这批档案,对其在清代中叶的中西关系史方面的研究价值有初步体会,已尝试在自己的研究中运用其中的部分文件。同时,笔者也认为值得对其加以专门介绍,俾便学界同仁了解。兹从以下三个方面进行说明。

一、与已刊中文史料互补

学术界研究19世纪前期中西关系史,一向重视中文原始文献的使用。自20世纪30年代起,有不少文献陆续刊布。其中,创刊于1930年的《史料旬刊》,有多个关于鸦片战争前中西关系史料的专门栏目。1932—1933年由故宫博物院出版的《清代外交史料》(嘉庆、道光二朝)共10册,辑自军机处档案,作为重要的专题史料,与道光朝《筹办夷务始末》一起,形成较完整的研究鸦片战争前中西关系史的档案文献。由中国第一历史档案馆编辑出版的《鸦片战争档案史料》内容更为丰富,现在是研究道光时期中外关系史和鸦片战争史最重要的第一手史料。此外,《文献丛编》各辑也按不同的专题刊布了不少鸦片战争前中西关系史档案资料。这些史料书中的雍正、乾隆两朝的资料,均为英商馆中文档案所无,在时间上形成互补关系。

上述史料之主要内容,为清朝官方文献如上谕、奏折,以及英国等国的外交照会,主要来自清朝朝廷和中西官员,可概括为"官方文献"。自乾隆二十二年(1757)起,广州成为清朝对欧美国家开放的唯一海路通商口岸,鸦片战争前中西交往事务大多发生于广州。除官府外,活跃于这一口岸的中外商人及相关机构、各种与贸易相关的人物,实为中西交往之主体,但"官方文献"对其记述不足。正因为如此,以鸦片战争前广州口岸及中国沿海之中西交涉为主要内容的《达衷集:鸦片战争前中英交涉史料》和《鸦片战争前中英交涉文书》二书公布之史料,才在清前期中西关系史的研究中显得极为珍贵。此二书与本文讨论的英商馆中文档案具有相近的性质,可略加比较,以说明各自的价值。

《鸦片战争前中英交涉文书》是日本学者佐佐木正哉抄录自英国的档案文献,与《鸦片战争的研究(资料篇)》《鸦片战争后的中英抗争》二书,同为十分重要的研究资料,刊行后对鸦片战争史、鸦片战争前后中西关系史研究起到很大推动作用。《鸦片战争前中英交涉文书》于1967年刊行。从时间上看,该书史料与英商馆中文档案具有明显的前后承接关系①。该书第一部为"道光十四年文书",其内容始自东印度公司广州商馆结束、英国驻华商务监督来粤之时。从其内容来看,二者所收文献的类型也基本上相同,均为广州口岸产生的中西交往文书,而非官方形成的档案。这两种史料相结合,可以较为完整地呈现19世纪前期广州口岸中西交往,特别是中英交涉之面貌。

《达衷集》是著名学者许地山先生应罗家伦先生之托,抄录自牛津大学图书馆的史料。该书于1931年由商务印书馆出版,至今仍为研治清前期中英关系史的必备史料。许先生在弁言中说,"这书是东印度公司在广州夷馆存放的旧函件及公文底稿";又云看到"夹在'上海事情'中有《尺牍类函呈文书达衷集卷中》的标题和目录,所以知道他的原名",即其完整的原名应为《尺牍类函呈文书达衷集》②。这部资料分为两卷,一卷是英国商人胡夏米(英文名 Hugh Hamilton Lindsay,又译林赛)1832年在中国东部沿海航行时与各地人士的往来函件,以及嘉

---

① 英商馆中文档案虽在1834、1835年分别有6件、29件文书,但与《鸦片战争前中英交涉文书》不相重复。其中,1835年在广州已无东印度公司广州商馆的正式存在,仅有两位代理人照管该公司的在华利益。这一年的29件文书多为以往年代(包括嘉庆年间)的零散文件。

② 许地山:《达衷集》弁言,商务印书馆,1931年,第1页。

庆年间英商馆与广州官员、行商的往来文件,另一卷则是"汇录乾隆、嘉庆二朝公班衙与广州督抚关部等交涉的案件"①。

许先生的《弁言》告诉我们,《达衷集》与英商馆中文档案实际上同出一源,均为商馆遗存的中文文献。除许先生的上述介绍外,尚有如下理由支持这一判断:《达衷集》与英商馆中文档案的内容多数不相重复,该书上卷所收胡夏米航行于中国海岸及朝鲜、琉球的文件(1832),为英商馆中文档案所无;《达衷集》存有多件乾隆年间的中文文书,亦为英商馆中文档案所缺;而英商馆中文档案中唯一的一件乾隆年间中文文书,即英国摄政王致乾隆皇帝国书,却又为《达衷集》所无。很明显,《达衷集》中的文书是从英商馆所存的中文文献中抽取的,其数量只占一小部分,剩下的1 200多件才是这批材料的主体部分。至于何人、何时、何故将这103件文书抽取,编为无法确切理解其意的《达衷集》,又如何在脱离其母体后辗转落入牛津大学图书馆,如无新的资料作为线索,则难以明了。

二者也有相互重复的部分,主要是1810年"黄亚胜案"相关文献。1810年1月6日,在广州承远街合盛缝衣店做工的黄亚胜,在街头被外国人刺死,与其同行者指证黄为英人所杀,后来甚至确定了凶手姓名。但英人否定凶手属于其船,拒绝交出,引起广东官府和英国商馆之间的多次交涉。由此形成的文书达数十件,其中《达衷集》收录了11件。经过比对,笔者发现:凡广东官府下给英商馆之谕,《达衷集》所收均为抄件,因为带有官印的原件均留在英商馆中文档案当中;凡英商馆上呈官方之禀,英商馆中文档案中所存者或为禀底,或在禀底之外,另有清抄件。更值得注意的是,《达衷集》中的11件文书与英商馆中文档案中的相关文件相比,在字句方面也有所不同。考虑到《达衷集》为学界长期使用的史料,而英商馆中文档案正式出版后相信亦将得到重

---

① 许地山:《达衷集》弁言,第2页。

视,故有必要结合具体文本对其中的几种情况略作说明,供将来的读者参考。二者之间的区别大致有以下数种情形:

(1)《达衷集》可以在一定程度上弥补英商馆中文档案缺损之憾。英商馆中文档案的不少文件,在过去200年左右的时间里发生了较严重的蠹蚀现象,造成页面破损,其中包括"黄亚胜"案的档案。而许地山先生在八十余年前所见抄本似乎未有大的损坏,故《达衷集》字句基本上是完整的。

(2)《达衷集》与英商馆中文档案文件字句有异。如英国船主武礼班克上粤海关监督之禀帖,提到其船损坏,希望放其出口,到印度之望买(应即孟买——笔者)修理,英商馆中文档案此件中此地名即写作"望买",而《达衷集》此件此二字则在左边都有"口"旁①,符合当时正式公文中对外国人名、地名基本上都加上"口"旁之通行写法。又如《剌佛致行商书》,《达衷集》此件开头有"弟等得接仁兄于本月初四日由省付来之信一封,内包南海县太爷之钧谕,再发起来而论,民人黄亚胜被戮伤身死一事"。②而英商馆中文档案此件则写作:"弟等得接仁兄由省于四月初四日付来信一封,内包南海县太爷之钧谕,所论民人黄亚胜被戮伤身死,再发起来一事。"③两相对照,可见英商馆中文档案的文意更明白一些。又如《亚士但上广州将军禀》,《达衷集》中此件提到两广总督不肯接收其禀帖,有"是亦见无非不得办公道明白"之语,而英商馆中文档案此句则为"是易见非无不得办公道明白"④。两句都欠通,说明拟稿者汉语写作程度尚低,但两相对照,则是《达衷集》里句子意思明白一些。

(3)《达衷集》中文件也存在不少错、漏字句。如《剌佛上两广总

---

① 参见 F. O. 1048/10/20;许地山编:《达衷集》,第105、106页。
② 许地山编:《达衷集》,第102页。此句标点有误,应为"再发起来,而论民人黄亚胜……"
③ F. O. 1048/10/43。
④ 参见许地山编:《达衷集》,第107页;F. O. 1048/10/23。

督禀》,《达衷集》此件第 3 行谈到此案,说"据地保禀报,六年十二月十二日……"显然此时间不对①;看英商馆中文档案此件,发现"六年"如为"上年"之误②。又如《亚士但上广州将军禀》,《达衷集》开头一句"……亚士但禀请将军大人万福金安"③,而英商馆中文档案中禀底此句在"将军"之前有"镇粤"二字;英商馆中文档案此件在禀文之后尚有数行:"本月初十日之禀,督宪不接到同包并该禀,抄出红单系总督所传,然与人证所供不对。现敬奉大人照看。大人要视人证所供后抄,可奉也。谨此。"又署日期为:"嘉庆十五年正月初十一日、英吉利国一千八百一十年二月十四日由省城禀。"④这几行字和日期均为《达衷集》此件所无。又如《南海县下洋商谕》,《达衷集》中有"夷众来粤贸易,剌佛是其专营"之语,而英商馆中文档案中该句为"……剌佛是其专管",显然前者抄错了;《达衷集》该件又将乾隆四十九年来粤英船名"会廉船"误作"会兼船"、"情形"误作"情刑",等等。⑤

以上所述并非二者相异之处的全部情况。从这里的例子可以看出,已刊的《达衷集》既有其独特的、不可替代的研究价值,可以与英商馆中文档案相互参证、相互补充;同时,也应看到,在传抄过程中,《达衷集》文本有错漏现象,我们在使用这一史料时,应当注意这一点。这两种同一来源的史料,形成于近 200 年前的中国,因尚不清楚的缘故被分开。100 余年后《达衷集》由许地山先生抄录刊行;预期不久之后,分量更大的英商馆中文档案亦将正式出版,完璧可期。合而观之,可对鸦片战争前中西关系史形成更全面的认知。

---

① 许地山编:《达衷集》,第 98 页。
② F. O. 1048/10/31。
③ 许地山编:《达衷集》,第 107 页。
④ F. O. 1048/10/23。
⑤ 参见许地山编:《达衷集》,第 109 页第 8 行、第 110 页第 1 行、第 111 页第 4 行;F. O. 1048/10/90。按:"情形"误作"情刑",许地山先生整理《达衷集》时作了改正(见该书第 111 页),可见这些错误是牛津大学图书馆所藏该书原本中就有,并非许先生抄错。

二、与英文资料互证

英商馆中文档案是中英互动的原始记录。英商馆在长期活动中留下的更大量记录,是英商馆的英文档案。这些档案现在可以见到,但对国内学者而言,使用仍不方便。而马士的名著《东印度公司对华贸易编年史》(以下简称《编年史》),则是在仔细研究这些档案的基础上整理而成的资料性著作,问世后成为研究者不可缺少的参考书。将该书所载史料与英商馆中文档案对照使用,可以更完整地观察鸦片战争前中西关系演变的历史轨迹。

《编年史》写作上的一个重要特征是,在以贸易史为主要内容的同时,记述中英(西)关系或广州口岸的重要交涉事件,每年一章,每章即以该年份最重要事件为标题。对于每一个这样的事件,英商馆中文档案几乎都有相应的中文文件与《编年史》的记载相互印证、相互补充。例如,1809 年《编年史》的标题是"清剿海盗"(第 65 章),书中有数页篇幅记载广东当局借助英人、葡人力量打击海盗的过程,而英商馆中文档案中则有 10 余件文件与此相关①。又如,1817 年《编年史》的标题是"行用"(第 74 章),该章提供了 1807—1816 年 10 年间行用具体数字及其用途的资料,而英商馆中文档案则提供了更详细的数据,以及 1817 年各行商应摊及实摊行用中"贡价并册费银"之数字②。每个年份的情形,大都与此相同,在此不必一一叙述。以下通过几个具体事例,进一步说明这两种同语言的史料在互证史事方面的价值。

关于松筠与中英交往的史料

在英国东印度公司对华贸易 100 余年中,一个长期困扰英国商馆和广东当局的问题,就是双方在一系列问题上的龃龉和冲突。而两广

---

① F. O. 1048/9/4、5、8、9、10、11、12、13、22、23、24、26。
② F. O. 1048/17/21、65。

总督松筠在任期间与英人关系良好,互动顺畅。松筠曾经接待、护送过马戛尔尼(George Macartney)使团,与英人颇有渊源。他于嘉庆十六年(1811)正月至九月任两广总督,英人对其较为尊重,而松筠则待英人颇亲切。故《编年史》第67章以"与总督的愉快关系"为题,以数页叙述了这段关系①。英商馆中文档案则提供了双方交往的多份具体材料。这些文件显示,先由行商告知幼时随马戛尔尼使团进见乾隆皇帝的英商馆三班斯当东(George Thomas Staunton),说松筠忆起当年相处情形,建议具禀请安;英商馆即具禀祝贺松筠到任,并派斯当东前往总督衙门谒见,致送礼品;不久后松筠巡阅澳门,英商馆特选委员会主席益花臣(John F. Elphinstone)再次具禀请安,并致送礼品;松筠不久后回京转任吏部尚书,特选委员会又具禀致贺,并感谢关照。松筠亦谕复英人,嘉许诚悃,并回礼答谢②。双方如此善意互动的记录,在鸦片战争前中西交往中确属少见。

松筠与英人之间的联系并未因其回京而中断。1813年,广州林广通事馆帮办通事李耀(一般称其阿耀)进京捐职。阿耀平时与益花臣等关系密切,故益花臣委托他带信件、礼物给松筠。但当时嘉庆帝对大臣与外人交往很警惕,松筠因避免通外嫌疑拒绝受礼。通事阿耀在次年回广州后被捕,受到严厉审讯,英人认为此事与阿耀与英人关系密切、充当信使之事相关,故对阿耀的逮捕和监禁是对英国"国家名声"的侮辱。广东当局则加以否认,但在逮捕阿耀后又的确从其家中查抄松筠之子给阿耀的信件。双方就此展开长时间相持和争执,甚至出现走向对抗的趋势。《编年史》对此过程有所叙述和评论③。而英商馆中

---

① [美]马士:《东印度公司对华贸易编年史》第3卷,区宗华等译校,中山大学出版社,1991年,第164—168页。
② 以上内容见:F. O. 1048/11/18、19、21、23、24、37、45、59、60、82等件。
③ 见[美]马士:《东印度公司对华贸易编年史》第3卷,区宗华等译校,第210—211、216页。阿耀的被捕及流放,其背景和原因颇为复杂,笔者有专文论述,见吴义雄:《国际战争、商业秩序与通夷事件——通事阿耀案的透视》,《史学月刊》2018年第3期。

山海文明：跨学科的视角

文档案则提供了多份第一手文献，包括益花臣等上松筠的禀帖、礼单，松筠向嘉庆帝奏报此事之奏底抄件、阿耀关于拜会松筠的记述、次年被捕后在狱中被追问此事的记录、两广总督蒋攸铦等与英商馆特选委员会的往来谕、禀，等等文件，数量不少①。这些文件，不仅显示了中英交涉的一个侧面，而且提供了研究清廷对外态度和清廷政治生活的线索。

关于中英冲突的史料

上述事件只是嘉庆年间中英关系的一个片段。从1810年到1815年，因黄亚胜被刺案、行商的商欠问题、英商馆特选委员会前主席剌佛的回任问题、英国兵船"罢黸仁号"盘踞珠江口的问题、英人与中方文书往来之格式与规范问题、商馆使用华人仆役问题，等等，中英之间展开了长时间的较量，上文提到的阿耀案与这些事件交织在一起，使中英关系从冲突而至僵持，几乎走向决裂，最后双方通过谈判解决问题，达致暂时的妥协。对这个过程，《编年史》第3卷共有6章涉及②，记述了这几年中英冲突之基本史实。但这部著作毕竟以贸易史为主要叙述主题，在100余页的内容中，记载中英关系演变过程的只占一小部分。而这几年当中英商馆中文档案则提供了中英交涉的数百份文件，数量非常可观。这些文件不仅印证了《编年史》的叙述，证明其所载史料的可靠性，而且作为中英交涉的原始记录，展示了《编年史》所无法揭示的深层史实。具体而言，从1810年开始明显化的广州行商集体性经营危机，造成中英双方在广州口岸的权力格局中此消彼长的局面。英人为了自己的利益，利用在资金、经营等方面的优势，开始插手贸易事务的安排，具体做法是以在行商间重新分配进出口贸易份额，使那些疲乏行商不致破产，以维持对其有利的贸易格局。《编年史》固然记载特选委员会"拯救"疲乏相关史实，但英商馆中文史料却揭示了行商在经济上

---

① 英商馆中文档案中的有关文件见：F. O. 1048/12/57；F. O. 1048/13/3、20；F. O. 1048/14/58、74、75、79、89。

② ［美］马士：《东印度公司对华贸易编年史》第3卷，区宗华等译校，第126—238页。

依赖英人的程度①。英商馆前主席剌佛甚至直接安排本应破产的会隆行的经营事务,安排不具备行商资格的司事吴亚成经理行务,而让能力欠缺的行商郑崇谦靠边站。对这种标志着鸦片战争前广州口岸权力格局发生重要变化的事件,《编年史》略有记载,但英商馆中文档案则有多件反应英人的具体安排,将广东官方与英人之间围绕此事展开的各种交涉和较量展现出来②。

在随后几年围绕一系列问题展开的中英冲突过程中,形成的中文档案达数百件。这些详细的中文交涉史料,均可与《编年史》的记载相互印证和补充。为避繁琐起见,这里不一一说明③。但应该提到的是,这次冲突以两广总督蒋攸铦代表的广东官方罕见的让步而告结束,其标志是粤海关监督祥绍在嘉庆十九年十月廿一日(1814年12月2日),公布了一个经双方谈判、蒋攸铦批准的"贸易新章"。这份文件满足了英国人在文书往来、交往方式、贸易管理、生活条件、船只进出、内外交通等方面提出的要求,反映了嘉庆年间广州口岸中西关系在具体层面的真实状况,有些内容(如中英文往来的规定、双方交往的方式)与关于鸦片战争前中西关系状况的既有结论存在差距。英国人与广东当局进行博弈和谈判的能力,以及广东当局在强势的外表下格于形势不得不向英人妥协的真相,都很值得研究者注意④。《编年史》的作者看来没有注意到这份具有重要意义的文件,英商馆的英文档案中是否有该件译本,待查。但即使有译本,其价值也无法与中文档案中的这份

---

① 如1814年5月,七位小行商在致特选委员会的函件中说:"弟等各行,凡一切行务均蒙仁兄等留心代为打算,弟等无不感激。"见潘水官等七行商致英商馆特选委员会,嘉庆十九年四月初八日,F. O. 1048/14/15。

② 有关文件见:F. O. 1048/11/27、47、62、63;F. O. 1048/12/4、68;F. O. 1048/13/14、15、26、30、31、32、36、41等件。

③ 关于这些事件及相关交涉史料,可参见拙文《国际战争、商业秩序与通夷事件——通事阿耀案的透视》,《史学月刊》2018年第3期。

④ 见粤海关监督祥绍谕英国大班益花臣等,嘉庆十九年十月廿一日,F. O. 1048/14/101。

文件相提并论。

鸦片战争前中英之间发生激烈对抗的另一次事件,是1829—1830年的冲突。这次冲突对鸦片战争前夕的中西关系演变具有更直接的影响,需要专论。这两年英商馆中文档案保存下来的有100余件,共300余页,同样反映了中英冲突的具体过程。其与《编年史》所载史料的互证关系,与1810—1815年冲突时期的文献相似,为节约篇幅,这里亦不赘述。

关于广州体制变迁的史料

所谓"广州体制",是指18世纪后期至19世纪前期广州口岸的中外通商制度。这个制度论述者众,但不少论者以静态眼光看待这一制度,而比较忽略其动态演变之过程。《编年史》提供了不少这方面的信息,值得加以深入研究。但限于该书编年史体例,论者无法从中获得完整的原始文献。而英商馆中文档案所提供的多份史料,则呈现了的"广州体制"在鸦片战争前逐渐变迁的过程。上面提到的1814年"贸易新章"之订立,即为"广州体制"演变的典型例证,这份文件在认识"广州体制"方面具有重要意义,但迄今未获应有的注意。同样值得注意的还有围绕行外商人参与进出口贸易的文献。

所谓行外商人,是指十三行商馆区附近的店铺主,他们多从事与中外贸易相关的各种生意[①]。这些商人逐渐渗入本由行商垄断的贸易当中,与行商、外商以及官府之间形成复杂的利益关系。他们直接介入中西贸易,乃是对"广州体制"的一种蚕食。行商在很长的时间里,因为缺乏资本、贪图小利等各种原因,默许行外商人用他们的名义从事进出口贸易。但一旦认定这种渗透威胁到他们的根本利益,行商即不再容忍。据《编年史》记载,1828年,一个叫作"李九爷"的商人试图成立一

---

① 关于行外商人的将该少,见张晓辉:《近代粤商与社会经济》,广东人民出版社,2015年,第63—64页。

个新行,"以图独占对美国人的贸易",在受到行商阻止后,又打算作为"秘密经纪"来承揽行外商人的进出口贸易事务。感到利益受到侵犯的行商一面向英商馆特选委员会通报,"打算停止行外的店铺主经由他们行号进行的贸易";一面"向海关监督呈禀",请重申相关禁令,以"制止这种非法贸易"。特选委员会出于自身利益的考虑,对行商的决定表示支持。然而,美国商人、英国散商和印度商人则要求按照"旧例"与行外商人交易,而不认可停止行外商参与贸易的"新"做法,向行商施加压力,行商则因此准备妥协。这个结果引起英商馆特选委员会的"愤恨",他们致函两广总督李鸿宾和粤海关监督延隆,提请他们注意,如果"决定行外交易合法","则本口岸的商业性质会有重大改变",而维持行商独占贸易的制度,则将能平息纷争。美国商人和英商馆特选委员会为此产生争端,将争执诉诸广东官方。两广总督先是决定支持特选委员会,后又因行商与美国商人之间的妥协,而将对行外商人参与贸易的限制放宽①。这个复杂的过程表明,制度上规定的行商对进出口贸易的"垄断"早已被打破,行外商、行商、英国散商和印度商人、东印度公司广州商馆等各方在不同情势下的具体利益的博弈,导致了相互妥协的最终结果,而拥有裁决权的官方也没有坚持名义上的"体制",认可了这种利益平衡的结果。这样的制度变更和运作过程,与"行商垄断贸易"之类的表述相去甚远。

英商馆中文档案更清晰地体现了这种过程。早在1814年,行商们为杜绝行外商之"罔顾成规,肆行揽夺",就议定行外铺户交易的章程,交由海关监督公布施行,这份章程提供了允许行外商参与贸易的八种次要进出口商品的名称②。但行外商的交易并未因这种规定而绝迹,故官方不断谕示禁止,如1827年粤海关监督命通事陆鞀等不得为行外

---

① [美]马士:《东印度公司对华贸易编年史》第4、5卷,区宗华等译校,第179—183页。
② 行商共同议定行外铺户与外商买卖新章,嘉庆十九年十月十九日,F. O. 1048/14/100。

商的非法生意代报关税①。到行外商问题突出的1828年,英商馆中文档案中出现多份相关文件。其中,3月13日,行商致函与行外商交易的美国商人葛吾(Gordon)等,表示将不会为行外商代报入口收取饷银②。但十二天之后,行商就在这件事情上妥协,通知英商馆特选委员会,因美国人"到行吵闹",行外商又"多有抱怨",他们"受骂无穷",决定"随各夷商自便,照旧例办理"③。正是这封信引起英国大班部楼顿(W. Plowden)等的"愤恨",回函指责行商"软弱无定",违背双方"经严然立之议约",表示将惩罚背约的行商及通事④。同一天,部楼顿通知总商伍浩官,特选委员会取消原打算借给天宝行商经官梁承禧三万元供其缴纳税饷的承诺,因为经官背约,允许行外商以其名义交易⑤。部楼顿等闻知有人就此向"上宪"递禀"攻论本公司主事列位",又致函浩官等,要其向官方说明双方立约、行商背约的原委⑥。当李鸿宾和延隆公布了行外商参与贸易的规定后,部楼顿等写信给行商,警告其让行外商"代搭"货物贸易的风险,表示还将惩罚"犯约"的行商,即削去其与英公司贸易的份额⑦。这些文件,透露了诸多丰富的历史细节,将其与《编年史》所载史料相互参证,可以还原出19世纪前期贸易体制运作偏离名义制度,英人在贸易中的地位日渐加强,行商因经济困顿不得不仰英人鼻息之实态。这又与当时英人出于特定目的渲染其屈辱地位的大量文献,形成令人深思的对照。

---

① 粤海关监督文连谕通事陆鞈等,道光七年十月廿九日,F. O. 1048/27/20。
② 行商致葛吾等美国商人,道光八年二月十六日,F. O. 1048/28/8。
③ 行商致英商馆特选委员会,道光八年二月廿八日,F. O. 1048/28/9。
④ 部楼顿等致行商,道光八年三月初二日,F. O. 1048/28/10。
⑤ 部楼顿致伍浩官,道光八年三月初二日,F. O. 1048/28/11。后因行商恳请,特选委员会再允借经官三万,但说明如再有允许行外商"搭报"即以其名义贸易之事,则将"永不再借"(部楼顿致伍浩官,道光八年六月廿五日,F. O. 1048/28/33)。浩官等随后函告,经官已保证"断不做搭报之事"(伍秉鉴致部楼顿等,道光八年六月廿八日,F. O. 1048/28/37)。
⑥ 部楼顿等致伍浩官,道光八年三月初二日,F. O. 1048/28/13。
⑦ 部楼顿等致行商,道光八年六月十三日,F. O. 1048/28/28。

关于"广州体制"变化的史料,值得注意的还有关于废止连带责任制的文件。行商体制连带责任制,即行商相互连保以相互承担债务责任制,亦可视为"广州体制"的一个特征。由于这一制度令整个行商体制在不断出现行商破产案的情况下面临重大危机,广东当局与英商馆特选委员会在1829—1830年协商决定将其废止,即逐渐取消各行商摊还破产行商债务的责任①。《编年史》记录了此事经过,而英商馆中文档案中有文件表明,行商在3月18日正式通知英商馆特选委员会,两广总督李鸿宾作出了废除连带责任制的决定,说明以后外人借款给行商,该行商如破产,其他行商不会如前负摊还责任,故外人不可"滥信"借贷,此件为《编年史》所未提及②。虽然李鸿宾主导、英商馆特选委员会支持的这一"新政"最后没有真正落实,但这些资料仍然显示了"广州体制"变化之多重因素,有助于学者加深对于这段历史的理解。

英商馆中文档案中可与英文记载相互印证的历史文献还有很多。此外应指出,《编年史》引述的中文文件原件,大多可在英商馆中文档案中发现。故将这两种文献结合起来研究,可以在更深入的层面讨论鸦片战争前中西关系史的演变。

三、为中西关系史研究提供新的文献

以上所述英商馆中文档案与已知文献互证、互补,指的是其中的部分文献在认识鸦片战争前中西关系史问题上可以起到的作用,并不是说它们与已知文献的重复,或只是补充性的史料。作为第一手原始文献,这些史料在研究上具有不可替代的价值。英商馆中文档案中还有更多的新史料,可提供学界迄今所未了解的历史信息,研究者可据以更

---

① 参见拙著:《条约口岸体制的酝酿——19世纪30年代中英关系研究》,中华书局,2009年,第296—315页。
② 行商致英商馆特选委员会,道光十年二月二十四日,F. O. 1048/30/3。此后,广东还规定了清理以往行商债务的办法,见F. O. 1048/30/11、14。

全面、更透彻地认识 19 世纪前期中西关系史上的问题,特别是以往学界因未掌握史料而较少涉及或讨论不充分的问题。以下选择几个较为重要的问题,介绍相关重要史料。

关于早期澳门史的史料

1817 年英商馆中文档案中有一组名为"成案四件"的文件。与澳门早期历史相关的这 4 份文件,在档案中分别有编号。在此之前另有编号为 F. O. 1048/17/51 的文件,为该 4 份文献之目录,以英文说明这是"据说于澳门议事会刻石之四份文件",并注明各件的简要内容。4 份文件中,标题为"关于中国士兵衙役榨取钱财,1693"的文件内容为:康熙三十二年(1693)二月二十八日,香山县令奉广东按察使陈子威令,公布两广总督石琳批"远西艾学士家人王良"呈文及示"濠镜澳彝目理事官"谕。王良呈文内容是申诉澳门土棍"串通营弁兵丁或县佐典史差役",假借各宪明目,吓诈勒骗西洋人员钱财。石琳和陈子威令香山县严厉查禁此种积弊。王良呈文中还述说西洋教俗各种名号译法,陈子威亦谕"悉照翻译名色称呼,不得仍行混立名色"①。标题为"1698 年商品关税"的文件内容为:康熙三十七年(1698)十二月初二日,督理濠镜澳事务西洋理事官委黎多、澳商禄的理公沙路和澳商文兰斯理拉,呈"粤海关吴、存二位大老爷"禀帖。其中,"吴"应指粤海关监督吴礼善,"存"何所指,待查考。委黎多等诉陈"澳门船饷独重,年来遂有停帆绝食之苦",要求将粤海关税饷额减为 4 万两,将广州口岸的西洋船饷"比照东洋船旧例征收,永为定额。从此远商复苏,饷无旷缺"。呈文中还将"东洋旧制"各等船所纳饷银列出,要求吴礼善等"疏题奉旨"②。标题为"关于与交趾支那及他处之贸易,1718"的文件内容为:康熙五十七年(1718)四月初八日,两广总督杨琳发香山县转发澳

---

① 此件编号 F. O. 1048/17/52。
② 此件编号 F. O. 1048/17/53。

门张挂晓谕:已上奏请旨,准澳门西洋船往安南及吕宋、噶啰吧等处贸易,但重申不得夹带"中国之人,并内地商人偷往别国贸易",这表明了清政府在管控海外贸易的同时对澳门葡人格外宽容①。标题为"关于修船事务,1722"的文件内容为:康熙六十一年三月二十一日护理广东香山协镇副府钱×发布告示,称两广总督杨琳准澳门西洋理事官禀呈,"嗣后修理彝人洋船,听彝人自行雇匠,毋许狡棍混称头人名色,把持抑勒",同时规定修船所用钉油等项,须呈准采买,"不许夷人串通船匠私自夹带;止许修整旧船,不许打造新船"②。显然,这些文件都是关乎早期澳门史的重要文献,涉及清政府对澳政策的多方面问题,但注意显示"怀柔"的一面。这些史料对于早期澳门史的研究,当不无裨益。

关于阿美士德使团的史料

1816年英使阿美士德(William Pitt Amherst)访华,英方最初向中国官方通报并就相关问题展开交涉,是由广州英国商馆与广东官府联络进行的。英商馆中文档案中保存的这方面原始文献共27件,其中,英方通报及中方询问相关情况的11件,英方礼单5件,英使团名单4件,英国国书中英文各1件(共2件),英方关于觐见礼仪的文件2件,其他3件。这些文件可以从一个侧面反映阿美士德使团使华的情况。关于使团来华之事,英方直至嘉庆二十一年五月初三日(1816年5月29日),才由英商馆特选委员会主席斯当东通过行商向护理两广总督董教遵禀报。斯当东从澳门送给伍浩官等一封急件,告知"英吉利国王遇太平幸时,遣一位侯爵大使臣,随带礼物、恭贺文书,进京朝谒大皇帝",须立即奏报皇上。他在给董教遵的禀帖中说得更为具体,告知"世系侯爵罗尔阿美士德一位大使臣过来中华国,进都献礼朝谒,恭贺万安",已于"嘉庆二十年十一月内驾船即离本国起程,望由直隶天津

---

① 此件编号 F. O. 1048/17/54。
② 此件编号 F. O. 1048/17/55。

进京,故计本月间可到也",要董急速奏报,以免船到天津,皇上还未得知消息①。英方这种突然袭击式的通知,是为了避免中方要求其从广东出发、按照贡使程式接待使团进京的安排。对此毫无准备的董教遵等,多次下谕询问有关情况,以便奏报皇帝。在1814—1815年的中英冲突和交涉中,斯当东扮演了广东当局强硬对手的角色,嘉庆帝也在谕旨中要两广总督蒋攸铦调查斯当东②。此次斯当东充当使团副使,自引起广东当局的关注。潘启官专程拜访英商馆中文译员马礼逊,后者将潘启官转达的官方意思写成数页的英文备忘录,也保存在这批文献中③。这也是英商馆中文档案中少数几件英文文件之一。这批材料中值得注意的还有一份阿美士德的所谓"奏折"底稿,阿美士德在其中说道:"我国主令臣在大皇帝面前时,即行我王差于乾隆五十八年在纯皇帝面前所行之礼,即是跪一膝、俯首,且再、三行此礼,依最恭之数也。我英国各王差除中华国大皇帝外,实不行是大礼与何国主矣!"④这份底稿的落款日期是嘉庆二十一年闰六月二十七日(1816年8月20日),即使团抵达通州之日起草的,当为后来使团经广州回国时,将其留在广州商馆,进入商馆档案之中的。此外,还有1816年8月26日译文英文、由礼部官员拟定的觐见皇帝典礼仪节一份,较详细地说明了礼仪细节,其中多次提到"跪拜""叩头",涉及英人最为重视的礼仪细节⑤。这两份文献可看作双方"礼仪之争"过程之原始记录。此外,这

---

① 斯当东、吉顿致伍浩官等行商,嘉庆二十一年五月初三日,及所附斯当东呈广东巡抚兼署两广总督董教遵禀帖,嘉庆二十一年五月,F. O. 1048/16/20。

② 见《军机处寄两广总督蒋攸铦:将前者英船进口原委,及英夷斯当东有无劣迹,并洋商积欠该夷人等货价各事宜妥议具奏上谕》,嘉庆十九年十一月二十八日;《军机处寄两广总督蒋攸铦等:所奏夷商贸易及洋行各事宜,照所议行并妥为处置英人斯当东上谕》,嘉庆十九年十二月初二日,载故宫博物院编:《清代外交史料》嘉庆朝四,故宫博物院印行,1932年,第24—25页。

③ "Memo from Puankequa, June 18, 1816", F. O. 1048/16/28。

④ 阿美士德上嘉庆皇帝折,嘉庆二十一年闰六月二十七日,F. O. 1048/16/45。

⑤ 礼部官员所拟阿美士德觐见嘉庆皇帝典礼仪节英文译稿,1816年8月26日,F. O. 1048/16/46。

批材料中的英国摄政王致嘉庆帝国书,是一份中文清抄件,当然也很值得研究者注意①。无疑,这 27 份中文文件,对了解阿美士德使团的情况,具有重要的史料价值。

关于 1833 年淇澳岛中英冲突的史料

1833 年,发生在金星门附近淇澳岛的中英冲突事件,一度引起研究者的关注②。但关于这一事件的史料不多。刘存宽先生曾翻译过英文《中国丛报》刊载的有关中英交涉文书 5 件③,在一定程度上弥补了这一缺憾,但其中的中英交涉文书并非中文原件,且数量仅有 5 件。英商馆中文档案中保存了关于这一事件的中文交涉文书 21 件,其中 1833 年 19 件,1834 年 2 件。这些文件呈现了 1833 年 9 月金星门英国鸦片船水手与淇澳居民之间冲突的过程,以及事后英国商馆特选委员会与广东当局之间交涉的经过。关于这一事件,时间上最早的中文文件是香山县令给英国大班的谕帖,告知有淇澳村更保钟际云,禀报八月初一日(9 月 14 日)"有夷人入村,争买什物,恃蛮捉去郭名秋,放枪致伤黄亚仰,抢去黄牛四只等情",要其释放郭名秋,并交出凶手④。5 天后,香山县令又谕英国大班,说有"左埗头村民孙振棉禀称:伊与弟孙亚福驾艇在淇澳村前海面捕鱼,于九月初三日巳牌时候,突有夷船三板十余只驶入村前,施放枪炮,奔避不及,被夷人用鸟枪致伤孙亚福,禀乞验究等情"⑤。这两份材料,提供了事件开头的细节,以及具体的人名地名。其后,广东各级官府与英商馆特选委员会之间展开数月交涉,留

---

① 英国摄政王乔治四世致大清国大皇帝国书(1816 年 1 月 19 日)译文,F. O. 1048/16/42。
② 研究成果较为集中的论著见杨水生、刘蜀永主编:《揭开淇澳历史之谜:1833 年淇澳居民反侵略斗争研究文集》,中央文献出版社,2002 年。
③ 刘存宽译:《东印度公司商馆委员会与两广总督往来文书》,载《揭开淇澳历史之谜:1833 年淇澳居民反侵略斗争研究文集》,第 146—149 页。
④ 香山县令田谕英国大班,道光十三年九月初四日,F. O. 1048/33/53。
⑤ 香山县令田谕英国大班,道光十三年九月初九日,F. O. 1048/33/54。

下多份往来文书,提供了事件发展及双方交涉的更多细节,也留下更多卷入其事的村民及相关人士姓名,这都是以往研究者难以了解到的。需要说明的是,关于这一事件,《编年史》亦有记载①,故在文献价值方面本可将这批材料归入上节"与英文资料互证"的范围。不过,这个事件在鸦片战争前中西关系史上有特别的意义,而国内研究者似少有提及,故在此处介绍,以期引起有兴趣者的关注。

关于买办问题的史料

买办和买办制度是中国近代史上的特殊现象。买办这一群体起源于鸦片战争之前,长期为研究者所重视,但直接史料却不多见。英商馆中文档案中保存了多件与买办相关的史料,可在相当大的程度上弥补以往的缺憾。在鸦片战争前的广州口岸,买办对于中外贸易,特别是对外国来华商人,具有相当的重要性,但其地位不高,常受官员、差役人等的压抑勒索。1821年12月初,英商馆特选委员会主席咸臣(James B. Urmston)致函伍浩官等,告知其船用买办申诉遭到濠墩巡船、关口人员的勒索,要求行商帮助解决问题②。咸臣在次年八月又致函伍浩官反映,英公司船只已到,却无买办前来服务,原因在于"关口勒索规银太多,其充买办各人不情愿做,因怕折本故也",要求伍浩官等"代出力调妥此事"③。多份文件反映,买办处境艰难,并非仅因官役勒索,亦因受外人苛待。1831年,有蔡懋等4位通事联名致函英国散商查顿(William Jardine),说买办为港脚船服务,因所得不多,且需缴纳规礼银等费用,长期入不敷出,需外国船主和通事们帮衬;1830年蒙总督将黄埔关口减规礼银250元,未料港脚船主亦相应将其原本所帮300元减

---

① 见[美]马士:《东印度公司对华贸易编年史》中译本第4、5卷,区宗华等译校,第375—379页。
② 咸臣致伍浩官等,道光元年十一月初十日,F. O. 1048/21/17。
③ 咸臣致伍浩官,道光二年六月二十二日,F. O. 1048/22/44。几天后,伍浩官就此进行了回复,咸臣又致函感谢,见咸臣致伍浩官,道光二年六月二十九日,F. O. 1048/22/50。

为50元,等于船主受惠而买办、通事等未获寸利。故蔡懋等表示不再代英港脚船雇佣买办,令其自雇。函末还详细开列了各港脚船在1830年原本补贴黄埔买办的具体数字①。

买办是处于中国官府和西方商人联合压制之下的小人物。为了加以控制利用,各方为其制订了相应的规章。这方面的史料有助于我们对鸦片战争前买办制度进行深入的了解。1831年初,两广总督李鸿宾谕澳门同知,申斥其对召充买办之事"因循玩忽",其中透露了历年实行买办规章的情况。嘉庆十四年(1809)六月,两广总督百龄奏《华夷贸易章程》,谓买办原由"澳门同知给发印照,近年改由粤海关监督给照",但粤海关监督因在省城,"耳目难周",致滋弊端,规定"嗣后夷商买办应令澳门同知就近选择土著殷实之人,取具族长保邻切结,始准承充,给与腰牌印照";澳门同知负责稽查在澳门服务的买办,番禺知县负责稽查黄埔买办②。李鸿宾在谕帖中说,该章程施行后,由澳门同知召充之买办不服番禺知县稽查,番禺县禀请由该县选充,但未获准;澳门同知请令通事选充,"而通事不肯妄保";故嘉庆十七年(1812)广东官府又重申澳门同知召充买办之责。但澳门同知在这方面显然措置不力,以致李鸿宾下谕申斥,并命"亟应示召选充,以专责成"③。这则史料显示,广东官府对买办的管理制度也处于不断变化当中。买办面对的另一方是外国来华商人,后者对其亦有相应的规定。1828年2月,英国商馆特选委员会公布了一份《英国公班衙主事等指示买办各条例》,规定买办在业务上应遵循的5条规定。另外,又公布《英国公司买办代出银两数分开纲领三件》,列出买办负责的英公司各项开支的

---

① 蔡懋、黄源、鲍良、何煇致查顿,道光十年十二月十一日,F. O. 1048/31/14。从该件可知,当时在黄埔等地开始的买办馆有和合、同昌、茂昌、安利等号。

② 《两广总督百龄等奏酌筹华夷贸易章程折》,嘉庆十四年四月二十日,载《清代外交史料》嘉庆朝三,第10页。

③ 两广总督李鸿宾谕澳门同知,道光十年十一月十八日,F. O. 1048/31/1。

细目50余项,分为"贸易事务使费""无常使费"和"省城行内开支"三大"纲领"①。细读这些材料,不仅可了解买办制度的运作状况,还可以据以研究中外贸易其他方面情形。

关于通事问题的史料

在鸦片战争前,通事在层级上高于买办,故有稽查或管理买办之权责。通事在此时期亦为中外贸易体系中具有较重要地位之角色,同样存在各种问题。如咸臣在1822年9月12日致函伍浩官等行商,指当时通事办事不善,"屡致误事",且数量不到四五人,而公司事务又不可专委陆辀、蔡江等少数人办理,要求"众位商量妥议,善处此事"②。次日,卢棣荣等3位行商致函咸臣,指通事张允森办事错谬,不敢令其办事③。14日,伍浩官等10位行商集体复函咸臣,详述无法允许通事张允森办事之缘由④。前述通事需为买办代填补亏空,说明其职业有一定的经济风险。英商馆中文档案中有一件史料显示,这种风险也来自外国商人。1833年初,通事蔡宪向英商查顿投诉,1829年印度商人白沙厘以欺骗手段逃税,蔡宪在不知情的情况下为其代交225元饷银,但白氏拖延不还,致其面临损失⑤。这些史料比较零碎,但也可以从一个侧面反映鸦片战争前通事作为一个特定群体之状况⑥。

关于保商问题的史料

鸦片战争前,广东当局令各行商分别充当外国商船之保商,为其缴纳税饷及其他方面的行为作保。作为保商的行商承担为外商负责的义

---

① 英商馆关于买办事务的规定2件,F. O. 1048/28/3。
② 咸臣致伍浩官等,道光八年七月二十七日,F. O. 1048/22/72。
③ 卢棣荣等致咸臣,道光八年七月二十八日,F. O. 1048/22/73。同日,通事陆辀通知英公司,同孚行召其负责英公司第4船事务,他征得伍浩官等同意,已接手操办。见通事陆辀致咸臣,道光八年七月二十八日,F. O. 1048/22/74。
④ 伍浩官等致咸臣,道光八年七月二十九日,F. O. 1048/22/76。
⑤ 通事蔡宪致查顿,道光十二年十一月十五日,F. O. 1048/33/1。
⑥ 1832年的档案中有数件涉及通事黄源退役,见F. O. 1048/32/16、17、18。在19世纪20—30年代档案中先后出现的通事馆名称,分别有长茂、永和、宽和、长盛、和生、悦来等。

务,经常招致官员的责罚乃至惩处,故常心怀怨怼。1817 年夏,广州行商集体作出一项决定,要外商将来来粤贸易,须出具不运鸦片的甘结。尚未得到回音时,他们又决定停保港脚船。此举引起英商馆特选委员会主席觅加府(John Metcalfe)的强烈不满,他于 7 月 26 日致函伍浩官等,提出强烈抗议,强硬地表示,如果行商不为港脚船承保,则公司亦将停止与中国的贸易①。此事后以行商的妥协告终。1828 年,英商馆特选委员会又与行商讨论保商问题,多份文件显示,二者之间商定了英公司船由各家行商轮流承保的具体办法②。

关于洋米进口问题的史料

广东之进口洋米,为长期之现象。英商馆中文档案中亦保存了这方面的史料。1824 年,两广总督阮元奏准,变通旧例,许各国夷船运米来粤后,装载货物出口,以示怀柔;粤海关监督达三谕行商将此传谕各国夷船。这显然是鼓励外商运米来粤的措施③。后广东当局就外商运米进口、运货出口的相关问题做了进一步细致的规定,在 6 月 5 日公布施行④。1831 年 4 月,广东巡抚朱桂桢、粤海关监督中祥等发布告示,严禁关口员弁书役需索规费,致碍粮船进口,责令严查此类现象⑤。但谕令虽下,勒索粮船之事仍有发生。1833 年 5 月 22 日,两广总督卢坤、广东巡抚朱桂桢、粤海关监督中祥联名谕示行商,以近年外洋米船来粤不多,归因于关口勒索,再申严禁,于米船进口之时,关吏人等"不得需索分毫";于米船载货出关之时,除应纳税银之外,丁役买办人等"不得另设名目格外需索";并谕洋商、铺户等于受粮、交价等环节,多

---

① 觅加府致伍浩官等,嘉庆二十二年七月十三日,F. O. 1048/17/68。
② 见 F. O. 1048/28/33、37、40、46;F. O. 1048/30/29 等件。1828 年 8 月 31 日,英商馆特选委员会主席部楼顿通知伍浩官,英公司免除其承充保商之义务。见 F. O. 1048/28/48。
③ 粤海关监督达三谕众行商,道光四年二月初一日,F. O. 1048/24/9。
④ 粤海关监督七十四谕众行商,道光四年五月初九日,F. O. 1048/24/14。
⑤ 南海县令潘公布广东巡抚朱桂桢、粤海关监督中祥告示,F. O. 1048/31/36。

予米船方便,"俾夷船及早置货,转运往还,络绎相继"①。5 天之后,这三位官员再次发布告示,重申"夷船放关,不准留难停搁,禁除陋规,以安夷商而便民食",表明了官方在进口米船问题上严厉态度②。1833 年 7、8 月间,广东当局还发出此类谕示多次③,显示当局对保障外来米船贸易的措施是非常认真而急切的。这些文件从一个侧面,反映了当时广东粮食供应状况,是很有意义的社会经济史料。

在英商馆中文档案 1 000 多份文件中,还有不少有价值的史料。例如,这些文件提供了很多行商、买办、通事的人名、行号,以及引水、地保等人物的姓名。这些底层人物是参与中西贸易、在中西关系史上曾经扮演不可或缺的重要角色,但其姓名历来难以查考。现在通过这些资料,可以顺利地解决不少以往令人犯难的问题。又如,茶叶为广州口岸贸易之大宗,但历来茶商之资料较为缺乏。英商馆中文档案中有几件茶叶商人的文件,可谓弥足珍贵。1819 年,安徽绿茶商人议定交易章程数条,即收在档案之中④。1820 年,靝馨行茶商致函英商馆特选委员会主席咸臣等,述说困境,要求英公司予以关照。他还开列了历年经营茶叶贸易的数字和亏蚀的数额⑤。此件显示出茶商与行商同样面临经营困难,且同样须求助于英人。至于和行商相关的文件,则为数更多。其他有价值之史料,均难以一一述及。笔者整理这批史料,自感获益匪浅。当继续努力,争取使其早日刊行面世,供有兴趣的学者共同研究,以推动清中叶中西关系史的研究。

---

① 两广总督卢坤等谕行商,道光十三年四月初四日,F. O. 1048/33/15。
② 两广总督卢坤、广东巡抚朱桂桢、粤海关监督中祥示,道光十三年四月初九日,F. O. 1048/33/16。
③ 1832、1833 年两广总督卢坤、广东巡抚朱桂桢、粤海关监督中祥等谕示多道,见 F. O. 1048/32/1,F. O. 1048/33/14、15、16、22、28、29、30、31。
④ 安徽茶商议定章程,无日期,F. O. 1048/19/3。
⑤ 茶商靝馨致咸臣等,无日期,F. O. 1048/20/5。

流动的神明：南海渔民的海神兄弟公信仰

王利兵

摘 要：海神兄弟公是一种与海南东部沿海渔民远海作业的生计方式以及跨海流动的历史传统密切相关，并且广泛分布于海南东部沿海、南海诸岛以及东南亚琼籍华人社区的独特海神信仰类型。在海南渔民的文化实践中，作为守护神的海神兄弟公具有超越妈祖的地位和影响力，是渔民团结与勇敢的精神象征。在海南人向外发展的历史过程中，海神兄弟公又进一步演变成海外琼籍华人的重要"祖神"，成为维系东南亚琼籍华侨与祖籍地关系的象征符号以及琼籍华侨认同的重要标识。
关键词：南海渔民；海神兄弟公；生计方式；精神象征；身份认同

一、前言

海神信仰是中国沿海社会中的一种主要宗教信仰类型。在海岸线漫长的中国沿海社会，既有全国性的航海保护神，如妈祖、观音、水仙尊王等[1]；同时也有区域性的保护神，如山东沿海地区的龙王信仰[2]、闽台

---

① 参见王荣国：《海洋神灵：中国海神信仰与社会经济》，江西高校出版社，2003年，第42页。
② 叶涛：《海神、海神信仰与祭祀仪式——山东沿海渔民的海神信仰与祭祀仪式调查》，《民俗研究》2002年第3期。

沿海民众的临水夫人信仰①、海南沿海地区的南天水尾圣娘信仰等②。在全国性的海神中,以妈祖最为典型。海神妈祖的传说最早见之于北宋徐兢《宣和奉使高丽图经》,其中记载了一个中国和平外交使团在出访归航时遭遇险情,终被妈祖搭救。此后,宋代的远洋贸易、元代的漕粮海运,皆可见妈祖护航的传说③。明清时期,随着郑和下西洋以及闽粤民众大批移居海外,妈祖信仰日渐兴盛,从诞生初期的一个"乡土之神"演变为后来的"全国海商之神"④,并成为凝聚海外华人和维系华人与祖籍地关系的象征符号⑤。与大神妈祖信仰的广泛传播不同,区域性海神通常只局限于一定地域范围,其形成很大程度上也是与该地域民众的海洋生计方式和文化实践密切相关。王荣国通过对明清时期中国沿海渔民的种种海神祭祀活动的研究,揭示了海神信仰与海洋渔业生产之间的密切关系。他认为,沿海渔民的海神信仰具有强烈的功利性,其目的归结到一点,即平安捕鱼、多捕鱼、捕好鱼,这是渔民海神信仰活动的出发点与归宿点⑥。众所周知,渔业生产不同于农业生产,大海的自然环境决定了渔业生产具有高度的危险性。在传统的渔业社会,渔民应对海洋风险的方法极为有限,很多时候渔民只能依靠自己有限的经验和技术,除此之外就只能祈求神明的护佑⑦。也

---

① 连镇标:《多元复合的宗教文化意象——临水夫人形象探考》,《世界宗教研究》2005年第1期。
② 焦勇勤、孙海兰主编:《海南民俗概说》,海南出版社、南方出版社,2008年,第143页。
③ 参见罗春荣:《妈祖传说研究:一个海洋大国的神话》,天津古籍出版社,2009年。
④ 李伯重:《"乡土之神""公务之神"与"海商之神"——简论妈祖形象的演变》,《中国社会经济史研究》1997年第2期。
⑤ 参见曾玲:《社群整合的历史记忆与"祖籍认同"象征:新加坡华人的祖神崇拜》,《文史哲》2006年第1期;曾玲:《社群边界内的"神明":移民时代的新加坡妈祖信仰研究》,《河南师范大学学报(哲学社会科学版)》2007年第2期。
⑥ 王荣国:《明清时期海神信仰与海洋渔业的关系》,《厦门大学学报(哲学社会科学学报)》2000年第2期。
⑦ 参见王利兵:《海洋人类学的文化生态视角》,《中国海洋大学学报(社会科学版)》2014年第3期。

因此，在部分沿海地区，地方性海神的地位甚至远超大神妈祖，成为渔民奉祀的主要对象，本文中所要研究的海神兄弟公就是这样一个典型案例。

兄弟公是一种广泛分布于海南东部沿海、南海诸岛以及东南亚琼籍华人社区，与渔民生产生活以及航海等密切相关，并且具有鲜活海洋性、文化性和地方性特征的海神信仰类型。当前，关于海神兄弟公的记录主要散见于南海诸岛及南海交通史的研究著作中，比如韩振华在关于南海诸岛的史料研究中提到，过去海南渔民在西南沙群岛建有兄弟庙、孤魂庙、娘娘庙、土地庙等众多小庙，渔民会根据盖庙和祭拜的先后来分配捕捉海龟和捡拾贝壳的优先权[1]；又比如，吴凤斌关于《更路簿》的研究中间也曾提及兄弟公传说以及海南渔民在西南沙群岛立庙祭祀的传统[2]。除此之外，陈进国通过调查和文献梳理详细考察了南海诸岛礁上的庙宇史迹及变迁，其中在东沙岛、南沙奈罗岛、西沙永兴岛等岛礁上皆有渔民建造和奉祀之兄弟庙、孤魂庙等庙宇[3]。上述历史调查与研究不仅说明了海神兄弟公是南海渔民的特有信仰，同时也是对中国渔民开发和经营南海诸岛及其附近海域的有力证明。有鉴于此，本文拟从田野调查与文献搜集两个方面对南海渔民的海神兄弟公信仰展开一次较为细致的考察和分析。本文的分析将主要以海南潭门渔民为例，其中的材料主要来自2013—2015年间笔者在海南潭门进行的田野调查。

潭门位于海南省东部沿海的琼海市，其境内潭门港是中国陆地距离南海诸岛距离最近的港口之一。帆船时代，潭门渔民从潭门港出发，

---

[1] 韩振华主编：《我国南海诸岛史料汇编》，东方出版社，1988年，第114页。
[2] 吴凤斌：《宋元以来我国渔民对南沙群岛的开发和经营》，《中国社会经济史研究》1985年第1期。
[3] 陈进国：《南海诸岛庙宇史迹及其变迁辨析》，《世界宗教文化》2015年第5期。

随身携带一本航海指南书《更路簿》①以及若干个木制罗盘,驾驶着双桅或三桅的自制木帆船往来于潭门与西南沙群岛以及西南沙群岛与东南亚之间。每年农历十一月左右,潭门渔民组成联帮船队乘着东北季风前往西沙群岛,然后途经中沙群岛前往南沙群岛。在南沙群岛开展一段时间的生产之后,负责管理船队的"头家"会指派两三艘渔船满载海产品前往新加坡等东南亚国家出售,与此同时,他们也会在南洋市场上购置一些家乡生产生活所需物品,比如水油(煤油)、布匹等,而后在农历五六月间乘着西南季风返航回潭门。时至今日,海南潭门渔民依然维持着在西南沙群岛开展潜水捕捞作业的传统,潭门渔民也因之将西南沙群岛亲切地称之为"祖宗海"②。远海航行作业风险巨大,对于潭门渔民而言,每一次出海航行都是一次生命的冒险,正所谓"自古行船半条命"。传统时代的潭门渔民除了依靠罗盘、海图和自身经验之外,唯一可以希冀的就只有海神兄弟公。借助自身的流动和迁徙,以潭门渔民为代表的海南渔民将海神兄弟公信仰广泛传播至南海诸岛和东南亚,由此海神兄弟公不仅成为海南渔民生产生活的守护神,而且成为海外海南人的身份象征和族群认同的标识。

二、海神兄弟公的传说与信仰

兄弟公,全称一百零八兄弟公,是文昌、琼海、万宁、海口、陵水等海南东部沿海地区的一种独特海洋神灵信仰,也是潭门社会中唯一一种海神信仰。有关一百零八兄弟公信仰的来源,笔者在田野调查中曾听

---

① 《更路簿》又被称作南海航道更路经、更路传、水路簿、驶船更路簿、南海更路簿等,它是帆船时代潭门渔民在长期航行南海的过程中编写出的一种航海指南书,是潭门渔民航行南海的"秘本",其中记录了潭门渔民从潭门港出发到西南沙群岛以及东南亚各国的航海针位和更数(即航向和航程)。参见王利兵:《南海航道更路经研究——以苏德柳抄本〈更路簿〉为例》,《中国边疆史地研究》2016 年第 2 期。

② 参见王利兵:《文化生态学视野下的海洋生计与文化适应——以海南潭门渔民为例》,《南海学刊》2016 年第 1 期。

到两种说法。第一种：在历史上,一次潭门渔民共计 108 人结帮前往西南沙进行作业生产,途中遭遇大风浪覆舟,所有人都不幸遇难。后来,遇难的 108 位渔民变身为海神多次显灵于海上救护遇险渔民,于是渔民在平安归来后就自发建庙祭祀这些在海上遇难的 108 位渔民。这种说法在潭门一带较为流行。《琼海县文物志》记载的一则关于兄弟公信仰来源的故事,就与此有关:

> 传说在很久以前,有一只渔船载一百零九位渔民兄弟,在海上被强台风袭击,渔船将沉,倏地来了鲨鱼一群,顶住渔船,渔船摇晃不止。有一渔民跳下大海,舍身让鱼吞吃。鲨鱼感之,不吃,遂驮回岸。而一百零八位兄弟终遭其难,葬身海底。于是,我县沿海地区及西沙群岛渔民便修庙以祀之。①

除此之外,在 20 世纪七八十年代,以韩振华教授为代表的一批南海交通史专家在走访海南渔民时也曾经记录过此类传说,但其中关于海神兄弟公诞生时间的说法却众说纷纭。比如,在韩振华教授的调查中,海神兄弟公诞生的时间是明朝,"远在明朝的时候,海南岛有一百零八位渔民兄弟在西沙群岛捕鱼生产,遇到海上的贼船,被杀害了……渔民就在永兴岛立庙祭祀"②。又比如,在吴凤斌教授的研究中,海神兄弟公出现的时间在宋元时期,"在宋元时,海南岛有 108 个渔民兄弟到西、南沙群岛进行渔业生产,36 个渔民兄弟遭风暴遇难,72 个渔民兄弟在下海作业中死亡,以后渔民就在西、南沙各岛上立庙祭祀"③。

第二种：历史上一次潭门渔民在南海作业完成之后,满载渔获准

---

① 何君安主编:《琼海县文物志》,中山大学出版社,1988 年,第 16 页。
② 韩振华主编:《我国南海诸岛史料汇编》,东方出版社,1988 年,第 117 页。
③ 吴凤斌:《宋元以来我国渔民对南沙群岛的开发和经营》,《中国社会经济史研究》1985 年第 1 期。

备到南洋销售,途经越南中部某岛屿时遭遇越南士兵,并被误认为是海盗而遭杀害,共计108人。后人为纪念这些不幸遇难的108位渔民,遂建庙祭祀。这一说法在潭门一带并不盛行,笔者在田野调查期间也只是从几位地方文化精英中听说过,而当地渔民对这一传说却不甚了解。不过,《民国文昌县志》对这一传说确有记载:

> 咸丰元年夏,清澜商船由安南顺化返琼,商民买桸附之。六月十日,泊广义孟早港,次晨解缆,值越巡舰员弁觊载丰厚,猝将一百零八人先行割耳,后捆沉渊以邀功利,焚舟献馘,越王将议奖,心忽荡,是夜王梦见华服多人喊冤稽首,始悉员弁渔获诬良。适有人持赃入告,乃严鞫得情,敕奸贪官弁诛陵示众。从兹英灵烈气往来巨涛骇浪之中,或飓风黑夜扶桅操舵,或汹涌沧波,引绳觉路。舟人有求必应,履险如夷,时人比之灵胥,非溢谀也。①

以上两种传说对于渔民遇难原因及时间的记录各不相同,尤其是关于兄弟公信仰诞生时间的分歧最大。笔者以为,海神兄弟公信仰诞生的时间应不早于清朝,究其原因有两个:一是与《更路簿》诞生的时间有关。《更路簿》是记录海南渔民航行南海的秘本,其成书时间大约在康熙末年(即18世纪初)②。二是海南人大规模移居东南亚的时间是在19时期中后期③,也正是在此之后东南亚琼籍华人社会才开始出现海神兄弟公信仰。另外,关于遇难渔民的来源,史料文献多记载这些渔民当初是从文昌境内的铺前港或清澜港出发,而笔者的调查对象多

---

① 林带英等纂修:《民国文昌县志》(上册),海南出版社,2004年,第129页。
② 李国强:《南中国海研究:历史与现状》,黑龙江教育出版社,2003年,第119页。
③ 参见 Claudine Salmon, Les Hainanais en Asie du Sud-Est: De la navigation a l'implantation, edite par herausgegeben von Claudine Salmon/Roderich ptak, HAINAN: De la Chine a l'Asie du Sud-Est Von China nach Sudostasien, Wiesbaden: Harrassowitz Verlag, 2001, pp.197—253.

说是从潭门港出发。其实,不管兄弟公信仰的来源如何,它已然成为以潭门渔民为代表海南渔民信奉的主要海神之一,并且在历史发展过程中进一步扩散传播至东南亚等海外琼籍华人居住的地方。

从潭门渔民的传统来看,其对海神兄弟公的祭拜多集中于以下几个时间和场合:一是传统节日里,如春节、元宵节、清明节、七月半等;二是出海前和出海归来后;三是出海作业过程中在船上和岛礁上对兄弟公的祭拜。与中国民间社会中女性负责日常神明祭祀的传统不同,在潭门社会传统节日里对海神兄弟公的祭拜中,经常可以看见男性的身影。潭门渔民认为,兄弟公是专门护佑他们出海安全的海神,过年过节必须亲自前往祭拜,才能显示诚意,感动海神。至于传统节日里潭门渔民祭拜兄弟公的具体内容,与下述出海前祭拜大致相同。除此之外,过去潭门渔民在春节期间还有闹鲤鱼灯的习俗,时间一般在正月初三至正月十五,鲤鱼灯队伍每到一个村庄,首先要去的地方就是兄弟庙和村公庙,只有在兄弟庙和村公庙前闹完之后才能去各家各户闹。由此可见,海神兄弟公在潭门渔民心目中的地位和重要性。

出海是彰显潭门渔民对于海神兄弟公信仰之虔诚的最佳时机。在潭门,渔妇通常会在家人出海前一天的上午拎着一篮子香烛纸鞭前往兄弟庙祭拜,告知兄弟公家人即将出海,祈求兄弟公保佑家人平安归来。在祭拜完毕之后,渔民一家人会在当天中午一起吃一顿团圆饭,团圆饭中一定要有祭祀所用之鸡鸭猪肉。待渔民出海归来后,渔妇们又会再次来到兄弟庙,告知兄弟公家人已经平安归来,并感谢兄弟公的护佑。如果渔民在出海作业中遭遇大风浪后还能平安归来,抑或是渔民在某一个航次中收获的渔获特别多,那么渔妇们去兄弟庙祭拜时就会增加供品和香纸鞭炮,以示特别酬谢。

根据传统,潭门渔民在出海前一天需召集联帮船队的所有成员到"兄弟厅"聚议,议论的事情包括出发的时间,粮食、淡水和其他生活物品的准备情况,以及每艘船的人员安排和航行路线等。聚议结束之后,所有成员在"头家"(即联帮帮主)的带领下,一起到兄弟庙焚香叩拜,祈求兄弟公保佑他们航程顺利安全。因此,每次出海前,位于海边的兄弟庙必定是全村最热闹的一个地方,庙前人群熙熙攘攘,庙内香火缭绕、鞭炮齐鸣,好一番喧哗吵闹的景象,此种景象在潭门八十岁以上老人的记忆中依然清晰。除此之外,渔民在出海当天还需在船头行祭拜兄弟公和祖先的仪式。这种仪式在潭门地区叫"做福",寓意大家在出海的时候平安、团结和勇敢。这种出海仪式皆是由船长一人负责,主要目的是为祈求海神兄弟公和祖先保佑此次出海航行顺利,渔获丰收。仪式开始前,船长先在船头摆上供品,包括一只鸡、一盘猪肉、一盘茄子、五碗米饭、五双筷子、五杯茶等,这些供品在祭拜仪式结束之后会作为中午的饭菜供大家食用,然后点香叩拜,叩拜完毕之后船长要将燃着的香支分三股分别插在船头、船中和船尾,最后船长于船头燃放鞭炮,祭拜仪式结束。

图 1 "做福"仪式

在海上行祭拜仪式多数是因为船只遭遇不好的天气,船员有性命之忧。此种情况下通常的做法是:渔民站在船头朝海里不断投掷大米,以此来驱赶制造大风大浪的妖魔鬼怪,如果风浪巨大,渔民还会拿出一杆秤站在船头做出一副用秤杆抵挡风浪的架势,据当地老渔民回忆,此法非常灵验、屡试不爽。与此同时,渔民还需站在船头朝家乡方向叩拜,祈求兄弟公和祖先施展法力减弱风浪,保佑他们平安。以下是潭门渔民的一次真实经历:

> 1933年5月,潭门渔民FGP①所在渔船在出海返航途中,突然遭遇龙卷风袭击,船帆被吹破,船桅被吹断,并且渔船还被龙卷风吹向陆地相反方向,正当众人感觉无望并跪在船头祈祷时,突然船头前出现一道红光,在这道红光的引领下,船只竟然不知不觉漂到文昌境内的一处海岸边。侥幸归来的渔民在谈及此次遭遇时,都一致认为那道红光的出现肯定是海神兄弟公显灵,后来此事经过传播,当地人对海神兄弟公的信奉愈加虔诚。

这则真实案例说明,在帆船时代,身处汪洋大海之中的一叶扁舟无可依赖,唯有神灵和祖先才是渔民心灵的最佳寄托。宋徽宗宣和年间(1119—1125),一位奉命出使高丽的使节徐兢,曾写下他在海上42天航程的情况,其中对船员们不同的宗教仪式记载甚详。在总结他们归程的最后一个条目中,徐兢曾对航海过程中的危险有过这样的评议:"臣窃惟海道之难甚矣。以一叶之舟泛重溟之险,惟恃宗社之福,当使波神效顺以济。不然,则岂人力所能至哉?"②正因为远洋航行中危险重重,所以在徐兢的记载中,他们一行船员在航行过程中几乎向所有可能护佑他们的神灵都进行了祭拜,并且一路上逢庙必拜。由此可见,出远洋是一件十分危险的事情,身处大海之中的人只能祈求神祇。同样的情况在潭门社会也存在,以下这首诗文就充分体现了浮生海洋的潭门渔民对各路神灵的信奉:

---

① 出于学术伦理的考虑,文中所提人名皆进行了相应的技术处理。
② [美]韩森:《变迁之神:南宋时期的民间信仰》,包伟民译,浙江人民出版社,1999年,第31页。

> 策赐山峰布斗,明芝兴德显神,顺赞天后圣母元君,左千里眼神将,右顺风耳守海将军,掌仓掌库天仙大王,猫注(西沙永兴岛)娘娘马伏波爷爷,一百零八兄弟公,男女五姓孤魂。①

其实,类似潭门渔民这种于海上行祭拜仪式的现象很多。比如,很多史料就记载,随船供奉水神在闽台海上乃是随在有闻、随处可见的现象,诸如妈祖、拿公、水部尚书、临水夫人、千里眼、顺风耳和苏神等水神偶像随船出入福州、厦门、泉州和台湾各海港的情况随处可见②。在潭门,笔者也曾看见很多出海渔船在"更楼"(即驾驶舱)内贴有千里眼、顺风耳等神像,有些渔船甚至在更楼内专辟一处狭窄空间供奉兄弟公香炉或祖先神牌,诸如此类的做法无疑都可以对闯荡南海的潭门渔民起到一种心灵慰藉的作用。

三、海神兄弟公的空间分布与传播

解放以前,以潭门渔民为代表的海南东部沿海渔民曾长期保持着远赴西南沙群岛开展渔业生产的历史传统。不仅如此,他们还频繁远航至东南亚地区开展贸易互动,这些历史传统在潭门渔民世代传抄的《更路簿》中有很好的记录③。比如,潭门渔民王诗桃本《更路簿》的第一和第二部分就分别记录了潭门渔民从潭门港出发前往西沙群岛以及从西沙群岛出发前往南沙群岛的各种航行线路238条;又比如,潭门渔

---

① 韩振华主编:《我国南海诸岛史料汇编》,东方出版社,1988年,第415页。
② 汪毅夫:《流动的庙宇与闽台海上的水神信仰》,《世界宗教研究》2005年第2期。
③ 历史上,除了潭门渔民在西南沙群岛开展生产作业以外,来自文昌铺前港和清澜港的渔民也是耕耘南海诸岛的一个重要群体,但是从新中国成立以后,文昌渔民便逐渐退出了远海作业的舞台,转而以近海放钓和灯光作业为主,其中一部分文昌渔民甚至将船开到潭门近海进行生产作业。在当前学者们所搜集到的不同版本的《更路簿》中,亦有三本是出自文昌渔民之手,但是其记录的内容与潭门渔民记录的《更路簿》大体相同,所以有可能他们是彼此之间互相传抄的。

民苏德柳本《更路簿》的第四至八部分分别记录了潭门渔民从海南岛和西南沙群岛出发前往东南亚以及在东南亚各个国家和地区的航行线路一百余条。借助自身的流动性特点和海上航行的便利,潭门渔民由此建构出了一张包含生计、贸易、亲属、神明和族群互动等诸多象征和规范在内的南海网络。在这张海洋网络之中,以海神兄弟公为主的神明信仰是其重要组成部分。从空间分布来看,海神兄弟公信仰呈现出一种陆地家园—西南沙群岛—东南亚的空间分布形态。

据潭门渔民回忆,20 世纪 60 年代以前潭门地区曾有十余座依海而建的兄弟庙,"文革"期间这些香火旺盛的兄弟庙悉数被毁,如今潭门一带可见的兄弟庙屈指可数,其中在潭门六个渔村中目前只有草塘文教村和潭门潭五村各有一座兄弟庙。潭五村的兄弟庙矮小简陋,面朝大海孤立于大路边,庙内供奉着"昭应英烈一百零八忠魂"和"山水二类男女伍姓孤魂神位"两个神牌以及两个香炉,庙身前方有一硕大的香纸炉,只是平时很少见有人到这里来烧纸祭拜,而庙门也经常被一把锈迹斑斑的铁锁锁着。根据潭门村渔民介绍,以前潭门村有一所规模非常大的兄弟庙,该庙后来在"文革"期间被毁,政府在原来的庙址之上建造了现在的渔政站,苦于没有地皮,之后潭门村村民也就没有再复建兄弟庙。同样在"文革"期间被毁的还有草塘村的兄弟庙,只是渔业人口众多的草塘村村民在 1993 年又自发于文教村内重新建造了一座规制精巧漂亮的兄弟庙,名为"文教兄弟庙"。该庙通体红色,庙柱和庙顶上各有两个巨大的盘龙缠绕,庙前方有一口名曰"文镜井"的水井和一片广场,广场前方即是广阔无垠的南海。文教兄弟庙每天都有专人负责管理,此人是由村委会延请,每天付给他 80 元的工钱,其负责和管理的内容包括三个方面:首先是要保证兄弟庙的卫生干净;其次要保证庙内灯火旺盛,尤其是每天晚上要开灯;第三是兄弟庙的日常维修,因为文教兄弟庙位于海边,不时地强台风经常会对兄弟庙造成破坏,因此要及时对其进行维修。与潭五村兄弟庙相同,文教兄弟庙里面也只是供奉着两个名为"显灵一百零八兄弟之神主"和"山水二类男女伍姓孤魂神位"的神牌和香炉。兄弟公并非村公,所以对于兄弟公的信仰和祭拜并不局限于一定的地理范围,比如文教兄弟庙虽然是建造在文教村内,但周围其他渔村的村民们同样可以来该庙祭拜。根据当地渔民的说法,"兄弟公是海神,只要是渔民,都可以进兄弟庙祭拜兄弟公,哪怕你不是本地渔民也可以"。

图 2 潭门文教兄弟庙

在潭门,渔民经常会将西南沙群岛比喻为自己的第二个家园。为了建设自己的家园,帆船时代的潭门渔民曾在西南沙群岛的许多岛屿上兴建房屋、开挖水井、种植椰子树,一些渔民还在岛礁上站峙①以守卫自己的家园。不仅如此,他们还在西南沙岛礁上就地建造了许多简

---

① 站峙,是指潭门渔民常年居住在西南沙岛屿上生活和生产的意思,其中"站"在潭门方言中是表示居住或驻岛的意思,"峙"在潭门方言中是岛屿的意思。据一些老渔民回忆,帆船时代的西南沙群岛经常可见在此站峙的潭门渔民,他们站峙的时间短则一两年,长则七八年。

易庙宇,这些庙宇主要以兄弟庙和土地庙为主。据潭门渔民回忆,过去在西南沙建造兄弟庙主要选择一些位置相对比较重要的岛屿,比如南沙群岛的北子岛、南子岛、太平岛,西沙群岛的永兴岛和东岛等,这些岛屿多数都是渔民抵达西南沙的首个岛屿,或是重要的中转岛屿,抑或是这些岛屿上可以为船队提供淡水薪柴补给等。20世纪70年代,厦门大学南洋研究院几位老师前往西南沙进行实地考察时,曾在东岛和永兴岛上见到许多珊瑚庙和兄弟庙遗迹,比如东岛西南面有一座兄弟庙,庙联曰"前向双帆孤魂庙,庙后一井兄弟安";又比如永兴岛上有两座兄弟庙,其中西面一座庙门题写着"海不扬波",两侧对联分别为"兄弟感应灵,孤魂得恩深",另一座庙内有一块神主牌,上面书写着"明英烈一百有八兄弟忠魂灵神位"[1]。据潭门渔民介绍,这些庙宇很可能都是过去潭门渔民或文昌渔民的祖先亲手建造。帆船时代,为了在茫茫大海之中能够有一处神灵和庙宇可以祭拜和依赖,潭门渔民经常会随机利用岛屿上的珊瑚礁等石材建造简易庙宇,这些庙宇中以兄弟庙居多,庙内一般只有一个神牌和香炉,有些珊瑚庙中同时还供奉有观音、关公等神牌。除了上文提到的几个庙宇之外,其实过去西南沙群岛中还有很多类似兄弟庙、娘娘庙的简易珊瑚庙[2],其中多数庙宇因为经年累月的风吹日晒和海水侵蚀而不复存在。

  帆船时代,潭门渔民出海时间非常长,从四五个月到大半年不等,其间渔民只能生活在船上,或是短暂停留在某个岛礁上。在这段时间里,出海渔民经常会不时地举行祭拜兄弟公仪式,尤其是当登陆某个岛礁上,如果这个岛礁上有庙宇的话,所有渔民必须要亲至庙里祭拜。讲述到这里,笔者不禁想起当地渔民谈起的一个真实故事。故事发生在20世纪80年代,一次一行船队去南沙作业,其间经过太平岛,按例船

---

[1] 吴凤斌:《1977年西南沙群岛调查研究》,载《"人海相依:中国人的海洋世界"第五届国际学术研讨会论文资料集》(海权、海疆与海防卷),2014年,第330—331页。

[2] 参见陈进国:《南海诸岛庙宇史迹及其变迁辨析》,《世界宗教文化》2015年第5期。

队中所有人都要下船到太平岛上的庙中去祭拜,但是有一个20多岁的小伙子偏偏不愿去祭拜,在众人一番好言相劝之下仍然无动于衷,后来在作业过程中,该小伙子不幸被螺旋桨打伤手脚,所有在场的人都唏嘘不已,认定他的受伤与他没有上岛祭拜海神有关。南沙太平岛过去曾一直是潭门渔民在南沙作业的一个重要停泊处和补给站,每次潭门渔民航行至此海域时,必定都会亲至岛上祭拜兄弟公。据潭门一位老渔民回忆,过去在南沙的越南渔民和菲律宾渔民因为受潭门渔民影响,偶尔也会跟随潭门渔民一道登岛祭拜兄弟公。由此可见,潭门渔民建造的这种流动的庙宇在一定程度上还起到了传播信仰和文化的作用。

从历史上来看,海神兄弟公信仰在海南东部沿海渔民的日常生活和宗教世界中占据非常重要的地位,解放后因为出远海作业人数的减少以及其他缘故,昔日兴盛的兄弟公信仰在海南岛东部地区急剧萎缩。虽然现如今海南本岛的民众对于兄弟公的信仰和崇拜大不如从前,但是在东南亚一带琼籍华人社区里却依然可以见到很多兄弟庙或兄弟公神牌,这里的琼籍华人也一直延续着信仰海神兄弟公的传统。如今,在新加坡、马来西亚、印尼、泰国、越南等东南亚国家,只要是海南籍华人居住较多的社区我们依然可以看到许多专门供奉兄弟公神牌的庙宇,这些专门奉祀兄弟公的庙宇一般称为"昭应庙""昭应祠""孤魂庙""兄弟公庙"等,也有的地方是将兄弟公神牌放置在诸如天后宫等庙宇内,与妈祖等神灵一同祭拜。比如,1875年,琼籍华人在越南会安城集资兴建琼府会馆,馆中正殿匾题"昭应殿",专门奉祀一百零八兄弟公。同样在越南古城会安还有一座昭应塔,塔中供奉了108位在1831年死于广义省King Tu Duc处的Thu Xa's海上的商人,每年农历六月十四及十五日均有人祭奠[①]。在越南芽庄

---

① 吴华主编:《近看乡情浓——柔佛州海南族群资料专辑》,柔佛州16间海南会馆,2009年,第260页。

市万宁地区,有一座建于清宣统元年(1909)的昭应庙,它是越南中部南区规模最大的中国式庙宇,里面供奉的一百零八兄弟公是当地琼籍华侨祭拜的主要神灵之一。在越南南部的 Guang ngai,有一座古老的海南人庙宇,庙内一块出自 1906 年叶鼎基的石碑记录了这座建筑最早建于 1838 年,并于光绪年间修缮以保存"108 兄弟公"的神位①。在新加坡,由琼籍华侨筹建的琼州会馆其前身乃是建于 1857 年的天后宫,其间同时供奉有天后圣母、水尾圣娘和昭应一百零八兄弟公等神灵。在新加坡的大芭窑,由海南人于 1940 年代集资兴建的昭应祠主要奉祀的神灵就是一百零八兄弟公,目前是当地琼籍华人常去的庙宇之一②。

在印尼巴厘岛的巴当湾,当地琼籍华人曾在 1888 年修缮过一座主祀一百零八兄弟公的昭应祠。祠内除奉祀一百零八兄弟公之外,还供奉有天后和水尾圣娘的牌位,其中于光绪末年(1883)敬献给天后的一块匾额上还刻有"海南第一"的字样。在这座昭应祠的一份捐款者名单中,共有 283 个人的姓名,其中有 256 名海南人,17 名福建人和 10 名广东人③。从这份名单中不难看出,其时海南人在巴厘岛一带已然是最主要的华人群体之一。此外,一些碑文遗迹还显示,历史上由海南人组成的秘密会社也曾以兄弟公为保护神。比如在印尼的丹戎贝诺阿,苏尔梦(Claudine Salmon)教授曾发现一块题写着"英杨海阁"的匾额,这块匾额列有 35 个捐赠者的姓名,但其中有 20 个人的姓名同时又出

---

① Claudine Salmon, "Les Hainanais en Asie du Sud-Est: De la navigation a l'implantation", edite par herausgegeben von Claudine Salmon/Roderich ptak, *HAINAN: De la Chine a l'Asie du Sud-Est Von China nach Sudostasien*, Wiesbaden: Harrassowitz Verlag, 2001, pp.216—221.

② 沈立新主编:《华侨华人百科全书:社区民俗卷》,中国华侨出版社,1999 年,第 450、494 页;吴华编著:《新加坡海南族群组织》,新加坡武吉知马琼崖联谊会、海南作家作品研究室,2009 年,第 122、125 页。

③ 克劳婷·苏尔梦、米拉·希拉达尔塔:《巴厘的海南人:鲜为人知的社群》,杜琨、任余红译,载周伟民主编:《琼粤地方文献国际学术研讨会论文集》,海南出版社,2002 年,第 27—28 页。

现在另一块刻记秘密会社成员的石碑上①。下面一段文字是丹戎昭应祠的碑铭内容,从这段介绍文本中不难看出,当时海南社群对于海神兄弟公信仰之虔诚。

  尝思孟兰之会自古已彰,昭应祠于今为烈,助碧海以安澜,无往不利,同华夷而血食,无处不灵。乃此丹戎之地,凡我唐人登舟来贸易,交相叠如蚁聚。今唐人等邀众捐金以建庙,还期聚蚊以成雷。从此庙貌维新,安神灵以受以侑。自今香烟勿替,保唐人而康。河清海晏,利美财丰,长年被泽,四季沾恩,皆于此举权舆焉……②

  在东南亚众多国家中,以泰国和马来西亚的琼籍华人庙宇中供奉兄弟公神位者最多。在泰国,奉祀兄弟公神位的庙宇主要集中于以海南人居住较为集中的泰国南部地区。例如,建于1871年的挽叻昭应庙是泰国海南会馆所属的三大神庙之一,庙内主祀一百零八兄弟公③。挽叻昭应庙在曼谷所有庙宇中居首,其形制和规模最为堂皇和宏伟,庙内正殿供奉108尊神,又称108兄弟公神位。建于1895年的洛坤府廊披汶昭应祠,祠内主祀昭应英烈,龛位木制神牌上写有"清敕封英烈昭应祠一百有八兄弟神位",左配祀山水孤魂,右配祀伯公、伯婆。洛坤它派区慈应堂,该堂主祀一百零八兄弟公,堂内同时供奉的神灵还有观音、水尾圣娘等。除此之外,专门奉祀一百零八兄弟公的庙宇还有位于

---

  ① 克劳婷·苏尔梦、米拉·希拉达尔塔:《巴厘的海南人:鲜为人知的社群》,杜琨、任余红译,载周伟民主编:《琼粤地方文献国际学术研讨会论文集》,第28—29页。
  ② 克劳婷·苏尔梦、米拉·希拉达尔塔:《巴厘的海南人:鲜为人知的社群》,杜琨、任余红译,载周伟民主编:《琼粤地方文献国际学术研讨会论文集》,第29页。
  ③ 参见 Wolfgang Franke、Pornpan Juntaronanont、Chun Yin and Toc Ice Kheng:《泰国华文碑铭汇编》,新文风出版社,1998年,第65—76页。

北大年的昭应祠、龙仔厝昭应祠、洛坤琼州公庙、洛坤天后宫、曼谷水尾圣娘庙等①。

表1　东南亚国家兄弟公庙宇统计表

国　　家	数　　量
新加坡	2
印度尼西亚	2
越　南	3
泰　国	8
马来西亚	28
合　计	43

（注：统计表中的数字包括专门奉祀兄弟公的昭应庙以及供奉有兄弟公神牌的庙宇。以上数字仅限于笔者所搜集到的资料而言。）

在马来西亚，兄弟公神位多附祀于天后宫内，如吉隆坡甲洞天后宫，该宫中间神龛供奉天后、水尾圣娘和冼太夫人，其右边神龛供奉着"昭应英烈一百零八忠魂"的神牌。由海南人创建的位于柔佛州麻坡巴莪的琼伍关府，内供关帝、水尾圣娘及一百零八兄弟公。在槟城海南会馆，创建初期就供奉着天后及一百零八兄弟公神牌。纳闽海南会馆中除供奉天后、水尾圣娘外，也供奉一百零八兄弟公。吉玻海南会馆中供奉天后、一百零八兄弟公等。安顺海南会馆创立初期实际上是一座庙宇，内奉天后、水尾圣娘、关帝及一百零八兄弟公。在马六甲州，巴登马六甲海南会馆最初因为供奉一百零八兄弟公神位，而被命名为"琼州会馆兄弟公庙"。吉胆岛海南会馆的前身是兴建于1872年的昭应神庙，供奉一百零八兄弟公和天后圣母。霹雳州高乌仁丹海南会馆早期

---

① 沈立新主编：《华侨华人百科全书：社区民俗卷》，中国华侨出版社，1999年，第226、256、398页；石沧金：《马来西亚海南籍华人的民间信仰考察》，《世界宗教研究》2014年第2期，第92—101页。

既是同乡会,也兼神庙智能,内奉天后、水尾圣娘和一百零八兄弟公。柔佛州丰盛港海南会馆于 1925 年重修后,奉祀天后圣母和一百零八兄弟公。柔佛州柔河海南会馆在 20 世纪 40 年代复办以后,开始供奉一百零八兄弟公神位。柔佛州昔加挽海南会馆附属在天后宫中,里面供奉着天后元君、水尾圣娘以及昭应英烈一百零八兄弟等神位。柔佛州居銮琼联社建有昭应祠,内奉一百零八兄弟公、天后、水尾圣娘及冼夫人等神灵,并于每年的七月间举行庆祝一百有八兄弟公神诞及庆中元盂兰盛会(见表2)。1974 年,马六甲州马日丹那海南会馆开始奉祀天后圣母、水尾圣娘和一百零八兄弟公。80 年代,登嘉楼州龙运海南会馆在馆内设立小型天后庙,供奉天后圣母、水尾圣娘和一百零八兄弟公。马六甲州淡边海南会馆设有天后宫,奉祀天后圣母、水尾圣娘和一百零八兄弟公。历史悠久的琼籍林氏宗亲组织槟城长林社以及由琼籍华人创建于 1900 年的槟城以文阁俱乐部等组织机构内部一直以来都供奉有一百零八兄弟公之神位。位于马来西亚沙捞越古晋海南公会天后庙,建于光绪十四年(1888),天后庙早期兴办私塾供琼籍子女就学,至 1930 年更名为"琼侨公所天后庙回春堂",1990 年移址于海南公会顶楼,内祀天后圣母、水尾娘娘、注生娘娘、观音、昭应英烈一百有八公神位、山水二类男女五姓孤魂神位等。除此之外,马来西亚境内奉祀一百零八兄弟公的海南会馆还有新山琼州会馆、永平海南会馆、江沙琼州会馆、森美兰琼州会馆、龙运海南会馆、麻坡海南会馆、古兰丹海南会馆、居銮海南会馆、亚庇海南会馆等。根据马来西亚海南会馆联合会 1993 年的调查统计,马来西亚境内一共有 68 间海南会馆,其中奉祀兄弟公神位的有 28 间[①]。

---

① 参见石沧金:《马来西亚海南籍华人的民间信仰考察》,《世界宗教研究》2014 年第 2 期,第 92—101 页;沈立新主编:《华侨华人百科全书:社区民俗卷》,中国华侨出版社,1999 年,第 135 页;吴华主编:《近看乡情浓——柔佛州海南族群资料专辑》,柔佛州16间海南会馆,2009 年,第 6—7 页。

表2　马来西亚柔佛州 16 间海南会馆供奉神祇统计表

会馆名称	天后宫	天后圣母	冼太夫人	108兄弟公	华光大帝	水尾圣娘	观音	其他	神诞日期
麻坡海南会馆	√	√		√		√	√	大伯公、金童玉女、千里眼顺风耳、财神公、山水二类男女孤魂	三月廿三日春祭（天后圣母）、十月十三日秋祭（水尾圣母）
陈厝港琼州会馆	√	√		√		√		港主、大伯公、侯王	三月廿三日
居銮海南会馆	√	√	√	√				福德正神	正月十六日
昔加末海南会馆	√	√		√		√		王宫赐福、侯王爷、福德正神	三月廿三日
丰盛港海南会馆	√	√						福德正神	
新文龙海南会馆		√				√			
三合港琼州会馆	√	√		√				福德正神	
东甲海南会馆	√	√		√					十月二十日
峇株巴辖海南会馆	√	√	√			√		福德正神	
古来海南会馆	√	√	√	√	√	√		千里眼将军、顺风耳将军、洪仙大帝、福德正神、昌化大爷公公、先故诸位孺灵位	三月廿三日、十月十五日（水尾）

(续表)

会馆名称	天后宫	天后圣母	冼太夫人	108兄弟公	华光大帝	水尾圣娘	观音	其他	神诞日期
令金海南会馆	√	√	√			√			三月十八日
乌鲁地南海南会馆	√	√			√		√	千里眼	三月廿三日、九月廿八日（华光）
哥打丁宜海南会馆	√	√	√	√		√			三月廿三日
新山海南会馆	√	√	√	√		√		温州侯王、庇民侯王	三月廿三日
永平海南会馆	√	√	√	√					三月廿三日
笨珍海南会馆	√	√				√			三月廿三日

（资料来源：吴华主编：《近看乡情浓——柔佛州海南族群资料专辑》，柔佛州16间海南会馆，2009年，第263页。）

马来西亚是东南亚所有国家中奉祀一百零八兄弟公最多的国家，其中不少是专门奉祀兄弟公的昭应祠，此外在马来西亚各州的天后宫中，大多也能看到供奉有兄弟公神位。由此可见，兄弟公信仰在马来西亚传播极为广泛。笔者认为，这一现象的出现可能与历史上海南东部沿海渔民的移动路线有关。首先，从地图上看，过去渔民驾驶木帆船从南沙群岛去往东南亚时，最先到达的往往就是马来亚诸州的沿海港口，如新加坡、古晋等。其次，从《更路簿》上记录的地名来看，也证实了过去潭门渔民到达东南亚最多的是马来西亚，比如潭门渔民苏德柳本《更路簿》第二部"立北海各线更路相对"中，一共记录了6条从南沙诸岛礁航行至东南亚的更路，其中有4条是直达马来半岛东岸。

根据《华侨华人百科全书：社区民俗卷》中对"海南帮"的介绍，海南帮多数经营零售业、饮食业、理发业、皮革制品加工业、帆船航运业等行业。行驶在马六甲海峡的中国帆船的船老大，几乎都是该帮华侨，通称"海南老大"[①]。在海南，琼籍华侨来源最多的几个地方是位于海南岛东部沿海的文昌、琼海和万宁[②]，这几个地方的先民自古以来便擅长造船、修船、驾驶和捕鱼，尤其是对于远洋航行十分熟悉，所以他们在移民到东南亚以后成为东南亚一带帆船界的船老大也就不足为奇。与此同时，也正是这些掌握舟楫之便的渔民最早将他们在家乡信奉的海神兄弟公带到了东南亚，并在东南亚不断推广和传播，进而形成了一个以兄弟公和水尾圣娘等海神信仰为中心的琼籍华侨的宗教文化圈。

四、结语：海神兄弟公信仰的功能与意义

在闽粤沿海民众普遍奉祀国家认可之海神——天后妈祖的情况下，海南渔民却在自己的南海生产生活实践中创造出兄弟公这样一种非常独特的地方性海神。对此，我们不禁要问，海南渔民何以创造出这样一种特殊的海神信仰？换而言之，兄弟公信仰对于渔民群体有何意义和功用？陈进国从兄弟公庙的木主（木牌）祭祀形式出发，认为此种信仰是中原古礼传统的一种传承，体现了"崇有功、报有德"的祭祀传统，而妈祖信仰（塑像祭祀）则更多是一种偶像崇拜的意象。由于海上捕鱼作业充满各种危险性和不确定性，南海渔民"形塑'兄弟公'木主或奉祀'兄弟爸'银牌，更有将失祭孤魂视作'模拟血亲'的因素在内，

---

① 沈立新主编：《华侨华人百科全书：社区民俗卷》，中国华侨出版社，1999年，第135页。

② 参见 Claudine Salmon, "Les Hainanais en Asie du Sud-Est: De la navigation a l'implantation", edite par herausgegeben von Claudine Salmon/Roderich ptak, *HAINAN: De la Chine a l'Asie du Sud-Est Von China nach Sudostasien*, Wiesbaden: Harrassowitz Verlag, 2001, pp.197—253；寒冬：《海南华侨华人史》，海南出版社、南方出版社，2008年。

透过模拟血亲祭拜的联结,以获得阴神的灵应和护佑"①。然而,从信众自身来看,他们选择奉祀何种神明主要是取决于自身生产生活的需要,并没有如此复杂和深远的考虑,而这也正是杨庆堃强调分散性宗教在中国社会普遍存在的意义所在②。从本文所介绍的潭门渔民的兄弟公信仰来看,我们基本可以肯定它的诞生和传播与潭门渔民自身远海作业的生计方式以及跨海流动的历史传统密切相关。潭门渔民的渔业生产是一种典型的远海作业,由于每次出海作业的航程较远、时间较长,途中遭遇狂风巨浪、海盗、暗礁等风险较多,如此特殊的生产方式和海洋环境要求他们必须创造出一种与自身情况相符的神灵信仰,因此也就有了海神兄弟公的出现,这就好比福建近海渔民的妈祖信仰以及海南近海渔民的水尾圣娘信仰一样。用潭门渔民自己的话来说:"我们是出远海作业,与那些在近海作业的渔民不一样。我们每次出海人数特别多,路程遥远,像妈祖这样一个女神很难保佑我们的安全,但是兄弟公不一样,兄弟公有一百零八个人,他们人数多,每次都能及时显灵,对潭门渔民来讲,兄弟公比妈祖更加管用。"简而言之,海神兄弟公信仰主要是为了满足潭门渔民远海作业和跨海流动的需要。

与象征近代国家的革命纪念物(如中山陵、人民英雄纪念碑等)以及象征爱国精神的神灵信仰(如岳飞庙)不同,兄弟庙的建造以及兄弟公信仰并不具备意识形态层面的象征含义。即使与同为海神的妈祖相比,后者之所以能够得到广泛传播与高度推崇和政治有着莫大关系③,海神兄弟公信仰的社会地位和影响力也只是微乎其微,不足论道。然

---

① 陈进国:《南海诸岛庙宇史迹及其变迁辨析》,《世界宗教文化》2015 年第 5 期。
② 杨庆堃:《中国社会中的宗教:宗教的现代社会功能及其历史因素之研究》,范丽珠译,上海人民出版社,2006 年。
③ 参见陈国强主编:《妈祖信仰与祖庙》,福建教育出版社,1990 年,第 51—52 页;华琛:《神明的标准化:华南沿海天后的推广,960—1960 年》,载刘永华主编:《中国社会文化史读本》,北京大学出版社,2011 年,第 122—149 页。

而,在潭门渔民心目中和潭门社会里,作为地方神灵的海神兄弟公却具有超越革命纪念物和大神妈祖的影响力和地位。其实,对于普通百姓来说,他们并不太关心神灵的社会影响力大小以及国家的认可程度,他们也不知道在神灵信仰背后还有国家权力的操作与意识形态的象征意涵,普通百姓所关心的更多只是神灵神力的大小及其精神寓意。在潭门,无论是历史上渔民的历险传说抑或是当下渔民的现身说法,它们都在传达着同一个意思,即海神兄弟公拥有其他神灵所无法比拟的至高无上的神力,而这也正是潭门渔民将兄弟公奉为海神的主要原因。除此之外,海神兄弟公对于潭门渔民而言,还有另外一种精神寓意,即团结与勇敢的精神象征。潭门渔民认为,他们之所以世世代代敢于远赴西南沙开展生产作业,很大程度上与海神兄弟公有关。海神一百零八兄弟公的传说告诉他们,只要渔民之间互相团结和勇敢,一切困难都可以战胜,而这一说法与潭门渔民延续至今的联帮作业传统无疑是一致的。

具有独特精神寓意和象征含义的海神兄弟公不仅是海南渔民的守护神,而且也是跨海流动的琼籍华侨的重要"祖神",成为维系东南亚琼籍华侨与祖籍地关系的象征符号以及琼籍华侨认同的重要标识。在一个血缘关系不清晰的多姓移民社会中,人们往往会根据方言、祖籍地和宗教信仰等参照标准形成一个边界较为清晰的群体,比如东南亚社会中的"海南人""广东人""福建人""潮汕人""客家人"等。历史上移民东南亚的海南人多数是来自海南东部沿海地区,这些借由海上通道移居东南亚的海南人在流动迁徙过程中,将来自故乡的海神兄弟公信仰随行传播至每一个海南人所及的地方。这些自祖籍地迁移或分香而来并且承载着祖籍地历史记忆的海神兄弟公,不仅成为联络海外海南人与祖籍地的重要纽带之一,更是塑造琼籍华人族群认同的重要标识。总而言之,海神兄弟公信仰已然成为海南人向外发展的一种身份象征以及人群结合与认同的重要标准和途径。

三

山海空间与文化遗产

中国山水画中的意义线索与民族志书写

文化遗产的再生产：杭州西湖文化景观世界遗产保护的市民参与

困惑与选择：文化空间的旅游化生存实践探析

中国山水画中的意义线索与民族志书写

赵旭东

摘　要：中国的山水画传统有其独特的品格，由此而展开了一种寄情于山水之间的线索追溯以及民族志的书写。这种书写显然有别于人类学科学民族志所主张的那种所谓真实、客观与忠实的记录，它是一种对于意义的深层次的阐发，并通过"对景造意"而表达出来。这种由中国山水画家形成的对于人和自然关系的独特认识可以有助于我们重新认识人类学意义的写文化，它为这种写文化的再创造提供了一种可以获得灵感的方法论的新资源，也为理解中国传统政治语境中权威体系对于自然山水的象征化命名的权力机制提供了一种真正意义上的本土理解。

关键词：山水画；线索；民族志书写

中国的山水画自六朝便有，中间经过隋、唐代，到了宋、明代而至极盛，并特别体现在宋代的艺术成就中，成为其标志性的文化特征。山水画一时间也成了自宋代以来中国文人画派表达其内心情怀的一种独特方式，所谓"寄情于山水之间"，从山水无穷无尽的变化之中观看并理解一种自然与自我的存在，并自信此种理解方式为人生的一种最高境界，在这一点上，无其他的中国画派在艺术哲学和美学的成就上能出其右。山水因此在中国的语境中不再是一种简单的自然的山和自然的水，而是经由文人墨客瞬间转化而成的一种文化与道德意义的圣灵空间,其强调的是"画中有诗,诗中有画",山水造化虽宏阔无边,亦不过是文人自我的一种放大和投射而已,并将此自我托付给了硕大无比、变幻无穷、实中有虚、虚中有实的自然去做一种映衬。同时,在皇权介入其中之时,这种自我也在经历着一种文化意义的转化,渐渐体现出一种政治和道德感化的意涵。

自然的山水与文化的山水

就中国的山水而言,山水无疑首先表现为一种自然的山与水,五岳、长江、黄河都属于是中国自然山水的典范。作为中国文明研究者的英国人李约瑟甚至并不怀疑中国画家在描摹自然山水时的那种写实的能力,并在字里行间透露出可以和西方近代地质学的客观性媲美的特征。在《中国科学技术史》(第五卷"地学"第一分册)一书中,他曾经列举了1726年出版的《图书集成·山川典》卷二十三中有关山东费县附近历山山谷的更生现象(原书图255),认为中国的山水画家借此已经描摹出来一种地质学的意涵,即"原先已经稳定的底盘又被新的河流侵蚀面截然切断,形成了陡峭的河边阶地"[1]。并由此而认为,中国山水画作中"包含有道家那种古老的、经验式的循乎自然的倾向",进而推论"他们所描绘的乃是真实的世界"[2]。这种论述无疑暗度陈仓般地将西方自然地理学的山水观念引入到对中国山水画的理解中来,但实际的意义恐怕并不符合中国传统山水画真正表达的境界。

对中国山水画而言,其更为重要的乃是中国的山水被转化成了一种文化意义上的山水,作为诗人,或者作为一般意义上的文人典范,晋代陶渊明可谓是做这种自然山水向文化山水转化的高手。至少从陶渊

---

[1] 李约瑟:《中国科学技术史》(第五卷"地学"第一分册),科学出版社,1976年,第255页。

[2] 李约瑟:《中国科学技术史》(第五卷"地学"第一分册),第258—262页。

明开始,用文辞和笔墨装扮起来的富有一种文化意义的山水几乎成了一种人生存意义的不可或缺的可追溯线索而为中国的艺术家所寻求和祈盼,且中国的艺术家发自内心地乐于抱以一种很强烈的认同。陶渊明《拟挽歌辞》中"死去何所道,托体同山阿"一句已经足以道出中国文人情怀中对于自然的依恋。而到了唐代诗人王维那里,诗和画之间再难以分辨得清楚,画中有诗,画中更有对人生的彻底的了悟。就自然山水入于画中的妙趣而言,中国的文人画几乎是独具一种玄妙和超越的境界的,董其昌甚至坦言:"以境之奇怪论,则画不如山水,以笔墨之精妙论,则山水绝不如画。"①

那接下来人类学家所感兴趣的问题就是,作为笔墨境界的山水何以成为中国文人生存意义的一种线索,并何以从中体味到人自身存在的价值与超越性的追求?这就可能不能单单从山水画本身参透其奥妙,根本还是要从画家生存的自然、社会以及文化的环境中去理解,方能有一种心领神会的觉悟出现,即何为自然与文化的山水,以及二者之间相互转化的历程,这属于一种真正艺术的人类学研究的范围。并且,回溯那个时代的种种作品以及分析和体会那些时代的艺术家的生命意识和投诸笔端的创作,所有这些从根本上而言,都成了一个时代无意识驱力下所书写的民族志的典范,是我们去描摹和理解人和自然共在的世界的一种文化化的尝试。

实际上,就山水画家群体自身而言,针对中国的山水画传统,明代的董其昌曾将其区分为南、北两派,董其昌自认为是南派的正传,并"以青绿重色为北宗,以水墨渲淡为南宗"②,说得更为清楚一点,北派在于描摹现实造化,而南派重在一种意境的营造和感悟,即唐代张璪所谓"外师造化,中得心源"(《历代名画记》)。这样的区分虽并非一一

---

① 转引自伍蠡甫:《董其昌论》,载中国画研究院编:《中国画研究》(3),11—37,人民美术出版社,1983年,第13页。

② 伍蠡甫:《董其昌论》,载中国画研究院编:《中国画研究》(3),11—37,第16页。

符合,但大体能够勾勒出来两种中国画派各自不同的画风,这其中文人画归属于南派便毋庸置疑。由此北宋的张择端属于北派的一类,而范宽就属于南派的先祖了。

在历代名画之中,北宋徽宗时代张择端所绘《清明上河图》是后来名闻海内外的一幅画作。甚至有人考证其为"盛世危图",即指出此画作透露了在他那个时代所潜伏着的社会乱象,但根本上它还是一幅重在写实的作品,这种画风显然是跟张择端自身的生命历程有关[1],但在与西方画作的比较分析中,我们也会注意到,即便是写实,也有别于西方的写实风格。这幅可以不断延展开来的长卷画轴,并不是一种西方写实主义画家所擅长的透视聚焦式的描摹,而是散点式地把握情境空间的时间延展的叙事。这种画法与之前南唐顾闳中的《韩熙载夜宴图》之间又有着一脉相传的风格,只是张择端重在动态的景物,而顾闳中精细于人物场景的变换。但很显然,这些还都不是中国纯粹的山水画,它们基本上是体现了唐代达到鼎盛的以人物刻画为中心伴以事件叙事的在一种独特的手卷空间中的慢慢展开。

而在北宋前期范宽所绘的《溪山行旅图》那里,似乎山水的观念就已经真正发生了改变,对于绘画的技法,他自己便有这样的一种表述:"人之法,未尝不近取诸物,吾与其师于人者,未若师诸物也;吾与其师于物者,未若师诸心。"[2]由此对外在世界的描摹渐次从一种"像"的层次转变到了心领神会的层次,即从一种"师于人"到"师于物"再到"师诸心"。这可谓是一种对于外部世界观察视角的大转型,在中国文化里,差不多在十一世纪之后就已经很自觉地去强调对于自己内心世界中所体会到的外部世界的考察。因此,在范宽所画的《溪山行旅图》

---

[1] "翰林张择端,字正道,东武人也。幼读书,游学于京师,后习绘事。本工其界画,尤嗜于舟车、市桥郭径,别成家数也。按向氏《评论图画记》云:《西湖争标图》《清明上河图》选入神品。"(http://baike.baidu.com/)

[2] 俞剑华注译:《宣和画谱》第十一卷,江苏美术出版社,2007年,第247页。

中,其技法就重在于写心,强调人画画时要师造化,要"对景造意",意不是现实本身的真实描摹,而是高于现实本身的意境的营造和感悟,即所谓的"造意"。这种造意来自人涉于自然之中的种种体会,如果细细端详范宽的另一幅传世之作《雪山萧寺图》,你都似乎能够真的听到"溪出深虚,水若有声",这表面上是在"对景",实际却是"造意",这在范宽《临流独坐图》中表现得就更为明确。

在此类山水画的画面构成之中,一个突出的特征便是在画面之中,所有的画中人物,无论多少、远近,往往都退缩到山水景色的深处,几乎无法见到。如果拿范宽的《溪山行旅图》与唐代李昭道的《明皇幸蜀图》做一比较,便可看出这中间的差别之大。前者画面中基本不见人形,以此来显示山水的浑厚自然,而后者则是画中人物细节乃至衣冠样貌都清晰可见。对于中国的山水画而言,前者显然属于文人山水画所要求的一种"畅"或者"浑然天成"的境界,而后者则属于是一种"刻意求工"了①。

这实际上也寓意着在唐、宋之间,中国文明在绘画技法上有着一种价值观上的新的选择。这种选择最为核心的一点便是注意到了自然景物在人心的层次上的映射和与心的融通交流,这种方式所映射出来的外部世界,在画家的眼中从来都不是"像"的那个真实,而是带有一定的虚幻或者幻化性的,这背后是一种佛教思想对中国的影响自不用说。由此在中国文人画家的观念之中,不是要刻意于真实地呈现,而是要注意景物变化的根本,通过一种干湿、浓淡、曲直之类技法上的"破"的辩证而实现一种对景物关系恰如其分的表达。在不断描摹山水形态变化

---

① 美术史家伍蠡甫对此有过这样一段评述,可谓点睛之笔:"我们今天还能体会到,同属深山行旅的题材,北宋范宽的《溪山行旅图》和唐代的《明皇幸蜀图》相比,就显得气象要雄浑得多,因为前者简劲,后者繁缛;后者在自然背景中安排故事细节和贵人们的生活,而为了描绘衣冠、骑从、器物种种形象,笔墨不免流为纤弱;但前者不以人物故事为主,对浑深雄伟的山川感受较多,能写出作者情思,反映物我交融的境界,这正是体现董(其昌)氏所谓的'畅'了。"引自伍蠡甫:《董其昌论》,载中国画研究院编:《中国画研究》(3),11—37,第19页。

的过程中,实际也是在描摹人自身的生命历程及其存在价值。因此,山水对于画家而言也就不再是一种对象化的存在,而是可以有相互往来交流的互动性的活着的存在,而所谓的人的生命存在感,亦以能够回归到山水之中为最大的乐事。作为这种中国文人情怀鼻祖的陶渊明,其诗歌中即多见对此种寄情于山水之间的生命意识的颂扬与表达。

向物自体的回归

相比现代晚期意识的对于自然的亲和的思想而言,宋代以后对于山水的理解可谓是一种文化上的早熟。在差不多一千多年以前的中国,这样的一种自然的本体论的回归就已经在文人的绘画当中得到了探索和实践。随后,这种自然本体论的觉悟意识充斥于中国的各种艺术表现之中,并突出体现在独具中国特色的只见山水而不见人物的文人山水画中,而这样一种山水与人的生命之间的本体论意义的深度关联和哲学思考,在西方世界的哲学语境中是到了很晚期的德国哲学家海德格尔那里才有了一种真正自觉的总清算和对于存在意识的回归。这可谓是一种人类向物自体的回归,即回归到物的思考上来,或者人借物而有的并非全部理性的思考,内含有一种人融入自然的情怀和觉悟。以此去打破自笛卡尔以来的对于人以外的物与自然世界的忽略、忽视乃至于鄙视。在一种突出表现的二元论世界的自我与他者的分离处置之中,物的世界以及自然的世界被现代人彻底加以抛弃和否定,其后果就是人对这个自然世界的直接性的对抗、征服与破坏。

但在中国的文人画传统中,这种人跟物以及整个自然相互拥抱的场景从来都没有真正的消失过,并且还突出体现在宋代以后大大小小的文人山水画中。山水不仅是文人雅士涉足之地,更是他们借自己所熟悉的笔墨吟咏的对象。这对象不再是现代意义上的人与物截然分离开来的人审视的对象、探索的对象、资源的对象,乃至于无限利用的对象,而是借此获得一种身心一致、学用合一、相互接纳的人与物之间互惠共生的对象,因此不是物作为对象,而是自我化入物中,为一种对象化的自我的存在。

文人画的书写范式

因此,中国文人画在书写范式上很早便超越了对于真实存在的一种逼真性的描摹和再现,其根本是要去捕捉或者追溯人与物共处同一存在空间之中的境界或者意境,它必然是和物的实存相勾连却又超乎其上的意义获得,这是由文人画家描摹山水而得到最为突出的体现。

被画家称为"造化"的山水,首先便是一种自然的存在,这种自然是人可以居于其中的自然,而非一种远离人的对象化的自然,人因此而赋予了自然存在之无意义而有了一种人的文化的意义,这显然是由人自己完成的一个重要的转化。这种使得自然风景名胜化的文化过程在中国文化史上实际很早便被开发出来。王羲之的名作《兰亭集序》就清楚指出了这一点[①]。兰亭所在的山峰因为文人聚集并借文学作品而名扬天下。而王羲之本人写《兰亭集序》亦在于意境的表达而不在于一种写实的呈现,这可谓是中国文人画的先行者。这种描摹出来的意境透露出生命意义启示的种种线索而非一种必然的真实客观,若真的像社会调查者那样去描述究竟有几人参加、姓字名谁以及具体的花草树木岩石构造之类,那恐怕这样的《兰亭集序》也便没有什么人去阅读和赞叹了,更不会成为一篇千古绝唱。

这样一种对于自然的描摹姿态似乎与人类学的民族志书写的细致观察描摹经验的传统形成了一种背离,但实际上要清楚的是,民族志书写的途径绝非一种而是多种[②],民族志的书写与文化的观念之间有着一种极为紧密的依附性的联系。就今天的人类学理解而言,无论书写

---

① 王羲之《兰亭集序》亦有人说实际的名字是《临河叙》,看法不一,《兰亭集序》大约是唐朝人的新名称。参阅刘开扬:《柿叶楼存稿》,上海古籍出版社,1983年,第71页。
② 赵旭东:《田野八式:人类学的田野方法》,《民族学刊》2015年第1期,第1—8页。

者如何的真实细腻,一种绝对的客观真实实际都是难以真正达至的。在这方面马林诺夫斯基书写的民族志文本可谓是一个范例。在1922年出版的《西太平洋上的航海者》这部经典的民族志中①,他试图对初步兰岛屿这个地方人的生活做客观性描述,并对此呈现出一种不懈的追求,目的在于使得一个基于民族志的学科建构得以成型,由此而与走马观花式的古典民族学的研究范式有所分野。但即便他在这个岛屿上阴错阳差地停留了两年多的时间,为此而撰写了数部从不同角度去描述这里人的生活的民族志范本,但这仍旧无以包含和解释他在田野工作的同时间所写下的那本生前未曾想要公开出版的田野日记中所呈现出来的具有另外一个自我的马林诺夫斯基②。他在那本日记中真正意欲掩盖的恰恰可能是中国文人那种借行旅而游于山水之间所能获得的一种超越感以及并非以客观真实为第一要务的人的自我感受性和体验性的直接呈现和表白。在这方面,马林诺夫斯基之后,人类学书写范式的革命在20世纪80年代得以发生,这种革命试图对于曾经过分强调的科学理性之外的人的自我感受性这部分内容加以包容,并集中体现在1988年出版的文集《写文化》中③。但很显然,中国文人画家在一种孜孜以求的山水描摹的书写中,借助一种意境追求以及对于人的生命的直观把握,很早便实现了这样一种"写文化"意义上的革命。

因此,在后来所谓科学民族志的大胆描写和推论之前,中国古代的文人画家却对着山水而非一个个具体的个人表现出一种沉思,这种沉思的结果是把人嵌入到了山水之中而非山水成为一种人的对象化的存在,一种有似禅宗式的顿悟一定曾经在中国的文人画群体中发生,这成

---

① Bronislaw Malinowski, *Argonauts of the Western Pacific*. Prospect Heights, III.: Waveland Press, 1922.

② 赵旭东:《马林诺夫斯基与费孝通:从异域迈向本土》,载潘乃谷、马戎主编:《社区研究与社会发展》,天津人民出版社,1996年,第104—145页。

③ James Clifford, & George E. Marcus, *Writing Culture: The Poetics and Politics of Ethnography*, Berkeley: University of California Press, 1986.

就了在社会之中占据话语支配地位的文人画群体的一种特殊的思考习惯,那就是在面对一种生活的场景时,人们经常会问的问题往往是其意义何在。这种提问又使得这个真正有能力去书写自我与外部世界的生命主体向着真实客观的世界去做一种直接的面对。与此同时又能够在自己胸中之情愫与自然的存在之间达成一种碰撞与交流,由此而使他们的回答不会走向一种客观主义或者自我空灵的极端,而是在客观真实与诗意浪漫的这两个极端之间做一种徘徊游荡。表面上虽难于把握,且理解和解释繁复多样,但意义却隽永丰富,充满对任何自然存在之间关系的一种富有启示性的想象力。

可以这样说,借一种山水性灵的陶冶,中国的文人群体在书写上非常早地便开始从对浮华城市的歌赋吟咏,转向对自然天地之间沧海桑田种种变幻的不确定性的描摹、阐述与把握,尤其突出的是一种迈向山林之中的对人生领悟的书写上的选择。石涛名句"搜尽奇峰打草稿"可以说是这样一种书写的总结。这样一种审美选择的转向自魏晋开始至宋元而达鼎盛,明清又继之。在这样一个漫长且比西方世界早了至少一千年的时间里,一种日益成熟起来的自然观念影响了中国文化中对于外在客观世界的理解,由此也构造出一种中国文人世界中呈现以及理解世界的独特方法。这是一种自我理解加触景觉悟的方法,这种方法的整体综合对人类学的认识论而言着独特的贡献。这种贡献的核心并非一种马林诺夫斯基强调的从西方写实绘画中潜藏端倪的聚焦式的客观描写,而是借助意义线索的追溯而从生活与行旅历程中偶然得来的参悟、领会以及理解外在于人但人却又融入其中的山水人文景观。

民族志碎片与人的真率

以上这些都构成了中国人世界观在方法论意义上的独特贡献。如果说伴随西方近代以来殖民主义的成长而造就的一种擅长以研究他者

山海文明：跨学科的视角

世界的人类学的成长，并由此孕育出一种走进实地现场的人类学田野工作方法，这种方法自马林诺夫斯基以来都会特别强调田野工作中参与观察的客观性，但在这种过度强调客观性的背后，一种人类自身的理解和领会的能力却遭到忽视，所有的有感而发、信手拈来以及灵感顿悟的真知灼见，都可能因为客观性规范和既定框架的约束而不能够在所谓的科学发现中呈现出来。由此在这些不足称道的微小的民族志碎片中所偶然透露出来的作为客观性整体背后的意义解读，也就被彻底掩盖和忽视了。

而与此真正形成一种对照的便是中国很早便成熟起来的描摹山水景物的那些行旅山水画。就方法论意义而言，这种画风的书写逻辑一开始便从理解、领悟以及觉悟的角度去思考人活在天地之间的意义。很显然这种思考并非他者心中的思考，也并非以他者为对象的思考，但无疑却是一种人与外部世界之间自然存在的相互融入与彼此转化的民族志的理解。即并非一种人与自然分离的二元分化的理解，而是彼与此之间相互嵌入、互动交流的理解，在其中体味到的是人存在的"真率"①。

此时，作为自然的他者被看成是一种活着的存在，山水自然属于其中的一部分，它们的存在启发人的理解和觉悟上的灵动性。借助一种山势起伏、云雨松涛的千变万化而去寻求一种对于自己生命理解的偶遇，而西方传统的民族志书写实际上到了很晚才逐渐回到对这一点的认识上来。在那里的人类学家开始小心翼翼地设问："我们如何思考他人的思考？"②而这种设问，通过中国文人画家们借助诗、书、画、印四

---

① 董其昌64岁那一年在《画禅室写意册》中曾经这样写道："每观古画，便尔拈毫，兴之所至，无论肖似与否，欲使工者嗤其拙，具眼者赏其真。"在《昼锦堂图卷》又自题："宋人有温公（司马光）独乐园图，仇实甫（十洲）有摹本，盖画院界画楼台，小有郭恕先、赵伯驹之意，非余所习。兹以董北苑、黄子久法写昼锦堂，欲以真率当巨丽耳。"转引自伍蠡甫：《董其昌论》，载中国画研究院编：《中国画研究》(3)，11—37，第26页。

② Maurice Bloch, *How We Think They Think*. Boulder, Colorado: Westview Press, 1998, pp.vii—x.

位一体的山水画布局而直观地呈现出来,那就是人不仅在自然之中,且随形变化,唯有自然的山水恒定稳固,而使人和各类动植物可以生活其间。

景物、山水与政治权力

人类学如果内含着一种民族志的书写,那这种书写一定不是单一向度的,它匹配着文化的多样性而呈现出多样性的书写形式,并贡献于一种作为文明的民族志书写①。实际上对中国山水画的人类学民族志的再思考使得我们有机会注意到这种中国自两宋以来文明生成中借助文人画家描摹自然经验中的那种对于人和自然关系的独特理解。山川景物因此也就不再是一种纯粹的对象化的存在,而是人与其之间有着不断互动关系的整体性的存在。

如果我们乐于将此古代人的认知借用现代人的文化自觉概念而获得一种比附性的理解,那古代人的文化自觉首先是经由一种个体自觉而达至山水自觉。这种模式即便是在今日仍旧没有多少改变,特别是在经历了一个长时段的对于自然的过度开发的工业化时代之后,一种极为强烈的个体自觉已经开始形成,并在现代人的心中蔓延传播开来②。这就是一种试图使山水自然真正回归到一种意象性的文化表达的层级上去,而非纯粹的向予以对象化的自然这一单向度的获取利益以及毫无文化修饰的资源开发。而且在今天,这样一种共识已经可以达成,即回归自然也就是回归自然的山水之中,在人和自然的关系中应该实现一种彼此映照、相映成趣的姿态,而非彼此之间的对立和不容。这就要求在人们的观念中让山水具有一种开放性的姿态,并使之可以

---

① 赵旭东:《从文野之别到圆融共通——三种文明互动形式下中国人类学的使命》,《西北民族研究》2015年第2期,第44—61页。
② 赵旭东:《个体自觉、问题意识与本土人类学构建》,《青海民族研究》第25卷2014年第4期,第7—15页。

山海文明：跨学科的视角

追溯，可以书写，进而寻求人生意义的种种领悟，实现可以描摹书写之造化。使自然的山水成为现代人可以逃避之所，用山水的灵动和荡漾去教化现代人麻木和僵化的心灵①。

总之，在现代性成为我们的一种自觉之后，我们对于自然的理解发生了一种扭转，这种扭转让我们自上而下都并不在意自然的存在，而过度相信人的力量的不可战胜，但最终证明人不过是自然的奴仆。在这个意义上，古代人从来都不会去刻意、任意地诋毁和破坏自然，除非特殊的战乱和自然灾害。西藏、安多和康区的山神信仰完完全全地体现了这种自然之山转化为神圣之山，并使之得到保护的文化意义的生成过程②。在此意义上，人们是依赖于自然而过着一种可以彼此之间有一种循环的生活③。即便是作为一种可以号令天下的皇权，这种看护自然，并臣服于自然的谦虚使其借助一种象征性的景物营造而表现出来，并无意之中促成了一种政治秩序的缔造。比如康熙皇帝对于蒙古人打猎习俗的接纳所造就出来的木兰围场，便是清帝国对蒙古人的自然崇拜认可前提下的政治秩序的营造④。

而同样的，作为有着三百多年历史的清代皇家园林承德避暑山庄及其周围附属的外八庙便完完全全是由清帝国一手制造出来的一处有

---

① 赵旭东:《原生态、现代世界与文化自觉之后》,《原生态民族文化学刊》2014 年第 3 期,第 63—74 页。
② 郭建勋:《互动与区分：川西鱼通人的信仰、仪式与象征的秩序》,民族出版社,2012 年,第 229—236 页。
③ 赵旭东:《循环的断裂与断裂的循环——基于一种乡土社会文化转型的考察》,《北方民族大学学报(哲学社会科学版)》2016 年第 3 期,第 5—15 页。
④ 在一篇详细记述清帝国前期有着"肆武绥蕃"之功用的木兰围场的形成史的文章中,曾有这样一段记述足以说明这一点:"蒙古人也崇拜大山,常在大山之巅设立鄂博(俗称敖包),作为祭祀神灵之所。在木兰围场北部塞罕坝的许多山峰上,都有蒙古人设立的鄂博和塞罕庙。他们认为塞罕神是塞罕坝的主宰,塞罕坝本是神灵所居住的地方。康熙皇帝出于政治上的需求,必须尊重蒙古人的信仰,故而赐封塞罕神为敦仁镇远神,俗称塞北神。"引自景爱:《清代热河木兰围场研究》,载国家古籍整理出版规划小组主办:《中国古籍研究》(第一卷),上海古籍出版社,1996 年,第 470 页。

别于京城皇宫紫禁城的离宫别苑景观①。从总体功能上而言,它是一个皇帝及王公大臣夏天避暑之地,因为据说越过山海关以及燕山山脉而南下居住到北京城里的满人,到了盛夏季节便会因为天热而生出致命的天花,故清帝国时期自康熙一朝起,夏天多移居此塞外都城来避免可怕的天花病的侵扰。

但很显然,避开核心都城北京炎热的夏季,这仅仅是一种非常表面性的表层结构,这种表层结构似乎使得中心与边缘之间没有了一种带有根本性的分别。在盛夏来临之时,对于帝国的统治而言,中心即边缘,边缘即中心,或者说皇权所在便是中心。但在这种避暑观念的表层结构之下,还有一种不宜言说清楚的深层结构,那就是从一种统治者的意志上的政治控制,即要从政治的意识形态上去避开或者逃避中国江南舒适的生活以及文化的诱惑,维持清朝异族统治的纯粹性和唯一性。因此皇帝及王公大臣来这个塞外偏僻之地避暑的同时,还会强调其更为重要的作为统治者的满人的自我认同,即它是游牧而非农耕,它是"马上得天下"而非其他,在政治的含义上借助满人文化的象征,如木兰秋狝而表现出来,借此耀武扬威,震慑中原及南方的汉人,同时又可以"肆武绥番"。这也体现出入主中原的满人在意识形态上的对于舒适生活的拒斥,以及对于自己曾经握有的能够征服中原大地的武力上的认可、独占与强化。

在文化意义上,至少从宋代以来,江南山水向来是被认为是一种生活富裕以及文化高等的象征,"乾隆下江南"的故事传说总是会在汉人世界中广为流传且持续不断地通过小说、戏剧、评书以及戏说的方式而强化其故事的真实性和可靠性,这背后无疑也寄托着汉人世界对于江

---

① 当年从北京来避暑山庄的路线是出北京城之后到清河、怀柔、密云、古北口等地而到达热河。可参阅马戛尔尼:《1793 乾隆英使觐见记》,刘半农译,天津人民出版社,2006 年,第 80—88 页。

南的情怀,这里曾经并一直被认为是汉人文化的核心聚集区,并期待着异族统治的中原以及作为异族皇权意识可以去接纳这套作为符号价值的江南生活。而入主中原的清帝国皇帝尽管内心有着对满人游牧民族的强烈认同,但却也没有忽视这样一种向着占据人口多数的汉人的迎合对于其政治统治而言的文化与象征性的意义。结果,"乾隆下江南"不再是一个事实与否的问题,而是一个必须要借助各种力量去加以重新建构的历史性书写。在这个意义上,满族的统治者逐渐淡化了木兰秋狝的那种靠野蛮武力征伐的政治符号象征,并且强化了曾经失去统治权的汉人江南主体文化意识的主导性话语支配。回过头来再看避暑山庄的核心景区,它们几乎都是比照着传说中的乾隆下江南所看到或流连忘返的各种景物而构建的,处于长城之外的承德避暑山庄因而有了所谓"小西湖""小江南"的称谓,这就不足为怪了。

可以这样说,在由上古而至明清都不曾改变过的"华夷之辨"的正统性塑造中,作为外来者的异族统治者实际在无形之中接受或者顺应了中国皇权意识中的"江山"观念,由此而视一种山水的占有为一种政治稳固、生活富庶安定的标志物,因此而有借助避暑山庄和外八庙的修建而象征性地实现"天下一统于山水"的帝国统治的理念。在这个意义上,康熙皇帝主导的避暑山庄的选址修建便不能看作是一个简单的皇帝度假的地方,而是一种新的超越于之前异族统治者的对于中原统治合法性的另一种的合法性的表达,这种合法性明显较诸之前的异族统治者更具有一种包容性和柔韧的文化象征性。

在此意义上,表面上看来是作为一处景观来打造的承德避暑山庄,一下子便成为帝国政治体系借助远离敏感政治中心的京城而开辟出来的从文化的意义上而言加以精细雕琢的又一个政治的空间。它在距离上远离老百姓的生活空间,由此而使人有一种神往归附之感。它彻底远离了江南水乡,但却又不失江南水乡的姿态和风韵。因此,从康熙、雍正,一直到乾隆皇帝,描摹山水的文章和诗歌就为这里的自然山水附着上一种文化的气息,使之不经意间完成了一种政治权力的表述和转换。

避暑山庄初为康熙朝所修建,因此最初的山水景物的命名都是来自康熙这位谙熟中国汉人文化的皇帝。在"康熙三十六景"中第十六景的"风泉清听"曾是康熙看望母亲的暂时休息之处,后辟为乾隆皇帝的书房,起名"秋澄斋"。康熙对此地山水景观做了如下的一番描摹:"有泉出两山间,玲琮穿注,风来洞响,常与鹤韵松声相应答。"这样的一种意境据说是来自唐朝诗人孟浩然的诗句:"松月生夜凉,风泉满清听。"因此通晓汉语的康熙就将此唐代汉人诗中的描摹意境转用到眼前由满人皇帝所修建的汉人样式的避暑山庄的景物命名上来,并为其门殿题额"风泉清听"①。在这些命名中,表面上似乎都还是纯粹的北宋文人画家范宽意义上的"对景造意",即一种自然之意、生活之意,但是到了作为康熙孙辈的乾隆皇帝那里,直白的政治控制的意象就差不多全盘托出了,乾隆后来为此景所题写的诗问是这样的:"出石泉惟冽,因风响益清。虹垂饮涧势,琴谱号钟声。江海他时赴,云霞此处生。当年川上意,仰识在民情。"其中的"仰识在民情"一句,便足以让向来畏惧皇权的百姓为之感恩戴德了,因此在面对景物之时,乾隆皇帝表面上与自然之间行其唱和,而深层的结构中则是帝国统治者的一种全局把握。

这样一种表层与深层结构的分析格局在今天的中国似乎遭遇到一种大逆转。我们似乎再难看到单凭符号和象征体系的帝国政治的文化建构,而作为大众的人民似乎并不能够参与其中,与之共享。这一切在1911年的革命之后便发生了一种带有根本性的扭转。这种扭转是一种文化价值意义上的扭转,人们选择了一种人民民主的制度,而所谓的

---

① 康熙为此景所题写的诗句:"瑶池芝殿老莱心,涌出新泉万籁吟。芳槛倚栏蒸灵液,南山近指奏清音。"

山海文明：跨学科的视角

江山观念，或者说自然山水的神圣化观念，在这个过程中都被一个个的个人所觉知，成为对象化的存在和可利用的资源。换言之，自然不再是江山社稷的代名词，而是成了一个人们可以去改造和利用的对象，这一点显然是一种完全不同的政治观念在背后发挥着支配性的作用。而在经历了一场吉登斯意义上的世界性的"解放政治"的喧嚣之后，一种后解放政治的政治形态开始登上历史的舞台，占据主角地位。那就是一种跟每一个人的生命都密切相关的"生活政治"时代的来临，人在这个意义上才开始真正觉醒并萌发出一种个体自觉的意识①。

很显然，自1911年以来，生活在北京这座由旧日的传统帝王之都所转换出来的现代都城里的人们也不再纯粹是皇城根下的臣民，摇身一变而转换成为闲暇时间可以去故宫、颐和园以及避暑山庄游玩的北京市民②，他们在这里，目的是能够使自己享受一种自由自在的城市人的生活，并开始逐渐放弃对自己生活以外的世界的解放的重负，试图由此而平等地去观照自己和他人作为一种普通人的存在的生命价值，从最为普通的工人到中产以上的高级干部，似乎他们的生活都是差不多的，因为他们相信自己都在面临一个共同体的世界，那就是越来越清晰的全球化的世界的来临，他们因此会更为在意自己以及自己周遭的存在本身，因为只有这一存在才是他们可以衡判真伪的直接观照对象。因此他们会义无反顾地在冬天为了逃离北京城的雾霾而长时间地远住海南，在来年春天五月再候鸟一般地返回京城生活，这可谓是一批真正想要逃离北京的北京人，他们是在与对他们的个体生活造成极端负面影响的自然直接对抗，并以迅速逃离作为自己反抗姿态的表达，是希望一切都能够以自我为中心的生活世界的表达，但这种表达最终还是拒斥一种自然存在的本身，并视之为一种遥远的他者存在而已。

---

① 赵旭东：《个体自觉、问题意识与本土人类学构建》，《青海民族研究》第25卷2014年第4期，第7—15页。

② 赵旭东：《拆北京：记忆与遗忘》，《社会科学》2006年第1期，第115—125页。

结语

现代社会的一个核心特征是试图将一种个体性自觉加诸自然与社会之上，但却缺少一种真正共在性的往来融通。这与中国古代的文人画传统的那种对于自然山水的理解之间形成了一种对照和反差。但反过来说，这种个体性的自觉又潜在地与古代人的那种视自然为己出的认识之间似乎又有着一脉相承之处。在这个意义上，文化转型所面对的乃是一个真正个体自觉的时代，此一个体自觉更为在意人在此一自然界中的生命历程，由此生活方式的选择成了一种个体选择的事件。现代人的认识论体现出来的是跟感知而非呈现之间有一种紧密的联系，这种感知实际上是跟自我的通过觉知系统的感受联系在一起的，并突出地体现在了人的视觉上。这里的原因也很简单，我们现代人的初衷在笛卡尔那里似乎就已经是被决定了的，那就是要凭借人一己之力去把握和认知这个世界。

而山水自然的物化形态因为有人的与之长时间的互动而形成了一种独特的文明类型，并且明显地在书写者对于自然山水的描摹中透露出来。这个文明里的人，特别是其中的有权力书写的文化者，赋予了自然山水以文化的意义，这些书写和描摹便成为这一文明逐渐可以积累起来的理解线索。有关文明的民族志的书写，实际也便是从对这些"对景造意"的作品中体会到不同时代中的人们借自然的存在而对人的生命意义的种种追溯方式上的差异看出其在道路轨迹上所留下印痕的不同，形成一种独特的线索民族志的叙事[①]。中国自北宋以后逐渐形成的文人山水画的传统，着实让我们可以看到一种对于自然的存在的另外一种书写的方式，这种方式对人类学者而言，在一定意义上克服

[①] 赵旭东：《线索民族志：民族志叙事的新范式》，《民族研究》2015 年第 1 期，第 47—57 页。

了以马林诺夫斯基为代表的所谓科学民族志只重客观描记的方法论上的诸多困境①,启示了对一种文明书写的民族志实验的新方向。

或许,早期殖民遭遇的人类学处境也许在逼迫着人类学家只可能是强调客观描记的单一性而不能有一种超越于现实之上的想象力的发挥,而在差不多20世纪60年代之后的后殖民话语空间中解构掉那些曾经被压抑和忽视的主观能动的多重解释、主体的自我反思和觉知等观念,现在或许又重新进入到人类学家的视野中来,而这样的一种反思在中国的语境之中从来也都不缺乏,主客观的关系、自我与他者之间的两分,都在宋人山水的描摹中——得到彻底荡涤。在此意义上,人类学在中国因此可以变成是一种散文式的灵性交流而非刻板描记,前者有时会比后者来得更为重要,忽视了这一点也就是忽视了民族志的多重书写的可能及其意义和价值。

---

① 赵旭东:《马林诺夫斯基与费孝通:从异域迈向本土》,载潘乃谷、马戎主编:《社区研究与社会发展》,天津人民出版社,1996年,第104—145页。

文化遗产的再生产:杭州西湖文化景观世界遗产保护的市民参与

阮云星

摘 要:可持续的文化遗产保护是一种遗产再生产的过程,文化遗产持有者参与其中的遗产再生产是可持续遗产保护的基础性的重要内容。本文聚焦当代城市文化遗产保护的市民参与问题。首先,介绍杭州西湖文化景观世界遗产;其次,考察市民的文化自觉与城市文化遗产保护及成功申报世界遗产的关系;再次,检视西湖世界遗产化后地方政府和市民互动的遗产保护行动以及面临的课题。

关键词:文化再生产;世界遗产;杭州西湖文化景观;遗产保护;社会参与

人类社会及其文明的演化可视为一种恢宏的文化的再生产。联合国教科文组织在制度化、组织机制化地推动人类认识文化与自然遗产对于当今人类社会发展的基础性资源之地位与作用方面,做出了切实的努力和重要的贡献,也在工作实践中不断推进对文化遗产再生产的具体内容、范畴和逻辑的认识①。概观现代"文化再生产"的有关理论

---

① 其中的一个重要时段的案例分析,参阅钱永平:《从保护世界遗产到保护非物质文化遗产》,《文化遗产》2013年第3期,第23—29页。作者通过对1972年公约和2003年公约之联系与区别的分析,为我们展现了在这种工作实践中推进的对文化遗产再生产之价值观变化、传递和反思的认识。

研究,布尔迪厄基于法国教育社会学案例的"(文化资本)再生产"的理论建构①,对世界人文社会科学界具有社会理论的范式意义,而"传统的发明"②"文化研究"③等中层的理论资源和"(遗产)文化(再)生产"④"景观人类学"⑤的学科性的理论毋宁更切近讨论文化遗产的再生产。本文的重点在于提供关于当代都市文化遗产保护市民参与的经验观察和思考的文本,以图对此重要而仍较为贫弱的研究有所裨益;本文有限的"文化再生产"理论的提及,一则仅限提起以上有关文化遗产再生产考察的多重理论及其适应性问题,二则仅在表明本文的基本主张,即可持续的文化遗产保护是一种遗产再生产的过程,文化遗产持有者参与其中的遗产再生产是可持续遗产保护的基础性的重要内容;进一步的"文化(遗产)再生产"的理论梳理和讨论留待另文。

以下,本文首先简要介绍杭州西湖文化景观世界遗产;其次,考察市民的文化自觉与城市文化遗产保护及成功申报世界遗产的关系;再次,检视西湖世界遗产化后地方政府和市民互动的遗产保护行动以及面临的课题。

---

① [法]P.布尔迪厄、J.-C.帕斯隆:《再生产:一种教育系统理论的要点》,商务印书馆,2004[1970]年;参阅曾德强:《浅析布尔迪厄"文化再生产"理论》,《当代教育论坛》2009年9月;一个援用于文化遗产再生产的对接性的较好的讨论,参阅耿波:《"后申遗"时代的公共性发生与文化再生产》,《中南民族大学学报(人文社会科学版)》第32卷第1期(2012年1月),第38—43页。

② [美]E.霍布斯鲍姆:《传统的发明》,T.兰杰编,译林出版社,2008[1983]年。

③ 参阅[英]阿雷恩·鲍尔德温等:《文化研究导论》,陶东风等译,高等教育出版社,2004[2002]年;国内该视角衔接民间文化和文化遗产的讨论,参阅高丙中:《民间文化与公民社会:中国现代历程的文化研究》,北京大学出版社,2009年。

④ 参阅[日]田村克己编:『文化の生産』,ドメス出版,1999年;宋俊华:《文化生产与非物质文化遗产生产性保护》,《文化遗产》2012年第1期,第1—5页。

⑤ [日]河合洋尚:《景観人類学の課題——中国広州における都市環境の表象と再生》,風響社,2013年,第23—64页;[日]河合洋尚:《客家建筑与文化遗产保护:景观人类学视角》,《学术研究》2013年第4期。

一、杭州西湖文化景观世界遗产

杭州西湖是文化景观世界遗产。文化景观是"自然与人类联合工程",作为一类世界遗产,其类型特征是强调文化与自然的互动关系的杰出方式与成果;"文化景观遗产的价值,并不在于其单方面文化或自然价值分别达到世界文化遗产和世界自然遗产的'突出的普遍价值',人类与自然的相互关系和综合作用才是其价值的核心所在"[①]。正如世界遗产名录对西湖文化景观遗产的评价:西湖文化景观"反映了人与自然之间的一个理想化的融合"[②]。

当代的杭州西湖文化景观(简称"西湖景观")由以下六类景观要素组成。其一,西湖自然山水环境:西湖景观的自然载体,由五片水域(外湖、小南湖、西里湖、岳湖、北里湖)和三面山峦(南、西、北环湖丘陵峰峦)组成。其二,城湖空间坐落:自12世纪传衍而来的"三面云山一面城"的湖城空间结构。其三,西湖湖面景观格局:"两堤三岛"(9—19世纪间疏浚西湖形成的"白堤""苏堤"和"小瀛洲""湖心亭""阮公墩")的大尺度景观观赏格局。其四,"西湖十景"风光:西湖景观中最具创造性精神和艺术典范价值的核心要素;由创始于南宋(13世纪)并传衍至今的十个诗意命名的系列景观单元(苏堤春晓、曲院风荷、平湖秋月、断桥残雪、花港观鱼、柳岸闻莺、三潭印月、双峰插云、雷峰夕照、南屏晚钟)构成。其五,西湖文化十四史迹:西湖景观千年演变中吸附融汇的儒释道主流文化的十四史迹(保俶塔、雷峰塔遗址、六和塔、净慈寺、灵隐寺、飞来峰造像、岳飞墓/庙、文澜阁、抱朴道院、钱塘门遗址、清行宫遗址、舞鹤赋刻石及林逋墓、西泠印社、龙井)。其六,西湖四季特色植物:主要有春桃、夏荷、秋桂、冬梅之"四季花卉"和承载着中国

---

① 单霁翔:《文化景观遗产保护的相关理论探索》,《南方文物》2010年1月。
② World Heritage List,http://whc.unesco.org/en/list/1334.

茶禅文化传统的龙井茶园及其景观。这六类要素景观分布在杭州西湖文化景观遗产区(3 332 公顷)和缓冲区(7 270 公顷)的湖光山色之中①。

西湖文化景观的形成与演进,和一千多年来生活在这里的人们及其文化(包括地域文化和跨地域的中华传统文化)与自然的相互依存、相互塑型息息相关。今天的杭州一带远古时期经历了一个漫长的从海湾到潟湖再到人工湖的过程,约五六千年前始与大海相隔成为潟湖,潟湖中就有最早随县制(钱唐县)被称为钱塘湖(钱湖)的早期"西湖","西湖"至晚于唐代已成淡水人工湖,随后有了"西湖"的称谓,谓"城西之湖";而西湖景观的形塑大致始于唐中叶②。依据晚近的研究成果,西湖文化景观形成和发展的过程,可分为初创(唐北宋初 9—12 世纪)、成型(南宋 12—13 世纪)、维系(元代 13—14 世纪)、复兴(明代 14—17 世纪)、鼎盛(清代 17—19 世纪)和振兴(近现代 20—21 世纪)这样六个时期③。

1949 年中华人民共和国成立之后,西湖景观保护与振兴主要经历了两大阶段。即社会主义革命时期的国家风景园林制度性保护和文化建设探索阶段,以及改革开放以来的景观保护、文化自觉、全面振兴阶段④。

---

① 中华人民共和国国家文物局:《世界遗产公约申报世界文化遗产:中国杭州西湖文化景观》,2011 年,第 33—37、435 页。
② 参阅林华东、林盈盈:《秦汉以前古杭州》,杭州出版社,2011 年,第 117—134 页;陈文锦:《发现西湖:论西湖的世界遗产价值》,浙江古籍出版社,2007 年,第 17—21 页;林正秋:《西湖文化景观史研究》,浙江古籍出版社,2013 年,第 3—4、228—230 页;周峰主编:《南北朝前古杭州》(修订版),浙江人民出版社,1997 年。
③ 中华人民共和国国家文物局:《世界遗产公约申报世界文化遗产:中国杭州西湖文化景观》,第 177—189 页;王露:《源自天壤、惠及天下:论"西湖十景"的形成与发展》,载杭州西湖博物馆编:《西湖学论丛》(创刊号)2007 年 4 月,第 29—40 页。
④ 参阅杭州市园林文物管理局编:《西湖风景园林 1949—1989》,上海科学技术出版社,1990 年。

新中国成立后,西湖景观作为文化古迹得到正式保护,专门机构保护管理和60年代开始的立法管理同时推进。1949—1983年间,杭州市文物管理委员会和杭州市园林管理局,分别承担西湖的文物古迹和景观环境的管理。1952年两个管理部门组织浚湖,并对灵隐寺、岳庙、六和塔、三潭印月等文物古迹和景点进行全面的保护性修缮,西湖两堤补植桃柳等传统特色景观植物,景点辟为公园对市民开放。1961—2005年间,西湖景区各处的文物古迹陆续被评定为国家级、省级和市级文物保护单位,受到《中华人民共和国文物保护法》等各级文物保护法律法规的明文保护。

1980年以来,随着国家改革开放政策的实施,西湖景观保护进入振兴阶段。1982年,西湖被认定为国家级风景名胜区。1983年9月,杭州市园林管理局与杭州市文物管理委员会合并,组建杭州市园林文物管理局,1996年6月更名为杭州市园林文物局,负责管理包括西湖景区在内的杭州市各级文物保护单位和园林景点。1985年,杭州继承历史上的景观"点景题名"传统,市民和专家评选出"新西湖十景"。西湖景观文化保护意识进一步在市民中传播和培育。为新世纪的文化自觉和西湖文化景观的全面振兴奠定了法规、制度和市民保护参与的基础。

二、杭州市民的文化自觉与西湖文化景观"申遗"参与

在西湖文化景观保护与建设的进程中,保护建设目的与意义,以及与其相关的文化景观价值的再认识的重要契机,分别为20世纪90年代杭州城市化进程的加快时期和世纪之交杭州西湖申遗提出时期。

1. 城市化进程中的市民文化保护意识与行动

中国近现代的城市化大约起始于19世纪中叶,1840—1949年为中国近代城市的始动期(1949年城市化率约为10.6%)、1949—1977年为计划经济时代的城市化波动期(1979年城市化率约为19.96%)、

1978年至今为改革开放时代的城市化加速期(2009年城市化率约为45.7%)①。本文考察的"城市化进程中的市民文化保护意识与行动"议题中所指的城市化,主要是指改革开放以来的城市化。改革开放以来,我国的城市化进程大致经历了以农村经济体制改革为主要动力推动的城市化阶段(1978—1984),以乡镇企业和城市改革双重推动的城市化阶段(1985—1991),以城市建设、小城镇发展和普遍建立经济开发区为主要动力的城市化全面推进阶段(1992—2000)和城市化快速发展、"城市病"显现与城市更新、新型城镇建设探索阶段(2001年至今)②。改革开放以降杭州的城市化进程,在上述时代大背景下,依据浙江省不同时期的城市化基本方针和自身省会中等城市等特点展开。其进程大致可分为以下三个阶段:即1978—1992年的开发老城区阶段,1993—2000年的跨县并乡发展阶段和2001年至今的跨江并县发展阶段③。在此进程中,杭州市民文化保护意识的觉醒与保护行动,主要起始于上述第一、二阶段杭州"旧城改造"的时期。

案例1:两封市民呼吁信与老城区"旧城改造"的"保旧城"转机

20世纪90年代,杭州旧城改造轰轰烈烈地展开,按照原有的旧城改造方案,连吴山脚下南宋"皇城根儿"一带的清河坊四拐角建筑群都不能幸免,当时那一带的老房子上都涂写上硕大的"拆"字,拆除后这里要建成32米宽的大道。1999年3月,河坊街拓宽工程启动,在这历史悠久、文化底蕴深厚的古街即将毁于旦夕的时刻,时任《浙江市场导

---

① 参阅吴艳玲:《中国城市化的历史进程、现状及对策》,《经济研究导刊》第36期(总第74期),2009年;王春光:《对中国城市化进程、现状和未来的社会学思考》,2010年,http://www.docin.com/p-56673756.html;中国市长协会等,《中国城市发展报告》编辑委员会:《2001—2002中国城市发展报告》,西苑出版社,2003年。

② 《国家新型城镇化规划(2014—2020)》,http://www.gov.cn/gongbao/content/2014/content_2644805.htm;《中国城市化进程》,http://baike.haosou.com/doc/2215390-2344209.html。

③ Bluesky:《杭州的城市化进程》(2010-01-06),http://blog.sina.com.cn/s/blog_726411060100pyam.html。

报》副总编黄小杭市民,于4月8日给杭州市委书记和市长写了两封紧急呼吁信,这次的市民呼吁最终改变了老城区河坊街的命运,成为杭州当代城市化进程中走出"建设性破坏"式的旧城改造阴影、开启"保旧城、建新城"路径的一个重要契机。其间,杭州的有关媒体和学术期刊配合刊发保护资讯文论①;在市、区有关部门实地勘察、现场办公的基础上,杭州市委、市政府迅即决定停止该街区的拆迁,并从规划、施工、文物保护等方面对原方案进行重大调整,提出了保护河坊街大井巷传统建筑街巷群落的决定,并经向全国公开招标,于当年9月初确定了设计论证方案。2001年10月18日杭州西湖博览会开幕日,总长460米的杭州清河坊历史街区开街。古建筑和街区景观较好地得到保存,使之最后成为西湖文化景观世界遗产保护区界东端的重要历史文化景观②。

案例2:《杭州老房子》与抢救性记录老杭州的市民群体

如果说90年代杭州旧城改造,尤其是围绕着保护河坊街历史文化遗产的大讨论唤起了社会各界的文化自觉的话,80年代初随着我国与国际文化遗产界的接轨而开展的历史文化名城的评定和保护工作,或许可以说是使古都市民文化自觉觉醒的最早契机。

摆在我们面前的是近十本有关西湖及杭州的老房子的书籍,出版

---

① 4月19日杭州《钱江晚报》在头条显著位置推出《河坊街,让我们仔细地看看你:杭州古城名街访思录》的专题报道;4月20日《浙江市场导报》发表了《清河坊,你不能走》专题文章。两篇文章陈述古街遗存对于历史文化名城杭州的重要性,呼吁保护这方历史文化名城的文脉之地。随后《钱江晚报》还对此议题做了连续的专题聚焦报道,从不同视角引导市民关注古都发展的文化遗产保护问题,引发了社会各界和杭州市民对河坊街保护问题的关注和抢救性记录等保护行动。

② 参阅中国民主建国会浙江省委会:《杭州河坊街改造工程暂停保存古城名街仍须各方努力》,1999年4月,http://www.zjol.com.cn/05zjmj/system/2005/11/17/006370477.shtml;《综述:杭州古建筑"由拆到保"始末》,光明日报2000年2月6日,http://www.sina.com.cn;宣建华、杨晓莉:《清河坊历史文化街区改造的回顾和反思》,《北京规划建设》2004年2月,http://www.docin.com/p-275870497.html;仲向平等:《杭州老房子》(第四编),浙江大学出版社,2014年,第254—258页。

的时间从最早的 2000 年 9 月(《西湖名人故居》),到新近的 2013 年 6 月(《钱塘江历史建筑》),著述时间跨度约有 15 年,这一系列杭州老房子著述的主要作者仲向平告诉我们,资料积累是从 1982 年初,杭州评上"历史文化名城"时开始的,"我写第一本书的时候,杭州大规模在拆,1999 年的时候。有一个领导叫仇保兴,来了以后,争论'清河坊'拆还是保。从这个时候才开始拐过来。"年过半百的仲先生长期居住生活在老城区,他对自己长年的志愿性记录保护工作感到欣慰与自豪:"最主要是消失的和没有消失的老房子,几乎第一个工作就是都跑遍,第二个工作就是采访,除了拍照以外,更重要的工作是记笔记,这个材料有了以后,才可能在 20 年以后写本书什么的。第三个工作就是呼吁。第四个工作是,申遗成功之后为了怎么把它们更好地利用。"《杭州老房子》系列集在对杭州的历史文化建筑、名人旧居等老房子作了大量的实地调查、访谈、摄影(包括抢救性拍摄)的资料收集的基础上,将老房子分为十多个类别,图文并茂,结合历史人物及社会、文化掌故等介绍了四百多处杭州的历史建筑、传统街区中的老房子,在杭州市民中产生了关注城市的历史文化、保护文化遗产的广泛影响①。

像仲向平这样以自己的率先的自愿行动影响社会的文化遗产保护"先行者"市民还有不少:《发现西湖:论西湖的世界遗产价值》和《白居易西湖诗全壁》两书的作者,退休文化系统领导干部陈文锦②;情系西湖保护、30 多年坚持测量西湖水质透明度,五次就西湖申遗、古都文化保护致提案信给市委书记的铁路退休职工谭启晓③;西湖 60 年变化

---

① 笔者于 2014 年 10 月 26 日和 12 月 14 日两次与仲向平先生进行访谈,本段落文字中引述的仲先生的论述主要来自第二次访谈的录音整理。
② 参阅陈文锦:《发现西湖:论西湖的世界遗产价值》,浙江古籍出版社,2007 年;陈文锦:《白居易西湖诗全壁》,西泠印社出版社,2013 年。
③ 参阅《铁路退休职工谭启晓情系西湖申遗》,http://blog.sina.com.cn/s/blog_65ebd0bb0100ucu3.html。

的见证者,数年来捐赠珍贵历史文物百余件的热心市民丁云川[①];80年代开始几乎天天走街串巷拍摄上万张杭城旧影,1999年至2009每年驾驶"钱塘记忆号"走运河拍运河的"老顽童"市民章胜贤[②];一生与巷井有缘,90年代开始走街串巷拍摄老杭州巷井的退休大学教师刘晓伟[③];以及《浙江藏书史》作者顾志兴、业余收藏家赵大川、宝石山腰纯真书吧女吧主朱锦绣市民等[④]。正是以他们为代表的市民的文化认同和文化保护行动,汇聚成了西湖申遗和文化遗产保护的不竭的深层源流。

2. 文化保护进程中的市民文化建设参与

对杭州而言,1982年是个值得记取的年份,国家推动的自然和文化遗产保护的制度性建设的两项申报工作,是年在这座古城得到落实:"杭州市"和"西湖"分别被认定为第一批国家级"历史文化名城"和第一批"国家级风景名胜区",杭州文物和景观的保护进入了一个新阶段[⑤]。杭州市自然与文化遗产保护进一步在理念和制度上提升的又一个契机,是21世纪以来中国(非物质)文化遗产保护运动的展开和世界遗产(申报)保护的进一步开展。1999年,杭州市政府决定实施西湖申报世界遗产,从2001年开始,杭州市开展了为期10年的西湖(整治)综合保护工程,是年确定西湖龙井茶基地的保护范围,2002年,杭州西湖风景名

---

① 丁云川:《我与杭州西湖》,http://blog.cntv.cn/9180147-404478.html;《关心杭州城里的一砖一瓦:专访热心肠老头儿丁云川》,http://roll.sohu.com/20110622/n311335850.shtml。

② 《章胜贤杭城旧影的守望者》,http://gotrip.zjol.com.cn/05gotrip/system/2011/07/27/017713723.shtml;《章胜贤的大运河航行日志》(《遇见大运河》第三集漂流),http://www.56.com/u49/v_MTMzMTY4MzI2.html。

③ 甘居鹏:《刘晓伟:一生与巷井有缘》,http://www.qnsb.com/news/html/2014/renwen_0305/54977.html。

④ 参阅傅璇琮:《顾志兴〈浙江藏书史〉序》,http://www.doc88.com/p-7455439773390.html;《赵大川和他收藏的水利证章》,http://blog.sina.com.cn/s/blog_3e38e8840100gsae.html;《纯真年代书吧女主人朱锦绣光荣当选杭州西湖风景名胜区健康大使》,http://blog.sina.com.cn/s/blog_6358f59b0100xfx0.html。

⑤ 中华人民共和国国家文物局:《世界遗产公约申报世界文化遗产:中国杭州西湖文化景观》,2011年,第187—188页。

胜区管理委员会成立,随着西湖博物馆的成立(2005)和西湖—龙井茶园列入中国世界遗产预备名单(2006)以及持续数年的西湖综合保护工程的显著成效,2007年杭州市开展了"三评西湖十景"的市民性文化景观保护活动①。这一系列文化保护工作的展开,影响并推进了笔者谓之曰"文化保护进程中的市民文化建设参与"的保护实践,为西湖成功申报文化景观世界遗产奠定了重要的市民认知与保护行动的基础。

案例3:"普通人"著书立说《发现西湖》

2014年10月,杭州金桂飘香,《中国城市学年会(2014)》在钱塘江畔的天元大厦隆重举行,第五届钱学森城市学金奖、西湖城市学金奖征集评选活动的专家评审会及"两奖"授奖仪式同时举行。在闭幕式的授奖仪式上,一位鹤发童颜的"普通人"陈文锦先生以其《发现西湖:论西湖的世界遗产价值》一书荣获本年度钱学森城市金奖②。

时已年过七旬的陈先生的获奖著作是杭州市在西湖申报世界遗产的过程中,第一本系统性地论述西湖文化遗产价值的专著。著作于2007年出版,当时正值杭州对西湖遗产的定位有了方向,但还缺乏整体性研究梳理和系统性地理论探讨和阐述的阶段,因而对推进世人认识西湖,对杭州更有研究依据地确定从"西湖文化"价值的保护入手申报"文化景观"世界遗产都产生了重要的积极影响③。

---

① 笔者就西湖申遗进程与市民参与及地方文化研究等问题,两次会晤浙江文物局原副局长陈文锦先生(2014年10月26日、12月26日),本段落之引述文字依据2014年12月26日的访谈录音。

② 杭州国际城市学研究中心:《中国城市学年会2014材料汇编》,2014年10月,第85页。

③ "原浙江文物局副局长陈文锦把西湖精准地表达出来",http://news.hexun.com/2011-06-28/130950620.html。2014年12月26日,笔者访谈了西湖博物馆首任馆长吴胜天先生,作为西湖申遗的亲历者,他对《发现西湖》一书同样给予很高的评价,他指出:"2006年他把初稿给我看,我说,西湖明摆着在那里,你又写'发现西湖',你肯定有新的视角。这本书对申遗起了很大的作用。他原来是杭州园文局的副局长,专门管文物等,后来调到省局去的,所以他对杭州还是非常钟爱的,对西湖的文化建设也很关注。申遗的时候,他也是作为专家组的成员,组长。"(上述引述来自笔者和研究生王小娟对吴胜天先生进行的访谈录音。时间:2014年12月26日中午,地点:西湖博物馆,录音整理:王小娟)

文化遗产的再生产:杭州西湖文化景观世界遗产保护的市民参与

　　退休之前的陈先生是一位学者型的地方文化(文物)系统的行政(负责)官员。他早年毕业于北京大学,20世纪80年代以来曾在杭州市园林文物局和浙江省文物局先后各担任过八年的主要领导工作,还是西湖申遗工作最早的倡导者和力行者。2004年退休之后,虽然还部分参与杭州市的西湖文化研究和西湖申遗咨询等工作,然而,之后出版的有关论著却又都是作为一名普通市民对西湖文化的热爱和责任感所驱使的自主行动的产物:"我从2005年的夏秋之交完成(《西湖丛书》编辑委员会)课题之后便开始酝酿后续动作,最终萌发了写这本《发现西湖》的念头。试图运用自己在工作中的积累,对西湖的来龙去脉、历史现状、成绩问题进行一番系统的梳理。"①得益于经年悉心致力于西湖文保的长期的工作浸润、思考和研究,陈先生全力以赴、三易其稿,终于2006年底完成了十余万言的论西湖之世界遗产价值的拓荒之作。在该书中,陈先生首次尝试系统性地论述西湖的世界遗产价值。他从生态资源和文化资源两个向度,综合性地对"西湖"的形成发展作了地质考古学、历史学、文学、美学等学科视角的研究成果梳理和讨论,提出并论证了"西湖文化"——"西湖本质上是一种文化形态"的观点,认为西湖文化的特征在于她的"极具自然亲和力的和谐之美""深沉醇厚的人文之美"和"时空变换中的流动之美"②;他指出:"在中国,有西湖这样的自然条件(山环水绕)的地方绝非仅此一处,从理论上说,完全可以打造出可与西湖并驾齐驱的优秀风景区,但事实上并没有出现过。因为文化的基因是无法复制的"③,"西湖的美是人和自然协调、呼应、互动的产物,是封建时代农业经济和都市文明的产物,是东方文化特有的审美范式的产物。"④

---

① 陈文锦:《发现西湖:论西湖的世界遗产价值》,浙江古籍出版社,2007年,第176页。
② 陈文锦:《发现西湖:论西湖的世界遗产价值》,第22—32、59—82页。
③ 陈文锦:《发现西湖:论西湖的世界遗产价值》,第31页。
④ 陈文锦:《发现西湖:论西湖的世界遗产价值》,第30页。

了解了陈先生的西湖情怀和工作、研究及著述的重大贡献,相信许多读者都会同意这样的说法:准确地说,陈先生是个"不普通"的"普通人"。在"文化保护进程中的市民文化建设参与"阶段,能力和贡献可以有大小,文化自觉的众多杭州市民积极的保护参与,在精神上与陈先生是共通的,他们每一个人的热心和行动,自下而上地推动着西湖申遗及遗产保护行动的开展。

案例4:宝石山书吧与市民"申遗"实践

宝石山横亘于西湖北面,它是地质年代侏罗纪晚期燕山构造期的产物,火山喷发过程中的冷凝物呈赭红色,更因其中含有如同宝石的红色晶莹小石子而得此山名①。自北宋以来,宝石山又因其东端山脊所建佛教建筑——保俶塔②而锦上添花、远近闻名。晚近,再因夜间点缀山体熠熠生辉的现代园林景观灯的艺术效应而倍增璀璨、美不胜收。1985年杭州开展的"新西湖十景"评选,宝石山景点以"宝石流霞"的景名位列西湖新十景之中。保俶塔伫立处的宝石山山腰有一处开阔地,传说那里"过去是老外造的(房子),英国人叫梅藤根"③,而现在这里的房子里落户的是具有"杭州市民文化地标""西湖边的文化客厅"等美称的"纯真年代书吧"。吧主朱锦绣女士原为大学英语教师,她的西湖情怀和文化传播的创意事业,有一天还感染了前来杭州考察西湖申遗的国际遗产保护专家,让考察专家具体感受到杭州市民的西湖情怀和活态文化遗产的脉动。

2010年9月29日,"那天(指专家来杭考察的第三天)是下雨天……

---

① 熊振:《悠悠沧桑话西湖:谈"西湖家族"史》,载周峰主编:《南北朝前古杭州》(修订版),浙江人民出版社,1997年,第246页;参阅第245—249页。

② "该塔一带在18世纪的'西湖十八景'和'杭州二十四景'中题名为'宝石凤亭'",中华人民共和国国家文物局:《世界遗产公约申报世界文化遗产:中国杭州西湖文化景观》,第154页;参阅第154—155页。

③ 上述引述来自笔者和研究生朱晓莲对《杭州老房子》作者仲向平先生的访谈录音。时间:2014年12月14日,地点:杭州天元大厦,录音整理:朱晓莲。

文化遗产的再生产:杭州西湖文化景观世界遗产保护的市民参与

当时我看到他们从山上来,我就出来迎接他们,我说:'Welcome, I'm the owner of this book bar.(欢迎您,这是我经营的书吧)'然后把他们请进来,她说:'Wow, beautiful place.(噢,好美的书吧呀)'她就觉得非常好,拿相机拍。本来安排她坐在莫言那副对联前面的,结果她站在窗边就不坐下来,相机一直在拍。我看她一直在拍不坐下来,就乘势跟她讲:你看西湖多美啊,我们有古诗云——晴西湖不如雨西湖,你来得正是时候,最具有朦胧美的时候。我们这个位置西湖的十景可以见八景。本来专家一行计划在这里待五分钟,然后她还跟我合影跟我换名片,很喜欢这个书吧,结果到我这里一刻多钟……后来她来杭州的时候又问我们'纯真年代'怎么样了,那次就令她印象非常深刻"[1]。吧主朱锦绣女士在和笔者谈起这段往事时记忆犹新,亦颇为自豪。

这位对文化遗产的市民认同、活态传承十分重视的国际古迹遗址理事会(International Council on Monuments and Sites, ICOMOS)的韩国专家朴素贤(Sohyun Park)教授,于2010年9月27—29日对杭州申报的"西湖文化景观"世界遗产进行实地考察。朴素贤结束考察的那天,她接连用四个"没想到"概括了对这次考察的总体感受:没想到杭州的城市发展如此有活力;没想到西湖的景色和保护管理比文本描述的还要好;没想到西湖申报区没有一个房地产开发项目;没想到西湖文化景观有这么多动人的故事。这次实地考察后,朴素贤教授于2010年10月底,出具了评估报告并递交至ICOMOS总部。现场评估报告是此后所有的申报评估环节中,最基本的两个要素之一[2]。2011年6月24日,在第35届世界遗产大会上,中国"杭州西湖文化景观"获全票通过,列入《世界遗产名录》,这个结果也许在朴教授出具的现场评估报

---

[1] 上述引述来自笔者和研究生朱晓莲对吧主朱锦绣女士进行的访谈录音。时间:2014年12月14日,地点:杭州"纯真年代书吧"二楼,录音整理:朱晓莲。
[2] 《记者揭秘:申遗大考西湖如何"考"出高分》,http://www.china.com.cn/economic/txt/2011-06/26/conten t_22859515.htm。

告中就已经预见。不言而喻,来自现地的像"纯真年代书吧"这样的杭州市民的文化保护参与在西湖申遗中做出的贡献也是独特的。

三、后"申遗"时期杭州政府和市民的文化遗产保护实践及其课题

2011年6月世界遗产委员会在审议通过将"杭州西湖文化景观"列入世界遗产名录的同时,也对其今后的保护管理工作提出了建议,包括开展景观要素监测、保护山际轮廓线、科学控制相关发展项目等5个方面,这也正体现了国际古迹遗址理事会评估报告的要旨:西湖面临的主要的压力可能来自杭州城未来的发展、飞速发展的旅游业和环境的约束等因素①。

白驹过隙,三年多光阴荏苒,2014年7月,联合国教科文组织表彰杭州市具体负责西湖文化景观世界遗产保护管理的"西湖景区管理委员会",并授予《世界遗产保护管理荣誉证书》,杭州成了在全国所有世界遗产地中首家获此殊荣的城市②。笔者的调研也表明,2011年至今的杭州后申遗时代的西湖文化景观世界遗产的保护进程,总体呈现了政府和社会"官民协力"的遗产保护特征,取得了成功经验。以下我们进而考察杭州后申遗时期"官民协力"的遗产保护状况、经验和面临的课题。

1. 后"申遗"时期杭州政府和市民的保护实践

遗产保护地的立法遗产保护是国际遗产保护的重要理念和内容,也是杭州启动西湖申遗工作后着力推进的重要工作,十多年来杭州制定了《杭州西湖文化景观保护管理条例》等六部相关法律法规,申遗成

---

① 参阅刘修兵:《西湖申遗把美告诉世界努力"保老城、建新城"》,http://www.chinanews.com/cul/2011/07-06/3162649.shtml。

② 杭州市综合考评委员会办公室:《杭州西湖风景名胜区管委会(市园文局)主要工作职责和2014年主要工作亮点》,http://220.191.210.153:8023/kpwgzzz/listSingleGzznByUnitId.do? ggUnitId=24309&ggYear=2014。

功后又恰好迎来了第六部法规《杭州西湖文化景观保护管理办法》(2008,2009)的修改并升格,升格后的《杭州西湖文化景观保护管理条例》(2011)的制定与实施,使得杭州市于 2008 年编制的《杭州西湖文化景观保护管理规划纲要(2008—2020)》和于 2010 年完善制定的《杭州西湖文化景观保护管理规划》的执行有了明确的法律依据,为后申遗时代的西湖文化景观世界遗产的立法保护提供了重要保障①。

加强西湖文化景观遗产保护的完善的技术监测和实时动态管理平台的建设,也是杭州政府在申遗成功后着力的一项重要工作。早在 2004 年杭州就组建了"西湖景区实时管理监测中心"和遗产保护区内的 43 个现场分控室及 19 个现场管理机构;2011 年 6 月杭州西湖景观世界遗产申报成功后,在国家文物局的指导下,杭州将建设完善的西湖文化遗产监测预警体系作为推进遗产保护的重点工作。是年 7 月 13 日,"杭州西湖世界文化遗产监测管理中心"正式揭牌,该中心与杭州此前设立的上述有关机构共同构成了更有效的西湖文化景观世界遗产的监测管理体系,实现了运用现代科技手段对遗产区和缓冲区实施全面的实时动态的保护管理,也为申报世界文化遗产成功的国家和城市提供新的保护经验②。

笔者以为,在后申遗时代的世界遗产保护管理的探索方面,重视联合整合市内外、国内外相关遗产保护机构和资源,组建保护研究和管理"智库"式的实体性开放性平台,也是杭州政府颇为独特的探索经验。近年在包括西湖文化景观世界遗产保护在内的遗产保护与都市更新方

---

① 参阅杭州西湖申报世界文化遗产工作领导小组办公室:《杭州西湖文化景观保护法律法规汇编》(非卖品),2010 年;杭州人大:《杭州西湖文化景观保护管理条例》,http://www.hzrd.gov.cn/wxzl/flfg/hzsfg/201112/t20111214_284738.html。

② 参阅杨小茹:《历史城市景观保护发展研究报告:以"活态遗产"杭州西湖文化景观为研究对象》,载杭州国际城市学研究中心编:《中国历史城市景观保护发展报告(2013)》,杭州出版社,2013 年,第 161—162 页;杭州西湖风景名胜区管委会:《杭州西湖文化景观申报世界遗产》,http://kpb.hz.gov.cn/showpage.aspx?id=701&nid=7497。

面发挥独特而重要作用的"杭州国际城市学研究中心"(以下简称"杭州城研中心")就是这样一个智库取向的保护研究和管理协调的机构。

案例5:"杭州城研中心"工作机制中的专家学者及普通市民的参与

"杭州城研中心"机构内的"杭州城市学研究会",是2010年由杭州市委办公厅批准成立的专门从事城市学、杭州学研究的学术性、地方性和非营利性的社团组织,其105名会员主要来自杭州各高校、研究机构相关专业的专家学者。他们以学会会员的身份参与各种制度性和非制度性的研究及保护遗产的工作。此外,普通市民参与也有相应的机制,如上述机构定期举行的"钱学森城市金奖、西湖城市学金奖"征集评选工作,也同样对广大市民的献计献策的保护参与敞开大门。其中尤以"西湖城市学金奖"("金点子奖")参与的"准入"门槛较低,普通市民也有实现实际参与的可能性,除了上半年的市民提案参与外,下半年接着又有大约两周时间的"西湖城市学金奖"100个入围"金点子"的公开网络市民投票,市民的投票结果对选出各个议题的前20个"金点子"有重要的影响。年复一年的两奖征集评选活动,不但传播了文化遗产保护等建设智慧城市的理念,也逐步完善包括保护世界文化遗产在内的都市历史遗产之制度性的市民保护参与的机制[①]。

案例6:新景观的市民营造:西湖志愿者,"读诗猜景""快闪颂西湖"

西湖景区的市民志愿者服务也是杭州市民遗产保护参与的重要方面。西湖文化景观世界遗产保护与西湖景区的游客的文明游览及景区

---

① 参阅杭州国际城市学研究中心:《中国城市学年会2014材料汇编》,2014年10月,第20—27、85—94页;《第五届钱学森城市金奖、西湖城市学金奖征集评选活动公告》,http://www.urbanchina.org/n/2014/1231/c369519-26308842.html,西湖城市学金奖2014年网络投票入口,http://www.urbanchina.org/n/2014/0829/c369550-25568786.html。笔者参加了2013年、2014年的"中国城市学年会",并对有关问题做了考察。

文化遗产的再生产:杭州西湖文化景观世界遗产保护的市民参与

人流密集期的疏导等服务的关系密切,西湖景区的志愿者在景区游客服务方面发挥了重要的作用。杭州西湖志愿者服务总队成立于2004年12月5日,而早在1993年12月杭州的志愿者就在保护西湖绿色行动中诞生,这一年也成了杭州志愿服务的元年;2013年,隶属于杭州西湖风景名胜区(杭州市园林文物局)领导的杭州西湖志愿者服务总队已有注册志愿者2 600余名,注册团体30个,下辖10个分队,33个青年突击队,12个志愿服务基地和10余所签约高校,环西湖建有柳浪闻莺、苏堤春晓、曲院风荷、雷峰夕照四个服务"微笑亭",累计组织了46万人次志愿者在西湖申遗宣传、假日旅游服务、西湖文化宣传、西湖山林管护、西湖环境保护、科普文保服务、社区服务、大型赛会等领域提供了超过276万小时的志愿服务,为西湖申遗和西湖文化景观世界遗产的保护做出了重要的贡献[①]。

2009年,近十年来顽强坚持公益取向、商业经营以维持可持续发展的"纯真年代书吧",遂以杭州市文化创意产业的项目移址宝石山山腰[②],开启了书吧"西湖边的文化客厅"和西湖文化遗产保护市民参与之窗的时代。"我们要为西湖'后申遗时代'做贡献。因为西湖不能就此,我们只享受前人的成果,我们要为以后创造遗产才对,所以我们一定要为这个西湖做些什么事"[③]。朱锦绣市民的这番话,表明了一批走在文化遗产保护参与前列的杭州市民的文化自觉。

2014年12月18日上午,笔者一行来到"纯真年代书吧"二楼临湖会议室,这里正举行书吧"读诗猜景"的团队活动节目。来自浙江省小

---

① 参阅《纪念杭州市西湖志愿者服务总队成立十周年》,http://bbs.hzva.org/thread-530653-1-1.html;《杭州西湖志愿者服务总队西湖志愿者招募》,http://bbs.hzva.org/thread-162844-1-1.html。

② 朱锦绣:《第五届西湖读书节纯真年代分会场开幕式致词》(2011年4月23日),载朱锦绣:《纯真年代的回望:纯真年代书吧14周年纪念》,2014年,第7页。

③ 上述引来自笔者和研究生朱晓莲对吧主朱锦绣女士的访谈录音。时间:2014年12月14日,地点:杭州"纯真年代书吧"二楼,录音整理:朱晓莲。

学德育名师班的16位教师,兴致盎然、满怀期待地围坐在会议室的长桌周围,在吧主朱锦绣女士的引领下,开展"读诗猜景"的团队素质拓展活动。随着屏幕上放映出"西湖十景"(经典十景、新十景、三评之十景等)某一景观的现代诗警句的提点,大家竞猜相应的西湖十景之景目,猜中后,再由在座各位轮番朗读描写该景观的现代诗原作。"越来越冷的风,越来越暗的桥,幽蓝色的湖面上,越来越寂寞的烟花……"随着"断桥残雪"的景目被猜中,一位女教师轻轻朗诵起这样的诗句。围坐的老师们或是和着轻吟,或是手捧当代浙江女诗人卢文丽的诗集①默读着,或是用手机为登台朗诵者拍照、录像;来自浙江各地的小学老师代表们浸染着诗情画意的文化西湖中,并将为自己的学校和师生们带回杭州西湖的美妙和湖畔的书香。

2014年5月"纯真年代书吧"主办的白堤"千人快闪颂西湖"活动,更是市民团体协力创意的西湖文化景观世界遗产保护参与之创举。社会企业型的"纯真年代书吧"因其显著的公共性趣旨和卓有成效的文化创意运作,赢得了社会的尊重和政府的认可、支持,书吧也承担着每年杭州"西湖读书节"分会场等公共文化任务。白堤"千人快闪颂西湖"活动即源自书吧"第八届西湖读书节"分会场的创意设计。

"快闪"是近年国内外都市社会生活中出现的即兴大众参与式的行为艺术,以出其不意、新奇变幻、亲和感动、搅动参与为形式特征,常为都市日常的匆忙沉闷带来一份意外的惊喜和惬意。"快闪"的主体表演团队要有急速转换性机制,或由全能的团队即迅变换演技,或由数支分团队闪动交替展演。这次由朱锦绣女士设计、"纯真年代书吧"组

---

① 这个近年来新近创制的西湖文化传播的书吧业务节目,采用2009年出版的浙江女诗人卢文丽的现代诗诗集《我对美看得太久——西湖印象诗100》来做文本。关于该诗集,参阅《"我对美看得太久——西湖印象诗100"研讨会召开》,http://www.chinawriter.com.cn/bk/2009-12-18/40299.html。书吧的这个节目曾在贵州省小学好校长成长计划项目班(2013年10月)、长三角高校研修班(2014年9月30日)等团队的素质拓展等项目中使用,受到好评,成为近年书吧的保留节目。(朱锦绣访谈笔记2014年12月14日)。

织实施的"快闪颂西湖",共联系召集了浙江图书馆文澜朗诵团志愿者(出演旗袍及青年装诗颂等)、浙江传媒学院志愿者(春姑娘朗诵组)、启正中学志愿者(中学生方阵)、西湖志愿者总队志愿者(红帽子志愿者团队)和陈氏太极拳协会杭州分会志愿者(太极拳演舞组)等五支志愿者团队合作,拟以数支分团队闪动交替展开的形式出演①。

2014年5月24日,一支由五支分团队组成的百余人的市民志愿者主演团队展演在西湖白堤一带隆重举办"快闪颂西湖"活动。表演者陶醉其中,观赏的八方游客也惊喜不已,"快闪颂西湖"不但创意地演绎了"西湖读书节"文化,这样的当代市民的西湖文化景观之中的文化实践,正谱写着西湖文化景观之创意新篇。

2. 杭州后"申遗"时期市民文化保护参与之课题

1993年联合国教科文组织在世界遗产名录增设人与自然互动成就的"文化景观"世界遗产后,复于2003年推出重视人类精神遗产保护的《保护非物质文化遗产公约》,2011年又再通过了把文化景观保护纳入城市遗产保护和城市更新议程之中的《关于城市历史景观的建议书》。无论"文化景观"保护或是"非物质文化遗产"保护,还是"城市历史景观"保护,都重视文化持有者在文化遗产保护中的主体性、合法性地位,重视遗产保护的社区及市民的保护参与和权益诉求。例如,联合国教科文组织晚近通过的《关于城市历史景观的建议书》就对地方层面应用"城市历史景观"(HUL)方法所需的工具手段有明确规定,其中列在首位的"公众参与手段"规定:"公民参与手段应让各部门的利益攸关者参与进来,并赋予他们权力,让他们能够查明其所属城区的重要价值,形成反映城区多样性的愿景,并确立目标,就保护其遗产和促进可持续发展的行动达成一致。作为城市治理动态的一个组成部分,

---

① 上述引述来自笔者和研究生朱晓莲对吧主朱锦绣女士的访谈录音。时间:2014年12月14日,地点:杭州"纯真年代书吧"二楼,录音整理:朱晓莲。

这些手段应通过借鉴各个社区的历史、传统、价值观、需要和向往来达成,同时应促进相互冲突的利益和群体间的调解和谈判,为文化间对话提供便利。"[1]

根据联合国教科文组织文化遗产保护的新理念,结合杭州都市历史遗产市民保护参与的实际情况和我们的相关初步研究,我们建议重视以下市民保护参与文化遗产保护与城市更新的杭州课题。

其一,倡导"赋权"式的市民保护参与。目前杭州文化遗产市民保护参与总体呈现一种政府强有力领导协调、"吸纳"式的市民保护参与格局,景区社区居民的保护参与也具有这种特征。这种"吸纳"式的市民保护参与的优长之处,如上文事例所示:绩效快捷、政府主导之处的保护参与也呈组织化、秩序化状态;然而,市民自主、自下而上形成秩序的保护参与,由于政府赋权的有限使之展开的广度和深度都不足,景区社区居民的自治式治理有待改善[2]。"赋权"式的市民保护参与是国家法治化、构建现代治理体系时代的必然趋势,杭州的"赋权"式的市民保护参与必须高瞻远瞩、不失时机地结合社区治理和城市历史景观保护契机进行倡导和改革转换,扩大市民自主性、创意性保护参与的可能空间,增强市民作为文化持有者的草根及政社互动机制。

其二,推进社会企业等市民自组织的保护参与。如上述研究所示,"纯真年代书吧"类型的市民自组织显示了独立主体与政府合作推动文化保护和发展的独特活力与创意。应鼓励在现有的商业和社会组织

---

[1] 转引自 Ron VAN OERS、周俭:《2011 年联合国教科文组织〈关于历史性城镇景观的建议书〉在亚太地区的事实》,载杭州国际城市学研究中心编:《中国历史城市景观保护发展报告(2013)》,杭州出版社,2013 年,第 12 页。

[2] 据赵艳晚近的研究所示,景区内"农家乐"旅游发展的自治管理缺失,景中村村民无序以至违规的"农家乐"发展给景区景观带来损害,尤其是餐饮等污物污水的无规划的随意排放等,给景观生态带来极大危害和隐患。这对我们思考落实赋权式的自治以形成社区自身的秩序的必要性提供了重要的契机。参阅赵艳:《关于杭州西湖"后申遗时代"保护管理的若干思考》(华东政法大学 2011 年硕士论文),2011 年,第 19—20 页,http://cdmd.cnki.com.cn/Article/CDMD-10276-1012306736.htm。

法规的框架下,市民商业或民办非企业单位("民非")登记,兴办社会企业性质的文创企业或社会及社区法人组织,真正让文化保护与发展的各利益攸关者参与到文化保护进程中来,在权益保障和协商共赢的制度下,推进扎根的、可持续的市民自组织的文化保护参与和官民及各界的携手创造。

其三,保护研究的国际公民的保护参与。2012年10月26日发布的《历史城市景观保护联盟杭州宣言》,郑重倡议"共同致力于历史城市景观保护研究"[①],"杭州城研中心"的成立和跨界整合国内外资源的实践也初见成效。西湖文化景观的世界遗产化,使遗产保护进入国际社会参与保护和保护研究的时代。我们需要建构保护研究的国际公民的保护参与机制,发挥在杭高校、研究机构以学科特长,从不同的视角和学科背景及合作国际学界的这些优势,来推进杭州文化及历史遗产的保护研究。诸如文化人类学学科,其分支学科政治人类学研究对文化遗产研究、对了解和揭示市民的文化保护参与现状与机制都具有独特的方法和功用,而生态人类学、景观人类学等的研究则对都市历史景观的整体性保护和历史性景观与绿色环境关系等前沿问题的拓展等均有重要的理论指导意义;亚洲人类学研究重镇日本国立民族学博物馆("民博")具有较强的生态人类学等研究力量,并与浙江大学人类学研究所有良好的学术交流合作关系,联络"民博"等国际尖端学术机构参与杭州的都市历史景观的保护研究大有裨益。此外,广义的保护研究的国际公民的保护参与,还应包括吸引欧美、日韩等文化遗产保护先行国家的退休赋闲的部分优秀专家学者,以至经验丰富的文化行政官员、社会组织领袖等人才,为他们发挥智慧和余热提供契机和条件;广纳天下之英才,建构新世纪杭州国际化的传统文化传承和未来文化创造之都。

---

① 参阅《历史城市景观保护联盟杭州宣言》,载杭州国际城市学研究中心编:《中国历史城市景观保护发展报告(2013)》,杭州出版社,2013年,第455—457页。

困惑与选择：文化空间的旅游化生存实践探析

田 敏 邓小艳

摘 要：文化空间是特定文化的集中展现，是非物质文化遗产的两种基本类型之一，国内关于文化空间的理论研究和保护实践都取得了初步成果。文化空间与旅游开发存在相辅相成的关系，但在旅游化生存实践中需要消除对文化空间内涵及其原真性认识方面的困惑，以文化遗产保护为核心，注重特色旅游产品的打造和整体旅游氛围的营造，并在多方力量的推动下，创造一个可持续地体现文化精髓的旅游体验空间。

关键词：非物质文化遗产；文化空间；旅游化生存

一、国内关于文化空间的研究综述

"文化空间"是联合国教科文组织在保护非物质文化遗产时使用的一个专有名词。根据联合国教科文组织的定义，"文化空间是具有特殊价值的非物质文化遗产的集中表现"，"一个集中举行流行和传统文化活动的场所，也可定义为一段通常定期举行特定活动的时间"。在中国，"文化空间"概念不仅在国家政策条文中可见，而且逐渐被运用到非物质文化遗产的理论研究和保护实践中。

从近几年研究文献来看，主要集中在以下几个方面的研究：一是对文化空间概念和特征的研究。"文化空间"在不同的语境下有不同的阐释,在非物质文化保护语境下,向云驹指出,文化空间是作为一种文化形式加以特别运用的,并赋予此一名词以特殊的文化指定,还特别强调,"文化空间"是"人类学"的概念,既是一个物理场,也是一个文化场,在这个自然场、文化场中,有人类的行为、时间观念、岁时传统或者人类本身的"在场"①。关于文化空间的特征,联合国教科文组织和中国官方文件指出,文化空间兼具时间性和空间性。张博指出,文化空间具有活态性、本土性和整体性②。朴松爱、樊友猛认为,文化空间具有本真性、表征性和系统性③。二是对文化空间保护的研究,主要集中在保护重要性和保护措施的研究。乌丙安指出,民俗文化空间是非物质文化遗产保护的重中之重④。刘朝晖指出,文化空间应该成为我国非物质文化遗产保护的一个重要实践单位,它不但可以为非物质文化遗产保护提供一种新的实践形式,而且还能够为目前正在探索的文化生态保护实验区的建设提供借鉴价值⑤。张博指出,对文化空间保护就是对其"根"和"本"的保护,对"根"的保护即对文化传承者的保护,对"本"的保护就是对文化空间本土性与整体性的保护⑥。阚如良等将文化空间划分为核心区、缓冲区和实验区,提出了分级保护的构想⑦。李

---

① 向云驹:《论"文化空间"》,《中央民族大学学报(哲学社会科学版)》2008年3月,第82—88页。
② 张博:《非物质文化遗产的文化空间保护》,《青海社会科学》2007年1月,第33—41页。
③ 朴松爱、樊友猛:《文化空间理论与大遗址旅游资源保护开发——以曲阜片区大遗址为例》,《旅游学刊》2012年4月,第39—47页。
④ 乌丙安:《民俗文化空间:非物质文化遗产保护的重中之重》,《民间文化论坛》2007年1月,第98—100页。
⑤ 刘朝晖:《中俄非物质文化遗产保护比较研究:基于文化空间的分析视野》,《中南民族大学学报(人文社会科学版)》2010年1月,第24—29页。
⑥ 张博:《非物质文化遗产的文化空间保护》,《青海社会科学》2007年1月,第33—41页。
⑦ 阚如良、汪胜华、梅雪:《非物质文化遗产的文化空间分级保护初探》,《商业时代》2010年第34期,第102—103页。

山海文明：跨学科的视角

玉臻通过对文化空间内涵的剖析和解读，提出了文化空间保护的崭新理念，即用文化生产与再生产对其进行保护，并指出这也是文化空间可持续发展的关键①。还有一些学者分别选择某个文化保护区、民族村寨、民族或民族文化事项等个案的文化空间保护进行探讨。三是对文化空间的现代生存研究。苑利、顾军在探讨文化空间开发可行性的基础上，提出应在保护好其原有生态基础上，对该遗产进行适度开发，并就目前三种开发模式即生态博物馆、民俗村和文化生态保护区进行探讨②。张晓萍、李鑫在王德刚教授提出的"旅游化生存"基础上，结合文化空间的现实诉求，提出旅游化生存是增强文化空间生命力和竞争力的有效途径，并认为"大型实景歌舞展演"和"非物质文化遗产景观旅游"是文化空间旅游化生存的可取之道③。

综上所述，国内关于文化空间的研究已取得较多成果，在对文化空间的界定中，虽然套用联合国教科文组织的定义，但在分析其必备的空间维度和时间维度方面基本达成了共识；对文化空间的保护和现代生存实践研究，虽然都有不同层面的涉及，但大多比较粗略和泛化，对其旅游化生存实践的探讨更是鲜有涉足，提出的生存路径大多适用于作为具体文化表现形式的非物质文化遗产的旅游开发，缺乏对文化空间本身特质及其旅游价值的把握。因此，本文试图在辨析文化空间与旅游开发关系的基础上，结合目前旅游化生存实践认识方面的困惑分析，对文化空间旅游化生存路径进行探讨，以期对文化空间的传承和保护提供些许借鉴。

---

① 李玉臻：《非物质文化遗产视角下的文化空间研究》，《学术论坛》2008年9月，第178—181页。
② 苑利、顾军：《文化空间类遗产的普查申报以及开发活用》，《原生态民族文化学刊》2009年4月，第63—71页。
③ 张晓萍、李鑫：《基于文化空间理论的非物质文化遗产保护与旅游化生存实践》，《学术探索》2010年7月，第105—109页。

二、文化空间与旅游开发的关系辨析

作为非物质文化遗产类型之一的"文化空间",是一个独特的文化概念,其形成与特定的历史场景和文化传统密切相关,是当地民众通过各种实践、表演、技能、表现等形式,共同寻找一种认同感和历史感及情感归宿的"地方"和场所。我国各民族的传统节庆活动、庙会、歌会、集市等,都是典型的具有民族特色的文化空间。伴随民族文化旅游的蓬勃发展,文化空间的旅游开发价值日渐呈现,旅游开发作为文化空间的现代生存和发展模式也日益得到践行,文化空间与旅游开发逐渐体现出一种相辅相成的关系。

1. 文化空间拓展了旅游者的旅游空间

随着社会的发展,旅游已经越来越成为人们提高文化生活品质的重要实践方式,"旅游使文化成为可展示的物品和可参观的地方"[①]。而文化空间作为非物质文化遗产中最集中、最典型、最生动的形态和形式,所蕴含的多功能、多形态、多关联的文化意义正好契合旅游者的文化旅游消费需求。同时,文化空间中通常会有一种文化品类特别突出、特别独特、特别有价值,其所蕴含的独特精神价值、文化价值和审美艺术价值能够带给旅游者更为难忘的异质文化体验。而且,文化空间是集非物质文化遗产、物质文化遗产以及作为遗产背景的自然景观于一身,更具景观价值,因此在很大程度上能更好地拓展旅游者的旅游空间。

2. 旅游开发拓展了文化空间的现代生存空间

任何一种文化要存续下去,就必须进行自身文化的调适与再生产,以适应生存发展的现实之需,文化空间也不例外。而且,随着现代化进

---

① [英]贝拉·迪克斯:《被展示的文化:当代"可参观性"的生产》,北京大学出版社,2007年,第41页。

程加快和主流文化的冲击,文化空间的传统生存空间越来越窄,甚至渐渐转变或消逝,现代生存空间的培育是重塑和延续其生命力的关键。而文化空间存在的核心价值和理论依据在于其完整地、综合地、真实地、生态地、生活地呈现其所蕴含的丰厚非物质文化遗产,是"活态"文化遗产的独特呈现,其保护更不能固守传统的"静态保护",而应寻求一种符合时代特征的"动态保护",才能更好地让其作为一种生活的、生命的文化而实现永久"存活"。在民族旅游蓬勃发展的现阶段,将文化空间作为一种旅游资源进行合理、有效地开发和利用,无疑是一种契合时代消费需求、更好地展现其生机与活力的有效途径。旅游化生存不仅能让文化空间的独特价值得到更好的发掘和展示,而且能够培育更多的受众和传承载体,促使文化意义的传播和共享,拓展其现代生存空间。

三、文化空间旅游化生存实践的困惑

文化空间不仅是非物质文化遗产的一种形式或类别,也是一种理念,为保护非物质文化遗产提供了科学范式和全新视角。在认识到文化空间与旅游开发存在相辅相成关系的同时,文化空间的旅游化生存实践逐渐展开。但在具体实践中,还存在一些认识方面的困惑。廓清认识、消除困惑是探求一种可持续旅游化生存之路的首要前提。

1. 对文化空间本身内涵的理解存在困惑

文化空间作为非物质文化遗产之一种,具有类型学意义。要准确理解文化空间的含义,至少要涉及三个层面:一是一定范围内的空间区域,二是周期性的文化表现形式,三是自我和他者对其文化存在和实践的价值判断[①]。也就是说,文化空间不仅是物理性的地域空间概念,

---

① 刘朝晖:《中俄非物质文化遗产保护比较研究:基于文化空间的分析视野》,《中南民族大学学报(人文社会科学版)》2010 年 1 月,第 24—29 页。

更侧重文化意义上的空间概念,不仅指民间传统文化生活以有规律的时间周期,集中生发、呈现的固定空间——地点、场所,更指在此时空下当地民众集体创造、传承的非物质文化呈现本身,它们之间相互依存密不可分,地域空间因传统文化的呈现而人文性地存在,文化则因地域空间的存在而在时间上世代纵向传承,甚至在其文化影响上,在空间上不断地横向播布和延伸①。可见,文化空间兼具时间性、空间性和文化性特征,但在实践中存在对文化空间片面的理解和做法,要么等同于一般地理学意义上的空间概念而被随意使用,要么将其中的单项文化元素与整体空间割裂开来,认为文化空间的保护和开发就是对具体物质存留或者单个文化事项的保护和开发,概念的混淆和滥用模糊了其应有的理论内涵和实践指导意义。如仿造一些建筑、建设一个非物质文化遗产园、新建一个展演场所,甚或是只选取部分文化要素做一些完全脱离文化背景的异地展示等,这些缺乏对文化空间整体性的认识和做法,无疑会将文化空间碎片化。文化空间是凝练当地民众文化精髓的时空展演,在诠释和建构实践中正确认识和把握文化的核心象征,凸显文化人类学的整体观照,是进行旅游化生存实践的关键。

2. 对旅游开发背景下文化空间原真性的理解存在困惑

"原真性"一词起源于中世纪欧洲,20世纪60年代,原真性被引入遗产保护领域。原真性是传统文化保护的灵魂,但并不是传统文化与生俱来的内在秉性,而是相对的、动态的。文化空间是当地民众在时间轴上连续进行文化创造、实践和传承的"活态"文化,其原真性并不是纯粹的原始形态,而是主观的、建构的,以及不断发展和被创造的。在旅游开发背景下对文化空间加以利用,就是在承认其原真性具有建构性、时变性和流动性特征的前提下,为其寻求新的生存境域进行的思索和探寻。但在现实实践中,出现了对原真性两种截然相反的理解和做

---

① 黄龙光:《试论少数民族歌场的文化空间性》,《民族音乐》2010年6月,第18—21页。

法:一种是过度强调对文化空间原始形态特征的保持,即要保护原生的、本来的、真实的历史原物,保护其所遗存的全部历史文化信息;另一种做法则完全相反,一味迎合现代旅游消费者的口味和市场需求,将文化空间进行过多改造和包装,使其失去原有精神意蕴,逐渐远离它赖以生长的泥土气息。其实,这两种极端的认识和做法都不利于文化空间作为一种"生活文化"的传承,过度保护和过度开发都会使文化空间逐渐失去与天地自然相沟通的灵性,而蜕化为一个传统文化的虚幻影子和空洞符号,从而更迅速地走向消亡。在实践中,应正确认识和理解文化空间的原真性,力求"形散而神不散"。

四、文化空间旅游化生存实践的路径选择

文化空间的旅游化生存实践是进行开发式保护和传承的重要方式,应秉承对非物质文化遗产"保护为主,抢救第一,合理利用,传承发展"的方针,在充分契合旅游者文化体验诉求的基础上,融合传统与现代,打造具有心理召唤性的文化旅游产品,创造一个具有体验性和互动性的旅游空间,并在多方力量的推动下,构建起动静相宜、可持续地体现文化精髓的立体化空间。

1. 特色旅游产品的打造:注重文化意义的展示和传递

高丙中教授曾指出,文化空间是体现意义、价值的场所、场景、景观,由场所与意义符号、价值载体共同构成①,所蕴含的独特文化意义是旅游开发的核心资源禀赋,在实践中注重文化意义的展示和传递是形成独具特色旅游产品的关键,也是满足和引领文化旅游消费需求,实现文化空间旅游可持续发展的前提和基础。

首先,要准确提炼和把握文化空间深层隐喻的文化意义。在文化

---

① 关昕:《"文化空间:节日与社会生活的公共性"国际学术研讨会综述》,《民俗研究》2007年2月,第265—272页。

空间的深层底蕴中,交织着一个民族的生活习俗、生产方式、道德观念、行为规范、文化模式和民族心理结构,体现着集体认同的核心价值观。在开发过程中,要根植于特定的文化背景,选择合适的途径,准确提炼和把握文化空间深层隐喻的文化意义。当然,文化空间作为"地方传统文化特色的集中展现",不是所有的文化意义都能够被阐释和传达的,需要提炼出最能表征本文化空间的标志物,即核心象征,它可以是人、物,也可以是文本、思想,具有代表和象征意义,能让本文化空间内外的人产生共鸣。

其次,要打造具象化旅游产品来展示和传递文化意义。文化空间所蕴含的文化意义大多处于隐性状态,不能直接成为旅游者的消费对象,必须将其具象化为可读、可理解、可感知、可触摸的各种旅游产品,才能让旅游者亲近、消费、获得和掌握。在现代旅游者追求多重感官体验的今天,文化意义的具象化不只是简单的物化展示和传统的静态展示,而是要借助一定的创意思维和多样化展示手段将其活化,通过文字、图像、视频、主题活动或者更富有冲击力的实景舞台剧等外在的方式,对文化意义进行深刻诠释和解读,引导旅游者身临其境,穿越时空隧道,去领悟遥远时空的那份沉厚之美,并在巨大的思考与想象空间中获得对文化意义的深刻理解与体悟。要强调的是,具象化旅游产品应选择在文化空间的核心层,即物质和非物质文化遗产相对集中、品质较高,具有直观展示性和文化代表性的区域来呈现。

2. 整体旅游氛围的营造:注重"神"的传承和"形"的塑造

文化空间表现的是特定活动方式和共同文化的形式及氛围,其旅游化生存要注重体现其空间性、时间性、整体性、活态性、文化性等特点[①],在打造具象化旅游产品满足旅游者核心诉求的同时,还需要从整

---

① 张晓萍、李鑫:《基于文化空间理论的非物质文化遗产保护与旅游化生存实践》,《学术探索》2010年7月,第105—109页。

体上营造旅游体验氛围,注重"神"的传承和"形"的塑造,增加空间感知的宽度和深度。

首先,要加强"生活空间"的建设。文化空间是整个时空环境下整个民族社区群体创造和参与实践的结果,是当地居民"生活空间"的一部分。因此,在旅游开发过程中,应从整体上加强"生活空间"的建设和传承。一是从"形"的方面加强空间物质载体的建设。任何一个文化空间的文化意义,都离不开一些地理场所、历史建筑等特定的物质载体来承载和表达,而很多随着历史发展逐渐成为记忆中的文化碎片,在旅游开发中,需要重新梳理这些文化碎片并整合起来,在空间表达中进行再现,并创新建设一些契合当地文脉的物质载体或融入相应文化元素符号,让静止的空间充满流动着的灵感,形成一道道亮丽的风景线,增强空间的可观性和可感性。二是从"神"的方面加强当地居民对"生活空间"的传承。当地居民是文化空间的重要传承者和诠释者,也是"生活空间"的重要呈现者,在旅游开发中,应赋予当地社区居民更多自主权,引导他们逐渐认知自我文化的价值,树立文化自豪感和自信心,并不断提高文化素养,积极向游客展示自己的生活状态,并以文化主体的身份参与具体旅游项目的实践,诠释文化空间的历史渊源和具体内涵,为游客塑造真实的感知氛围和空间,从而在逐渐形成自觉地操演和践行中,构筑珍视和传扬文化的可持续发展平台。

其次,要加强"公共文化空间"的建设。文化空间的旅游化生存实践要想可持续发展下去,还需要加强当地公共文化服务体系的建设,加强公共文化产品的供给,完善公共文化服务功能,从区域发展的视角构筑公共文化空间,从而在整体上营造文化旅游氛围、夯实文化传承基石。一是建设和完善相匹配的公共文化基础设施及提供形式多样的公共文化产品。在保障当地居民鉴赏文化、丰富文化生活、提高文化认知的同时,也向旅游者提供展示和了解文化空间的"窗口"。二是加强演艺体系和传承体系的建设。一方面立足文化精髓,不断创新,打造演艺精品,增加空间的灵动感,在延长旅游者驻留时间的同时,提高游客文化体验满意度,并通过文化交流平台让文化走出去,促使文化更远更宽地传播和共享,让当代有着文化理解的人士能在更大范围内关注一个地方的文脉;另一方面加强传承场所、传承人的建设,在为旅游者营造真实感知情境的同时,延续文化传承的血脉。

最后,要加强各利益主体对文化空间的正确认知和规范传承。文化空间的旅游化生存不是单靠一两个人能独立支撑的,牵涉到当地居民、经营者、管理者以及外来游客等利益相关者群体。在旅游开发过程中,加强这些利益相关者群体对文化空间的建设和维护,既涉及旅游体验氛围的营造,也涉及文化空间的成长过程和未来走向。一是加强规划者、经营者、管理者等利益主体价值观的正确引导,提倡一种长远价值观,树立负责任参与理念,在不断协调与平衡利益前提下,共同促使文化空间意义的传播和共享;二是积极引导和帮助旅游者规范消费行为,实现良性互动,在真正领悟文化空间蕴含真谛的同时,构筑文化空间口碑传承的有效载体。

后　记

　　本书是厦门大学专家团队和福鼎市政协合作开展大型地方文化工程——"太姥文化研究"的一个成果,其宗旨是围绕太姥文化这一兼具山海文明体系典型特征的地域文化,探讨山岳与海洋在人类文明演进过程中的重要角色,从而展现太姥山的自然与文化遗产价值,推进太姥山文化旅游事业的发展。

　　近年来,福鼎市积极响应福建省委关于打造八闽特色文化,重塑福建文化品牌的文化战略,紧紧依托本地区的山海文化资源,和厦门大学等高校合作,重点打造太姥文化高地,启动了太姥文化研究工程。2016年,大型文化书籍——《太姥文化:文明进程与乡土记忆》由商务印书馆正式出版发行,为弘扬八闽特色文化,打造太姥文化品牌迈出了坚实的第一步。此后,福鼎市再次联合厦门大学等高校的研究力量,以高起点的方式举办首届"山海文明高峰论坛",并试图将"山海文明高峰论坛"打造成一个持续的文明对话高层次平台,这一举措,为国内文明对话新增了一个特色平台。

　　本次高峰论坛的成功举办及后续研究的开展,要特别感谢福建省、宁德市、福鼎市有关领导的大力支持,尤其是福鼎市各级领导为此次高峰论坛的开展及太姥文化研究倾注了大量心血,其中福鼎市政协前主席叶梅生、福鼎市政协现任主席李绍美、福鼎市政协副主席丁一芸、福鼎市政协原秘书长张开潮、福鼎市政协现任秘书长曾庆游以及杨雪晶、赖百曲、郑坚等同志,地方文史专家白荣敏、郑清清、狄民、夏林等先生,

后　记

在论坛的举办及太姥文化研究过程中给予了直接的指导与帮助,他们的付出与汗水,是本次高峰论坛圆满完成的最重要保障。在和福鼎市政协上述各位领导及地方文史专家开展太姥文化研究过程中,我们充分体会到他们对于太姥文化浓浓的爱与高度的责任感,他们对于地方文化建设的热忱与无私奉献,是太姥文化研究持续推进的坚实力量。

当然,本次论坛的举办及山海文明的研究也得到了国内外许多著名学者的支持与帮助,他们在百忙之中拨冗出席此次高峰论坛,并发表专题演讲,为太姥山的文化旅游及山海文明对话提供智慧思考,这些知名的专家学者汇聚到太姥山,必将在太姥山历史上留下一段佳话。

张先清

2019 年 3 月 31 日于厦门大学南光楼

参考文献

专著：

1. （明）徐𤊹：《榕阴新检》，明万历三十四年刻本。
2. （清）里人何求：《闽都别记》，福建人民出版社，1987年。
3. （清）戴成芬辑：《榕城岁时记》，载张智主编：《中国风土志丛刊》第56册，广陵书社，2003年。
4. （唐）李延寿：《北史》，中华书局，1974年。
5. （宋）乐史：《宋本太平寰宇记》，中华书局，2000年。
6. （宋）梁克家：《（淳熙）三山志》，载王晓波等点校：《宋元珍稀地方志丛刊(甲编5)》，四川大学出版社，2007年。
7. （明）黄仲昭修纂：《八闽通志》，福建人民出版社，1990年。
8. （清）许鸣磐：《方舆考证》，清济宁潘氏华鉴阁本。
9. （清）陈盛韶：《问俗录》，书目文献出版社，1983年。
10. 《平阳郡欧氏宗谱》，2008年修。
11. 《江氏宗谱》，1995年修。
12. 《上当郡连氏宗谱》，1981年修。
13. （清）谭抡：《福鼎县志》"海防"，载《福鼎旧志汇编》，厦门大学出版社，2012年。
14. 《台湾外纪》，江苏广陵古籍刻印社，1983年。
15. 乾隆《汀州府志》。
16. 光绪《漳州府志》。

17. 新编《安海志》。

18. 乾隆《海澄县志》。

19. 陈遵统:《福建编年史》(中),福建人民出版社,2009年。

20. (清)夏琳:《闽海纪要》。

21. 中国第一历史档案馆译编:《康熙朝满文朱批奏折全译》,中国社会科学出版社,1996年。

22. 王庆成:《稀见清世史料考释》,武汉出版社,1998年。

23. [法]杜赫德:《中华帝国志》,上海古籍出版社,1002年。

24. 许地山:《达衷集》,商务印书馆,1931年。

25. [美]马士:《东印度公司对华贸易编年史》,区宗华等译校,中山大学出版社,1991年。

26. 王荣国:《海洋神灵:中国海神信仰与社会经济》,江西高校出版社,2003年。

27. 焦勇勤、孙海兰:《海南民俗概说》,海南出版社、南方出版社,2008年。

28. 韩振华:《我国南海诸岛史料汇编》,东方出版社,1988年。

29. 罗春荣:《妈祖传说研究:一个海洋大国的神话》,天津古籍出版社,2009年。

30. 何君安主编:《琼海县文物志》,中山大学出版社,1988年。

31. 韩振华主编:《我国南海诸岛史料汇编》,东方出版社,1988年。

32. 林带英等纂修:《民国文昌县志》,海南出版社,2004年。

33. 李国强:《南中国海研究:历史与现状》,黑龙江教育出版社,2003年。

34. [美]韩森:《变迁之神:南宋时期的民间信仰》,包伟民译,浙江人民出版社,1999年。

35. (明)杨英:《从征实录》。

36. 吴华主编:《近看乡情浓——柔佛州海南族群资料专辑》,柔佛州

16间海南会馆,2009年。

37. 沈立新主编:《华侨华人百科全书:社区民俗卷》,中国华侨出版社,1999年。

38. 吴华:《新加坡海南族群组织》,新加坡武吉知马琼崖联谊会、海南作家作品研究室,2009年。

39. 杨庆堃:《中国社会中的宗教:宗教的现代社会功能及其历史因素之研究》,范丽珠译,上海人民出版社,2006年。

40. 陈国强主编:《妈祖信仰与祖庙》,福建教育出版社,1990年。

41. [英] 李约瑟:《中国科学技术史》,科学出版社,1976年。

42. [英] 马嘎尔尼:《1793乾隆英使觐见记》,刘半农译,天津人民出版社,2006年。

43. [美] E. 霍布斯鲍姆:《传统的发明》,T. 兰杰编,译林出版社,2008年。

44. [英] 阿雷恩·鲍尔德温等:《文化研究导论》,陶东风等译,高等教育出版社,2004年。

45. 高丙中:《民间文化与公民社会:中国现代历程的文化研究》,北京大学出版社,2009年。

46. 林华东、林盈盈:《秦汉以前古杭州》,杭州出版社,2011年。

47. 陈文锦:《发现西湖:论西湖的世界遗产价值》,浙江古籍出版社,2007年。

48. 中国人民政治协商会议福建省福鼎县委员会文史编纂委员会:《福鼎文史资料》第9辑,内部资料,1990年。

49. 郭志超:《闽台民族史辨》,黄山书社,2006年。

50. [法] 葛兰言:《古代中国的节庆与歌谣》,赵丙祥等译,广西师范大学出版社,2005年。

51. 周瑞光:《沙埕港》,载中国人民政治协商会议福建省福鼎县委员会文史编纂委员会编:《福鼎文史资料》第7辑,内部资料,1988年。

52. 陈昭希:《沙埕"水生"连家船的变迁》,载中国人民政治协商会议福建省福鼎市委员会文史委员会编:《福鼎文史资料》第 14 辑,内部资料,1996 年。

53. 郑丽生:《福州风土诗》,福建人民出版社,2012 年。

54. 福建省地方志编纂委员会:《福建省志·水产志》,方志出版社,1995 年。

55. 朱维幹:《福建史稿》第四章"闽中郡县的建置",福建教育出版社,2008 年。

56. 杨水生、刘蜀永:《揭开淇澳历史之谜:1833 年淇澳居民反侵略斗争研究文集》,中央文献出版社,2002 年。

57. 周瑞光:《摩霄浪语》,海潮摄影艺术出版社,1999 年。

58. 刘永华:《中国社会文化史读本》,北京大学出版社,2011 年。

59. 刘开扬:《柿叶楼存稿》,上海古籍出版社,1983 年。

60. 郭建勋:《互动与区分:川西鱼通人的信仰、仪式与象征的秩序》,民族出版社,2012 年。

61. 中华人民共和国国家文物局:《世界遗产公约申报世界文化遗产:中国杭州西湖文化景观》,国家文物局,2011 年。

62. Bronislaw Malinowski, *Argonauts of the Western Pacific*, Prospect Heights, Ill.: Waveland Press, 1922.

63. Claudine Salmon, "Les Hainanais en Asie du Sud-Est: De la navigation a l'implantation", edite par herausgegeben von Claudine Salmon/Roderich ptak, HAINAN: De la Chine a l'Asie du Sud-Est Von China nach Sudostasien, Wiesbaden: Harrassowitz Verlag, 2001.

64. James Clifford & George E. Marcus, *Writing Culture: The Poetics and Politics of Ethnography*, Berkeley: University of California Press, 1986.

65. Maurice Bloch, *How We Think They Think*, Boulder, Colorado: Westview Press, 1998.

66. 傅吾康:《印度尼西亚华文铭刻汇编》第一册《苏门答腊岛》,南洋学会,1988年。

67. 傅吾康、陈铁凡:《马来西亚华文碑铭萃编》第一卷,马来亚大学出版社,1982年。

68. 晋江市沪江宝泉庵董事会编:《沪江宝泉庵》,1999年。

69. 徐继畬:《瀛寰志略》卷二《南洋群岛》,上海古籍出版社,1995年。

70. 罗臻辉:《清水祖师信仰的空间传播及因素分析》,载萧友信、邓文金、施榆生主编:《闽台文化的多元诠释》第一辑,厦门大学出版社,2013年。

71. 曾玲:《从闽南民间的"祖神"到新加坡华人的"祖神崇拜"》,载萧友信、邓文金、施榆生主编:《闽台文化的多元诠释》第一辑,厦门大学出版社,2013年。

72. 《后汉书·郑弘传》卷三三,中华书局,2005年。

73. 陈开俊:《马可·波罗游记》,福建科学技术出版社,1981年。

74. 《宋史·高丽传》,中华书局,1985年。

75. 王耀华:《福建文化概览》,福建人民出版社,1993年。

76. 齐鲲:《续琉球国志略》,日本冲绳县立图书馆影印本。

77. 《福建通志》卷二一《风俗志》,同治七年正谊书院重刊本。

78. 周煌:《琉球国志略》,"台湾文献丛刊"第292种,1971年。

79. 李鼎元:《使琉球记》,"台湾文献丛刊"第292种,1971年。

80. 《球阳》卷五,角川书店,昭和五十七年。

81. 徐葆光:《中山传信录》卷五,"台湾文献丛刊"第306种,1972年。

82. 何乔远:《闽书》卷一四六《岛夷志》,福建人民出版社,1994年。

83. 黄滋生、何思兵:《菲律宾华侨史》,广东高等教育出版社,1987年。

84. 《福建省志·华侨志》,福建人民出版社,1992年。

中文论文：

1. 吴义雄：《国际战争、商业秩序与通夷事件——通事阿耀案的透视》，《史学月刊》2018(3)。
2. 叶涛：《海神、海神信仰与祭祀仪式——山东沿海渔民的海神信仰与祭祀仪式调查》，《民俗研究》2002(3)。
3. 连镇标：《多元复合的宗教文化意象——临水夫人形象探考》，《世界宗教研究》2005(1)。
4. 李伯重：《"乡土之神""公务之神"与"海商之神"——简论妈祖形象的演变》，《中国社会经济史研究》1997(2)。
5. 曾玲：《社群整合的历史记忆与"祖籍认同"象征：新加坡华人的祖神崇拜》，《文史哲》2006(1)。
6. 曾玲：《社群边界内的"神明"：移民时代的新加坡妈祖信仰研究》，《河南师范大学学报(哲学社会科学版)》2007(2)。
7. 李金明：《明朝中叶漳州月港的兴起与福建的海外移民》，汤熙勇主编：《中国海洋发展史论文集》第十辑，2008年。
8. 王荣国：《明清时期海神信仰与海洋渔业的关系》，《厦门大学学报(哲学社会科学学报)》2000(2)。
9. 王利兵：《海洋人类学的文化生态视角》，《中国海洋大学学报(社会科学版)》2014(3)。
10. 吴凤斌：《宋元以来我国渔民对南沙群岛的开发和经营》，《中国社会经济史研究》1985(1)。
11. 陈进国：《南海诸岛庙宇史迹及其变迁辨析》，《世界宗教文化》2015(5)。
12. 汪毅夫：《流动的庙宇与闽台海上的水神信仰》，《世界宗教研究》2005(5)。
13. 吴凤斌：《1977年西南沙群岛调查研究》，《"人海相依：中国人的海洋世界"第五届国际学术研讨会论文资料集》(海权、海疆与海防卷),2014年。

14. 克劳婷·苏尔梦、米拉·希拉达尔塔:《巴厘的海南人:鲜为人知的社群》,杜琨、任余红译,周伟民主编:《琼粤地方文献国际学术研讨会论文集》,海南出版社,2002年。

15. 石沧金:《马来西亚海南籍华人的民间信仰考察》,《世界宗教研究》2014(2)。

16. 赵旭东:《从文野之别到圆融共通——三种文明互动形式下中国人类学的使命》,《西北民族研究》2015(2)。

17. 赵旭东:《个体自觉、问题意识与本土人类学构建》,《青海民族研究》2014(4)。

18. 赵旭东:《原生态、现代世界与文化自觉之后》,《原生态民族文化学刊》2014(3)。

19. 赵旭东:《循环的断裂与断裂的循环——基于一种乡土社会文化转型的考察》,《北方民族大学学报(哲学社会科学版)》2016(3)。

20. 赵旭东:《拆北京:记忆与遗忘》,《社会科学》2016(1)。

21. 赵旭东:《线索民族志:民族志叙事的新范式》,《民族研究》2015(1)。

22. 赵旭东:《田野八式:人类学的田野方法》,《民族学刊》2015(1)。

23. 单霁翔:《文化景观遗产保护的相关理论探索》,《南方文物》2010(1)。

24. 陈荣捷:《西方对朱熹的研究》,《中国史研究动态》1978(8)。

25. 聂德宁:《东南亚华侨、华人的保生大帝信仰》,《东南问题研究》1993(3)。

26. 陈支平:《从文化传播史的角度看明代的历史地位》,《古代文明》2011(3)。

27. 郭志超:《泰国华侨华人的清水祖师崇拜》,《泉州文博》1996(3)。

28. 宋俊华:《文化生产与非物质文化遗产生产性保护》,《文化遗产》2012(1)。

29. [日]河合洋尚:《客家建筑与文化遗产保护:景观人类学视角》,

《学术研究》2013(4)。

外文论文:

1. [日]田村克己:《文化の生産》,ドメス出版,1999年。
2. [日]河合洋尚:《景観人類学の課題—中国広州における都市環境の表象と再生》,風響社,2013年。

网络资源:

1. http://whc.unesco.org/en/list/1334
2. http://www.docin.com/p-56673756.html
3. http://www.gov.cn/gongbao/content/2014/content_2644805.htm
4. http://baike.haosou.com/doc/2215390-2344209.html
5. http://blog.sina.com.cn/s/blog_726411060100pyam.html
6. http://www.zjol.com.cn/05zjmj/system/2005/11/17/006370477.shtml
7. http://www.sina.com.cn
8. http://www.docin.com/p-275870497.html
9. http://blog.sina.com.cn/s/blog_65ebd0bb0100ucu3.html
10. http://blog.cntv.cn/9180147404478.html
11. http://gotrip.zjol.com.cn/05gotrip/system/2011/07/27/017713723.shtml
12. http://www.56.com/u49/v_MTMzMTY4MzI2.html
13. http://www.qnsb.com/news/html/2014/renwen_0305/54977.html
14. http://blog.sina.com.cn/s/blog_6358f59b0100xfx0.html
15. http://news.hexun.com/2011-06-28/130950620.html
16. http://www.chinanews.com/cul/2011/07-06/3162649.shtml
17. http://www.hzrd.gov.cn/wxzl/flfg/hzsfg/201112/t20111214_284738.html
18. http://kpb.hz.gov.cn/showpage.aspx?id=701&nid=7497

19. http://www.urbanchina.org/n/2014/1231/c369519-26308842.html
20. http://www.urbanchina.org/n/2014/0829/c369550-25568786.html
21. http://bbs.hzva.org/thread-530653-1-1.html
22. http://bbs.hzva.org/thread-162844-1-1.html
23. http://www.chinawriter.com.cn/bk/2009-12-18/40299.html
24. http://cdmd.cnki.com.cn/Article/CDMD-10276-1012306736.htm

图书在版编目(CIP)数据

山海文明：跨学科的视角：第一届山海文明高峰论坛论文集/张先清主编.—上海：复旦大学出版社,2019.11
ISBN 978-7-309-14696-7

Ⅰ.①山… Ⅱ.①张… Ⅲ.①山-文化研究-中国-文集②海洋-文化研究-中国-文集 Ⅳ.①K928.3-53②P7-05

中国版本图书馆 CIP 数据核字(2019)第 232251 号

山海文明：跨学科的视角——第一届山海文明高峰论坛论文集
张先清　主编
责任编辑/胡欣轩

复旦大学出版社有限公司出版发行
上海市国权路 579 号　邮编：200433
网址：fupnet@fudanpress.com　　http://www.fudanpress.com
门市零售：86-21-65642857　　团体订购：86-21-65118853
外埠邮购：86-21-65109143
上海四维数字图文有限公司

开本 787×960　1/16　印张 16.25　字数 200 千
2019 年 11 月第 1 版第 1 次印刷

ISBN 978-7-309-14696-7/K·712
定价：80.00 元

如有印装质量问题，请向复旦大学出版社有限公司发行部调换。
版权所有　　侵权必究